338.5 Ld 15576 Ld 15576
MED

Pierre Médan

Maître de Conférences
à l'Université Paris I-Panthéon-Sorbonne
UFR de gestion

AF861212

MICROÉCONOMIE

70%
APPLICATIONS

30%
COURS

DMoN2

4e
édition

PILON

SERVICE COMMUN
LILLE 2
DE DOCUMENTATION

DUNOD

f37123

Le pictogramme qui figure ci-contre mérite une explication. Son objet est d'alerter le lecteur sur la menace que représente pour l'avenir de l'écrit, particulièrement dans le domaine de l'édition technique et universitaire, le développement massif du photocopillage.
Le Code de la propriété intellectuelle du 1er juillet 1992 interdit en effet expressément la photocopie à usage collectif sans autorisation des ayants droit. Or, cette pratique s'est généralisée dans les établissements d'enseignement supérieur, provoquant une baisse brutale des achats de livres et de revues, au point que la possibilité même pour les auteurs de créer des œuvres nouvelles et de les faire éditer correctement est aujourd'hui menacée.
Nous rappelons donc que toute reproduction, partielle ou totale, de la présente publication est interdite sans autorisation de l'auteur, de son éditeur ou du Centre français d'exploitation du droit de copie (CFC, 20, rue des Grands-Augustins, 75006 Paris).

DANGER

LE PHOTOCOPILLAGE TUE LE LIVRE

© Dunod, Paris, 2008
ISBN 978-2-10-051811-1

Le Code de la propriété intellectuelle n'autorisant, aux termes de l'article L. 122-5, 2° et 3° a), d'une part, que les « copies ou reproductions strictement réservées à l'usage privé du copiste et non destinées à une utilisation collective » et, d'autre part, que les analyses et les courtes citations dans un but d'exemple et d'illustration, « toute représentation ou reproduction intégrale ou partielle faite sans le consentement de l'auteur ou de ses ayants droit ou ayants cause est illicite » (art. L. 122-4).
Cette représentation ou reproduction, par quelque procédé que ce soit, constituerait donc une contrefaçon sanctionnée par les articles L. 335-2 et suivants du Code de la propriété intellectuelle.

Sommaire

Avant-propos

La microéconomie est fréquemment perçue par les étudiants comme un domaine d'études théoriques et abstraites. Cette vision est à la fois exacte et fausse. Exacte car **la microéconomie s'appuie sur une modélisation rigoureuse**, qui semble parfois éloignée de la réalité, surtout en premier cycle, lorsque les hypothèses posées sont volontairement simplificatrices. Cet élément, qui pourrait paraître comme un défaut, est en réalité une **force**, car ainsi, la microéconomie permet de résoudre un très grand nombre de problèmes.

Mais la microéconomie peut aussi s'avérer très concrète. En effet, la fixation du prix de nombreux biens et services (baril de pétrole, places d'avion, communications téléphoniques, etc.), la détermination des primes d'assurance, le calcul des impôts, ou encore la réalisation de multiples études donnant lieu ou non à des réglementations (environnement, concentration industrielle, etc.) ont pour fondements des raisonnements microéconomiques. Mais comme dans tout domaine, il n'est pas possible de commencer par le plus difficile !

La microéconomie n'étant pas enseignée dans le secondaire, il revient à la première année de Licence de poser les bases de ce vaste domaine d'études. **Le plan adopté par cet ouvrage est classique et couvre la totalité du programme « officiel » d'un premier cycle de sciences économiques.** Outre ce public habituel, ce manuel pourra aussi être utilisé avec profit par les élèves des écoles de commerce, par les étudiants de Licence MASS et AES, ainsi que par les étudiants d'IUT.

Tous les chapitres sont conçus sur le même principe et se divisent en quatre sections :

– « ***L'essentiel du cours*** » est un rappel des éléments indispensables à connaître sur le thème abordé ; avant de passer à la suite du chapitre, il est essentiel de se demander si chaque point du cours est compris.

– « ***Pouvez-vous répondre ?*** » est une série de questions à choix multiples (QCM) qui permettra de vérifier si le cours est parfaitement assimilé ou si quelques réflexions complémentaires s'imposent.

– Les « ***Questions de réflexion*** » approfondissent le questionnement à l'aide d'interrogations d'un niveau de difficulté généralement supérieur aux QCM.

– Les exercices d'« ***Entraînement*** » sont des problèmes de synthèse qui font appel à la totalité des connaissances. Souvent composés de plusieurs parties, indépendantes ou non, ils nécessiteront une attention particulière. La difficulté de l'exercice est indiquée lors de l'énoncé par une étoile (difficile) ou deux étoiles (un peu plus difficile). Seule l'honnêteté intellectuelle permettra de tirer le meilleur parti des corrections détaillées qui insistent sur le raisonnement et la méthode.

La **force** de cette collection Travaux dirigés est de proposer un livre dans lequel **les questions et exercices (170 ici) sont présentés et corrigés avec un souci constant de pédagogie et de préparation aux examens.** Outre le recours quasi systématique à **l'analyse graphique**, la pédagogie s'exprime par les « petites » questions pour vérifier les acquisitions, par **l'analyse des énoncés et les conseils** donnés pour mettre sur la voie, par des **corrections détaillées** et par un **niveau de difficulté croissant** au fur et à mesure de la progression dans chaque chapitre. Cet ouvrage ne fournit pas des « recettes de cuisine », mais encourage l'analyse, la rigueur et la réflexion. Un programme de Licence 1 entièrement couvert et **des sujets d'examen récents intégralement reproduits et corrigés** font aussi de ce livre un outil parfaitement adapté à la préparation des contrôles de connaissances.

Bon travail.

TD 1 La théorie des choix

L'essentiel du cours

Nous sommes tous des consommateurs. Nous avons tous des préférences. Nous devons donc tous effectuer des choix. Le choix d'acheter tel livre plutôt que tel autre, le choix d'acquérir moins de biens aujourd'hui mais d'épargner plus pour en acquérir davantage demain, ou encore, le choix de travailler beaucoup (ce qui donne la possibilité de disposer de nombreux biens) ou de travailler moins.

Comment les consommateurs effectuent-ils leurs choix ? Trois éléments sont essentiels pour répondre à cette question, qui est à la base de la théorie micro-économique. La consommation d'un bien crée plus ou moins de satisfaction. Les biens sont rarement gratuits et les ressources dont disposent les consommateurs rarement inépuisables. L'objectif du consommateur rationnel consiste alors à tenter de maximiser sa satisfaction, tout en respectant les contraintes qui pèsent sur lui.

1. La théorie de l'utilité cardinale

On supposera que les consommateurs sont capables de mesurer, de chiffrer, la satisfaction liée à la consommation d'une quantité déterminée d'un bien ou d'un panier de plusieurs biens.

1.1 L'utilité marginale

L'utilité marginale d'une consommation est définie comme l'utilité de la dernière unité de bien consommée. Selon une hypothèse classique, l'utilité marginale finit toujours par être décroissante. Ainsi, le supplément d'utilité fourni par des unités croissantes d'un bien va en diminuant jusqu'à devenir nul au point de satiété. Il s'agit de la première loi de Gossen. Cette « loi » est purement empirique et ne repose que sur le bon sens.

© Dunod. La photocopie non autorisée est un délit.

1.2 L'utilité totale

L'utilité d'un bien est définie par son aptitude à satisfaire des besoins. L'utilité totale est la somme des utilités marginales. L'utilité totale croît à taux décroissant (si on accepte la décroissance de l'utilité marginale) et atteint son maximum au point de satiété ; au-delà l'utilité totale diminue puisque l'utilité marginale devient négative.

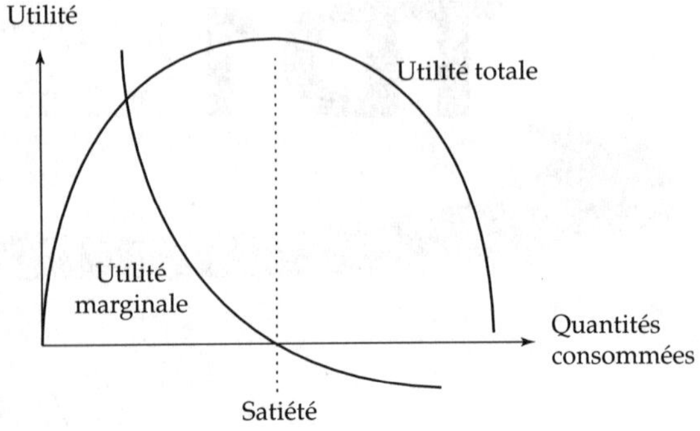

Figure 1.1

1.3 Formulation mathématique de l'utilité

L'utilité marginale s'écrit :

– dans le cas discret :

$$U_m = \frac{\Delta U_t}{\Delta x}$$

– dans le cas continu :

$$U_m = U_t' = \lim_{\Delta x \to 0} \frac{\Delta U_t}{\Delta x} = \frac{\partial U_t}{\partial x}$$

Supposons que l'utilité totale, pour le consommateur, dépende de la consommation de deux biens X et Y, le raisonnement pouvant se généraliser à n biens. Alors la fonction d'utilité sera une fonction de deux variables :

$$U_t(x, y)$$

Le calcul de l'utilité marginale du bien X passe par le calcul de la dérivée partielle de U_t par rapport à la variable x. En effet, la dérivée partielle mesure l'influence d'une très petite variation de la variable x sur la fonction U_t, sachant que la variable y est considérée comme une constante. Dans ce cas, l'utilité marginale s'écrit :

$$U_m^x = U_t'(x, y) = \frac{\partial U_t(x, y)}{\partial x}$$

Supposons que le consommateur fasse varier à la fois les quantités de biens X et de biens Y par rapport à une structure de consommation initiale. La variation de l'utilité totale résultant de ces modifications s'écrit :

$$dU_t = \frac{\partial U_t}{\partial x} dx + \frac{\partial U_t}{\partial y} dy$$

2. Théorie de l'utilité ordinale

2.1 L'étude des préférences des consommateurs

Soient trois paniers A, B et C composés de n biens dans des quantités variables. Soit la relation binaire notée $\geqslant$ où $A \geqslant B$ signifie que le panier A « **est préféré ou indifférent** » au panier B.

Cette relation vérifie deux conditions :

1) la relation est réflexive : tout panier est préféré ou indifférent à lui-même ($A \geqslant A$) ;

2) la relation est transitive : si le consommateur estime que $A \geqslant B$ et $B \geqslant C$ alors : $A \geqslant C$.

Ces deux conditions, qualifiées parfois d'axiomes, définissent « le préordre des préférences du consommateur ». De plus, on dira qu'il s'agit d'un « préordre complet » dans la mesure où la condition n° 3 est satisfaite :

3) la relation est dite « complète » car pour tout couple de paniers, on a soit $A \geqslant B$ soit $B \geqslant A$.

La théorie ordinale de l'utilité fait donc l'hypothèse que les préférences du consommateur correspondent à un tel préordre complet. À cette relation de préordre complet, on peut associer une relation d'équivalence notée $\sim$ et définie par : $A \sim B$ si et seulement si $A \geqslant B$ et $B \geqslant A$.

Le lien avec la fonction d'utilité est immédiat :

– si A est préféré ou indifférent à B alors $U_t(A)$ est supérieure ou égale à $U_t(B)$

– si A est équivalent à B alors $U_t(A)$ est égale à $U_t(B)$

Il existe une dernière condition importante à connaître : il s'agit de l'hypothèse de « non-satiété » ou encore appelée « hypothèse de non-saturation » :

4) soient X et Y deux vecteurs de consommation, c'est-à-dire :

$$X = (x_1, x_2, ..., x_n) \qquad Y = (y_1, y_2, ..., y_n)$$

où x_i et y_i représentent les quantités du bien n°i. Si ces vecteurs sont tels que $y_i \geqslant x_i$ pour tout bien i, sauf au moins pour un bien, pour lequel on aura $y_i > x_i$, alors on dira que Y est préféré à X. On dit qu'il y a non-saturation des préférences.

L'axiomatique des préférences que nous venons de rappeler permet d'élaborer une théorie ordinale de l'utilité, fondée pour l'essentiel sur la notion de courbe d'indifférence ou courbe d'iso-utilité.

2.2 Les courbes d'indifférence

La fonction d'utilité ordinale associe un indicateur de satisfaction aux diverses quantités de biens consommés par l'individu rationnel. D'un point de vue graphique, il vaut mieux se limiter à la prise en compte de deux biens X et Y. Ainsi, on peut poser que :

$$U = f(x, y)$$

© Dunod. La photocopie non autorisée est un délit.

Graphiquement, ce type de fonction doit être représenté dans un espace à trois dimensions. Cependant, afin de simplifier l'analyse, on se ramène souvent à une présentation classique dans l'espace à deux dimensions.

En effet, un niveau donné d'utilité, noté U_0, peut être atteint grâce à différentes combinaisons des deux biens X et Y :

$$U_0 = f(x, y)$$

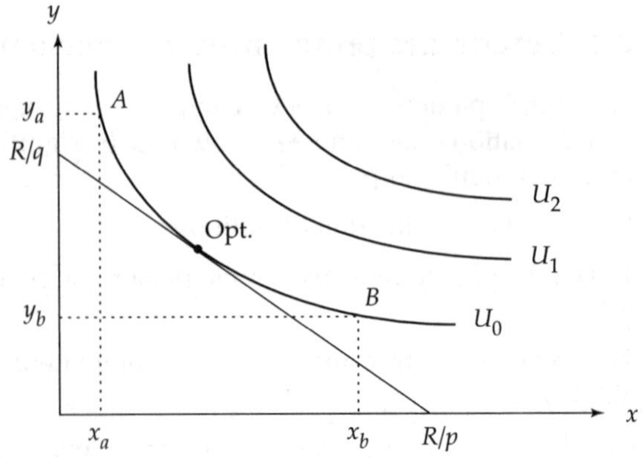

Figure 1.2

Puisque la fonction est continue, cette égalité peut être satisfaite par un nombre infini de paniers de biens. Ainsi, on appelle « **courbe d'indifférence** » (ou « **courbe d'iso-utilité** ») le lieu géométrique de toutes les combinaisons de biens qui procurent un même niveau d'utilité.

Les deux paniers A et B sont donc équivalents ; on peut écrire :

$$(x_a, y_a) \sim (x_b, y_b)$$

L'utilité augmente au fur et à mesure que l'on se déplace vers le haut et la droite : c'est la conséquence de l'hypothèse de non-saturation des préférences. Sans changer les quantités consommées de biens Y, si un individu rationnel consomme davantage de biens X, alors sa satisfaction augmente et il se situe sur une autre courbe d'indifférence, plus haute, par exemple U_1 ou U_2. Pour une fonction d'utilité, l'ensemble des courbes d'indifférence constitue la « **carte d'indifférence** » du consommateur.

2.3 Le taux marginal de substitution ou TMS

Dans le cas de deux biens X et Y, le TMS du bien Y au bien X est égal à la quantité additionnelle de biens Y dont le consommateur doit disposer pour compenser la réduction d'une unité de la consommation de biens X, à utilité inchangée.

Autrement dit, le TMS correspond au rapport entre la variation de consommation du bien porté en ordonnée et la variation induite de consommation du bien porté en abscisse, à satisfaction constante ; le TMS est aussi égal au rapport des utilités marginales des deux biens :

$$\text{TMS} = -\frac{dy}{dx} \qquad \text{ou} \qquad \text{TMS} = \frac{\dfrac{\partial U_t}{\partial x}}{\dfrac{\partial U_t}{\partial y}} = \frac{U_m^x}{U_m^y}$$

3. L'équilibre du consommateur

3.1 Approche algébrique

Supposons que le consommateur dispose d'un revenu R qu'il répartit en achats de biens X et Y selon des quantités x et y. Le prix unitaire du bien X est noté p et le prix unitaire du bien Y est noté q. Le consommateur rationnel est conduit à résoudre le problème suivant :

Maximiser : $U_t = f(x, y)$

sous la contrainte : $R = xp + yq$

Formons le Lagrangien :

$$\mathcal{L}(x, y, \lambda) = U_t + \lambda \cdot [R - xp - yq]$$

Conditions du 1er ordre :

$$\begin{cases} \mathcal{L}'_x(x,y,\lambda) = 0 \\ \mathcal{L}'_y(x,y,\lambda) = 0 \\ \mathcal{L}'_\lambda(x,y,\lambda) = 0 \end{cases} \iff \begin{cases} \dfrac{\partial U_t}{\partial x} - \lambda p = 0 \\ \dfrac{\partial U_t}{\partial y} - \lambda q = 0 \\ R - xp - yq = 0 \end{cases} \iff \begin{cases} \lambda = \dfrac{1}{p}\dfrac{\partial U_t}{\partial x} \\ \lambda = \dfrac{1}{q}\dfrac{\partial U_t}{\partial y} \\ R - xp - yq = 0 \end{cases}$$

Les deux premières équations fournissent l'égalité fondamentale suivante :

$$\frac{1}{p}\frac{\partial U_t}{\partial x} = \frac{1}{q}\frac{\partial U_t}{\partial y} \iff \frac{\frac{\partial U_t}{\partial x}}{p} = \frac{\frac{\partial U_t}{\partial y}}{q} \iff \frac{U_m^x}{p} = \frac{U_m^y}{q} \iff \frac{U_m^x}{U_m^y} = \frac{p}{q}$$

Ainsi, le consommateur atteint l'optimum lorsque :

– les utilités marginales pondérées par les prix sont égales ;

– ou lorsque le rapport des utilités marginales est égal au rapport des prix.

Ce résultat important est parfois appelé « seconde loi de Gossen » :

3.2 Approche graphique (*cf.* Figure 1.2)

Afin de représenter la contrainte de budget sur le graphique où figure la carte d'indifférence du consommateur, il est nécessaire de déterminer les courbes de niveau associées à cette contrainte :

$$y = -\frac{p}{q}x + \frac{R_0}{q}$$

Ces courbes de niveau sont appelées « **droites de budget** ». Il y a autant de droites de budget que de valeurs R_0. Toutes ces droites sont parallèles puisque le coefficient directeur est constant.

Le choix optimal du consommateur consiste donc à trouver un panier de biens respectant la contrainte et situé sur la courbe d'indifférence. On constate que la seule position optimale (encore appelée « **équilibre** ») est celle où la droite de

$-\frac{100}{50} = -2$

© Dunod. La photocopie non autorisée est un délit.

budget **est tangente** à une courbe d'indifférence. Tant qu'une courbe d'indifférence coupe une droite de budget en **deux** points, cela signifie que l'on peut encore trouver une courbe d'indifférence « plus haute », ayant un point commun avec la contrainte budgétaire et permettant d'accroître la satisfaction de l'agent.

Q.C.M.

	Vrai	Faux
1. L'individualisme méthodologique est une forme de pensée qui :		
a) fournit une méthode d'analyse des choix politiques.	☐	☐
b) considère que l'individu est la seule source de richesse.	☐	☐
c) cherche à expliquer les phénomènes sociaux à partir des comportements individuels.	☐	☐
2. Un homme déclare que face à deux femmes, il préfère toujours la plus belle et la plus intelligente ; cette relation de préférence est :		
a) transitive.	☐	☐
b) complète.	☐	☐
3. Considérons une promotion d'étudiants de première année et la relation « strictement plus âgé que » ; cette relation de préférence est :		
a) transitive.	☐	☐
b) réflexive.	☐	☐
c) complète.	☐	☐
4. Selon les tenants de la théorie cardinale, l'utilité marginale d'un bien est :		
a) toujours décroissante.	☐	☐
b) généralement décroissante.	☐	☐
c) souvent croissante puis décroissante.	☐	☐
5. Au sens fort, l'hypothèse de non-saturation signifie :		
a) qu'une quantité additionnelle de tout bien procure toujours au consommateur une satisfaction additionnelle, quel que soit le stock du bien considéré détenu.	☐	☐

	Vrai	Faux
b) qu'une quantité additionnelle d'un bien peut procurer au consommateur une satisfaction additionnelle nulle, lorsque ce bien est détenu en grande quantité.	☐	☐

6. Le TMS entre un billet de 100 euros et un billet de 200 euros est égal à :

a) 2.	☐	☐
b) 0,5.	☐	☐
c) 100.	☐	☐

7. Soit la fonction d'utilité suivante : $U(x,y) = x^{\alpha} \cdot y^{\beta}$

avec $\alpha > 0 \quad \beta > 0 \quad x \geqslant 0 \quad y \geqslant 0$

Le TMS est égal à :

a) $\dfrac{\beta y}{\alpha x}$.	☐	☐
b) $\dfrac{\alpha y}{\beta x}$.	☐	☐

8. Sur la fonction d'utilité précédente, le TMS est :

a) constant.	☐	☐
b) décroissant.	☐	☐
c) croissant.	☐	☐

9. Maxime aime regarder des DVD et écouter des CD, et en retire de la satisfaction. Pour maximiser sa satisfaction, Maxime pense que :

a) l'utilité marginale des CD doit être égale à celle des DVD.	☐	☐
b) le prix des CD multiplié par leur utilité marginale doit être égal au prix des DVD multiplié par leur utilité marginale.	☐	☐
c) le rapport de l'utilité marginale des DVD au prix de ce bien doit être égal au rapport de l'utilité marginale des CD au prix de ce bien.	☐	☐

10. L'expression « *ceteris paribus* » est utilisée lorsque l'on étudie l'influence :

a) de plusieurs facteurs, en décidant d'en laisser un seul à son niveau initial.	☐	☐
b) de plusieurs facteurs, en décidant d'en laisser quelques-uns à leur niveau initial.	☐	☐
c) d'un seul facteur, en décidant de laisser tous les autres à leur niveau initial.	☐	☐

© Dunod. La photocopie non autorisée est un délit.

Réflexion

11. Déduire de la courbe ci-contre la forme de la courbe représentant l'utilité marginale.

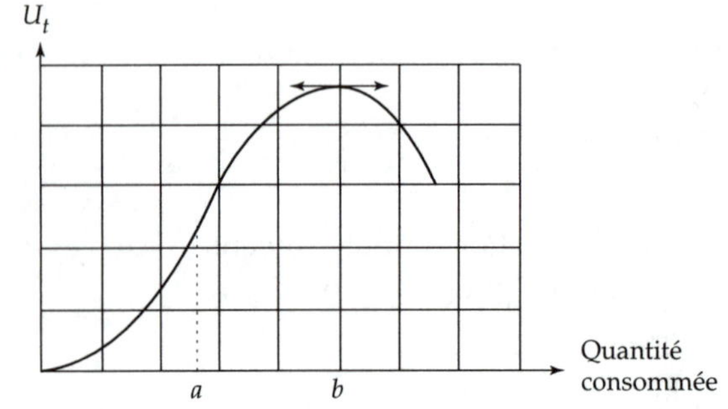

Figure 1.3

12.** Représenter les cartes d'indifférence pour deux biens X (en abscisses) et Y (en ordonnées) dans les situations suivantes :

a) seul le bien Y fait l'objet de saturation ; le niveau de saturation est indépendant des quantités possédées du bien X.

b) seul le bien Y fait l'objet de saturation ; le niveau de saturation s'accroît lorsque le bien Y est associé à des quantités croissantes de biens X.

c) le consommateur ne prend pas en compte le bien Y (on dit qu'il s'agit d'un bien neutre).

d) le consommateur n'aime pas le bien Y (on dit qu'il s'agit d'un bien indésirable).

e) le bien X correspond à un repas dans un restaurant gastronomique, le bien Y correspond à un disque de musique classique ; l'individu auquel on s'intéresse est un gourmet.

13. Déterminer si les fonctions d'utilité suivantes vérifient l'hypothèse de non-saturation :

a) $U(x,y) = xy^2 + x^2y$

b) $V(x,y) = \ln x + y$

14. Démontrer à l'aide d'un graphique que deux courbes d'indifférence ne peuvent pas se couper.

15*. Les courbes d'indifférence associées à la fonction d'utilité $U(x,y) = 2(x^2 + y^2)$ sont-elles concaves ou convexes ?

ENTRAÎNEMENT

Les exercices qui suivent illustrent certains points de cours. Le premier fournit une application de la théorie cardinale de l'utilité. Le second s'intéresse particulièrement aux droites de budget du consommateur. Le dernier correspond à un exercice de synthèse sur la théorie ordinale.

16 . Claire consomme chaque jour des biens X et Y, dont les prix unitaires sont respectivement de 20 et 25 euros. Elle dispose d'un revenu quotidien de 250 euros qu'elle dépense entièrement. Vous disposez de plus des informations suivantes concernant l'utilité marginale de Claire :

Quantité	1	2	3	4	5	6	7	8	9	10	11	12
U_mX	120	100	90	85	80	75	70	65	60	55	40	20
U_mY	160	140	130	120	110	100	90	80	70	60	50	40

a) Indiquer la contrainte budgétaire de Claire.

b) Écrire la condition d'équilibre et la justifier.

c) En déduire les quantités optimales.

d) En supposant que le bien Y représente l'épargne de Claire, cela affecte-t-il ses choix antérieurs ?

Analyse de l'énoncé et conseils. Cet exercice est relativement facile. Il est cependant nécessaire de bien avoir compris la signification de la condition d'équilibre (c'est-à-dire la seconde loi de Gossen). Contrairement à une démarche algébrique classique, il faudra ici procéder par tâtonnement.

17*. Marc dispose mensuellement d'un revenu R_0 qu'il dépense pour acheter des biens X et Y (respectivement : en quantités x et y, et aux prix P_0 et Q_0).

Partie A. Évolution de la droite de budget

À partir de la situation initiale décrite ci-dessus, à quelle(s) condition(s) a-t-on :

a) uniquement un accroissement du revenu réel de Marc ?

b) uniquement un accroissement du revenu nominal de Marc ?

c) un accroissement du revenu nominal et un accroissement du revenu réel de Marc ?

Dans chaque cas, indiquer la position de la droite de budget finale par rapport à la droite initiale.

© Dunod. La photocopie non autorisée est un délit.

Partie B. Droite de budget, rationnement et taxation

À cause d'une décision du parlement européen qui doit s'appliquer en France, Marc ne peut pas consommer mensuellement plus de x_m biens X.

a) Représenter la droite de budget de Marc reflétant le rationnement sur la consommation de biens X.

b) Est-il possible que cette décision du parlement européen ne concerne pas Marc ?

Pour éviter un rationnement trop brutal, il a été décidé, qu'au-delà de x_m , le consommateur devrait payer une taxe d'un montant t sur les unités supplémentaires.

c) En imaginant que Marc est effectivement rationné sur le bien X, représenter la droite de budget de Marc et calculer l'abscisse à l'origine de cette droite.

Partie C. Courbes d'indifférence et maximisation de la satisfaction

La fonction d'utilité de Marc est la suivante :

$$U(x, y) = x + y$$

De plus : $R_0 = 100$ $P_0 = 20$ $Q_0 = 25$

a) Calculer le TMS et conclure sur la nature des biens X et Y.

b) Dans l'hypothèse où il n'y a ni rationnement, ni taxation, déterminer graphiquement le panier optimal et la valeur de l'utilité associée.

c) Sachant maintenant que $x_m = 2$ et $t = 5$, déterminer le nouveau panier optimal.

d) Sous quelle(s) condition(s) la taxation n'a-t-elle pas d'influence sur la satisfaction de Marc ?

Analyse de l'énoncé et conseils. L'objectif est de bien comprendre le « fonctionnement » de la contrainte budgétaire qui pèse sur la plupart des consommateurs. À travers les notions de rationnement et de taxation, vous constaterez que des éléments théoriques de base peuvent être enrichis afin de mieux coller à la réalité.

Il est nécessaire, pour la Partie A, de clairement définir les notions de « revenu nominal » et « revenu réel ». Il sera aussi avantageux de s'aider de graphiques. Pour la Partie B, question c), il faut comprendre que cette question n'a d'intérêt que si la décision du parlement européen concerne effectivement Marc. Il ne faut donc pas se placer dans le cadre de la réponse faite à la question b). La Partie C s'intéresse à des courbes d'indifférence particulières. À titre personnel, vous pouvez reprendre les questions en considérant une fonction d'utilité plus « classique », par exemple de la forme : $U(x, y) = xy$.

18*. Claire possède la fonction d'utilité suivante :

$$U(x, y) = 2xy + 3y$$

où x et y sont respectivement les quantités consommées des biens X et Y.

a) Indiquer l'allure générale des courbes d'indifférence associées à la fonction d'utilité de Claire.

b) À l'aide de deux méthodes, calculer le TMS. Le résultat de la question précédente est-il confirmé ?

c) Calculer les coordonnées des points qui maximisent la satisfaction de Claire.

d) Indiquer la valeur du multiplicateur de Lagrange, puis montrer que $dU = \lambda \cdot dR$.

e) Reprendre les questions c) et d) lorsque $R = 150$, $p = 12$ et $q = 21$.

Analyse de l'énoncé et conseils. L'énoncé peu directif, à l'occasion de la question c), vous laisse deux choix : soit vous considérez que Claire n'a aucune contrainte budgétaire, soit vous lui en créez une. Dans le premier cas, est-il vraiment possible de répondre à la question ? L'interprétation du multiplicateur de Lagrange suppose d'une part que l'on revienne aux conditions du premier ordre et d'autre part que l'on ait compris l'usage de la notion de différentielle.

SOLUTIONS

1 ▸ c – **2** ▸ a – **3** ▸ a – **4** ▸ b, c – **5** ▸ a – **6** ▸ a, b – **7** ▸ b – **8** ▸ b – **9** ▸ c – **10** ▸ c

11 ▸ La fonction représentant l'utilité totale est visiblement continue et dérivable ; il est donc possible de déduire de cette courbe l'allure générale (approximative) de l'utilité marginale. On dispose tout d'abord de trois renseignements évidents :

– au point d'inflexion de l'utilité totale, l'utilité marginale est maximale,

– lorsque l'utilité totale est maximale, l'utilité marginale est nulle,

– à droite de ce maximum, l'utilité marginale est négative.

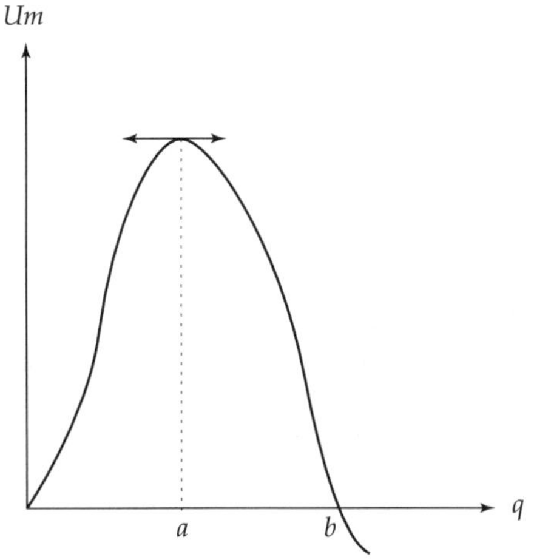

Figure 1.4

Pour obtenir d'autres points, il suffit de rechercher les coefficients directeurs de quelques tangentes. On sait en effet que l'utilité marginale est la dérivée de l'utilité totale et que le nombre dérivé en un point d'une courbe est égal au coefficient directeur de la tangente à la courbe en ce point.

© Dunod. La photocopie non autorisée est un délit.

12 ▸ Les cartes d'indifférence

a)

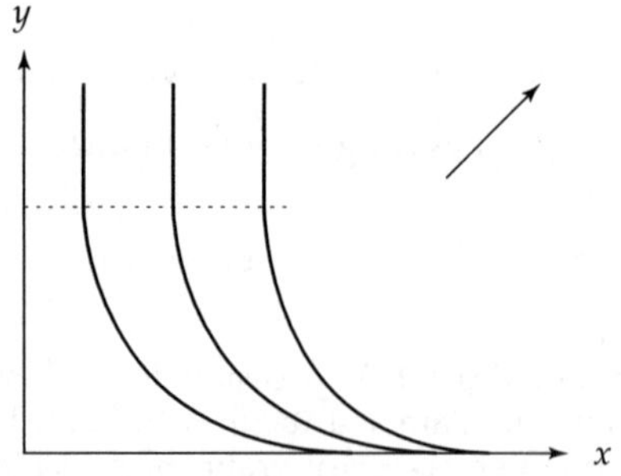

Figure 1.5

b)

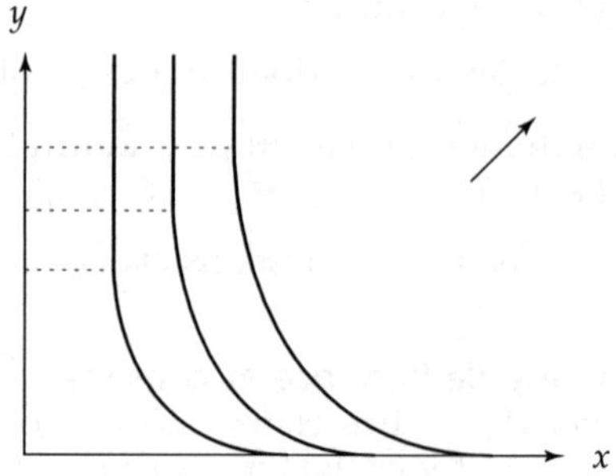

Figure 1.6

c)

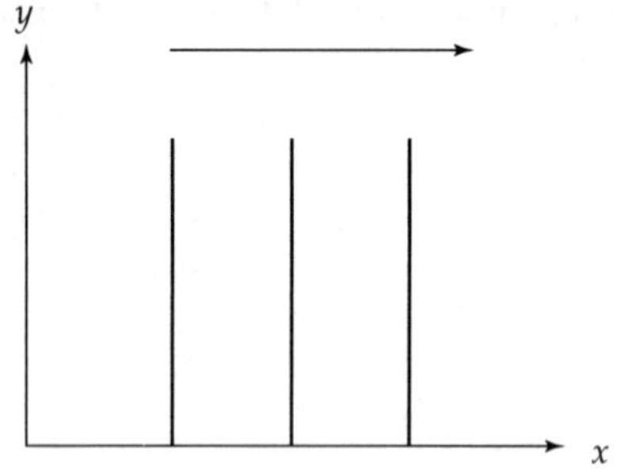

Figure 1.7

d)

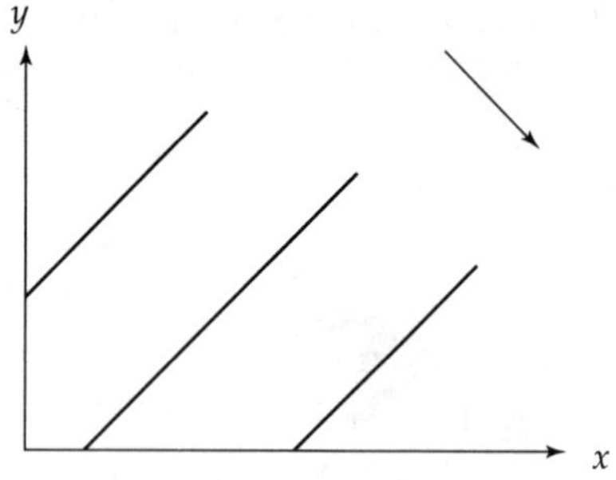

Figure 1.8

e)

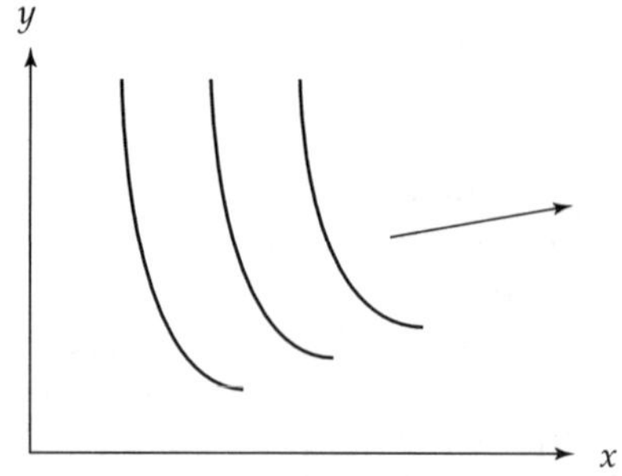

Figure 1.9

13 ▸ Hypothèse de non-saturation : il suffit de montrer que la satisfaction du consommateur augmente lorsque la consommation d'au moins un bien s'accroît. Il est donc nécessaire de calculer les utilités marginales. Pour les deux fonctions U et V, l'hypothèse de non-saturation est vérifiée ; en effet :

a) $U(x,y) = xy^2 + x^2y$

$$U'_x(x,y) = y^2 + 2xy > 0$$
$$U'_y(x,y) = 2xy + x^2 > 0$$

lorsque $x > 0$ et $y > 0$

b) $V(x,y) = \ln x + y$

$$V'_x(x,y) = \frac{1}{x} > 0$$
$$V'_y(x,y) = 1 > 0$$

lorsque $x > 0$ et $y > 0$

14 ▸ Deux courbes d'indifférence ne peuvent pas se couper.

Si A et C appartiennent à la même courbe U1 alors $A \sim C$

Si B et C appartiennent à la même courbe U2 alors $B \sim C$

Par transitivité, on devrait avoir :

$$A \sim B$$

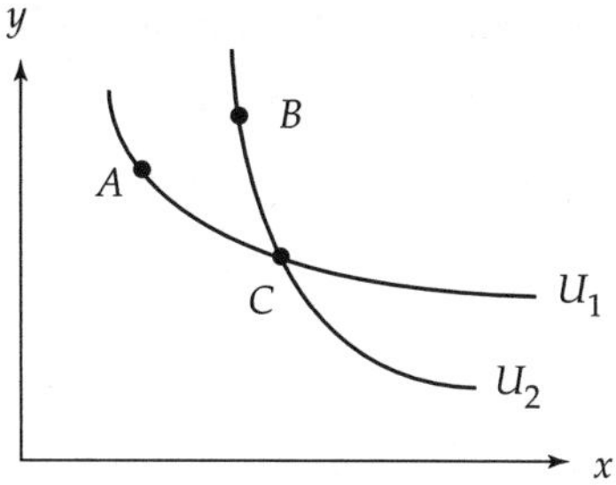

Figure 1.10

Or, graphiquement, on constate que B est préféré à A. Les deux résultats sont incompatibles. Cette représentation ne peut exister.

15 ▸ Les courbes d'indifférence associées à la fonction d'utilité $U(x,y) = 2(x^2 + y^2)$ sont concaves.

En effet, le TMS associé à cette fonction d'utilité est croissant. Une courbe d'indifférence est convexe lorsque le TMS est décroissant (cas le plus fréquent).

Le TMS est égal au rapport des utilités marginales : $\text{TMS} = \dfrac{\frac{\partial U}{\partial x}}{\frac{\partial U}{\partial y}} = \dfrac{4x}{4y} = \dfrac{x}{y}$

On calcule ensuite : $\dfrac{d\,\text{TMS}}{dx}$

$$\frac{d\,\text{TMS}}{dx} = \frac{d\left[\frac{x}{y}\right]}{dx} = \frac{\frac{ydx - xdy}{y^2}}{dx} = \frac{ydx - xdy}{y^2dx} = \frac{y - x\left[\frac{dy}{dx}\right]}{y^2} = \frac{y + x \cdot \text{TMS}}{y^2} > 0$$

car on sait que : $\text{TMS} = -\dfrac{dy}{dx}$

16 ▸ **a)** La contrainte budgétaire est évidente : $20X + 25Y = 250$.

b) Condition d'équilibre : $\dfrac{U_m^x}{p_x} = \dfrac{U_m^y}{p_y}$

Il est rationnel de penser que le consommateur utilisera sa dernière unité monétaire pour l'achat d'une quantité additionnelle du bien qui lui rapporte le plus d'utilité.

c) Par tâtonnement, il faut essayer de vérifier l'égalité précédente :

– quantité optimale de bien X : 5

– quantité optimale de bien Y : 6

d) Le fait que le bien Y représente l'épargne de Claire ne modifie en rien l'équilibre précédent. L'utilité est toujours maximale lorsque Claire épargne chaque jour 150 euro (25×6) et dépense 100 euros en achat de biens X.

© Dunod. La photocopie non autorisée est un délit.

17 ▸ Partie A. Évolution de la droite de budget

Notons D_0 la droite de budget initiale.

Notons R_1, P_1 et Q_1, le revenu nominal, le prix de X et le prix de Y après variation.

a) Seul le revenu réel de Marc augmente si :

– le revenu nominal reste stable (condition triviale) ;

– et le prix d'au moins un bien baisse, ce qui donne trois possibilités :

- soit le prix du bien X baisse à un niveau P_1 (droite D_1),
- soit le prix du bien Y baisse à un niveau Q_1 (droite D_2),
- soit le prix des biens X et Y baissent à des niveaux P_1 et Q_1 (droite D_3).

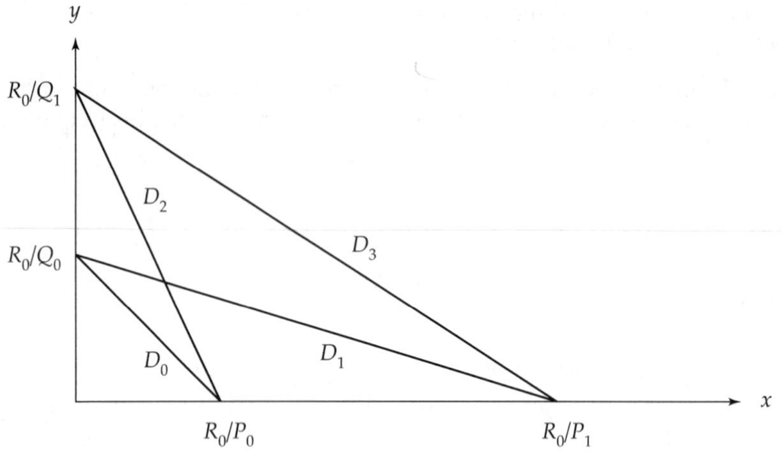

Figure 1.11

Remarque. La droite D_3 ne sera parallèle à D_0 que si les prix des biens baissent dans les mêmes proportions.

b) Seul le revenu nominal de Marc augmente si :

– $R_1 > R_0$ (condition triviale) ;

– et le revenu réel reste inchangé, ce qui implique : $\dfrac{R_1}{P_1} = \dfrac{R_0}{P_0}$ et $\dfrac{R_1}{Q_1} = \dfrac{R_0}{Q_0}$.

Cela signifie que l'accroissement des prix des biens est égal à l'accroissement du revenu.

Donc, si : $R_1 = (1 + \alpha) \cdot R_0$ avec $\alpha > 0$

alors, on doit avoir : $P_1 = (1 + \alpha) \cdot P_0$ et $Q_1 = (1 + \alpha) \cdot Q_0$

Ainsi, la droite de budget finale sera confondue avec la droite D_0.

c) Le revenu nominal et le revenu réel de Marc augmentent si :

– $R_1 > R_0$ (condition triviale) ;

– et le revenu réel augmente, ce qui implique :

• soit : $$\frac{R_1}{P_1} \geqslant \frac{R_0}{P_0} \quad \text{et} \quad \frac{R_1}{Q_1} > \frac{R_0}{Q_0}$$

• soit : $$\frac{R_1}{P_1} > \frac{R_0}{P_0} \quad \text{et} \quad \frac{R_1}{Q_1} \geqslant \frac{R_0}{Q_0}$$

Cela signifie que le prix d'au moins un bien a augmenté proportionnellement moins que le revenu. La droite de budget finale ne peut donc se situer qu'à droite de la contrainte de budget initiale.

Partie B. Droite de budget, rationnement et taxation

a) Rationnement sur le bien X

Le prix des biens et le revenu restent ceux donnés initialement. On peut donc tracer la droite de budget initiale.

Si Marc est rationné sur le bien X alors, au niveau de la quantité x_m, la droite de budget fera un coude, traduisant le fait que Marc ne peut consommer davantage de biens X, même si son revenu le lui permet.

Sur le graphique, la droite de budget qui traduit le rationnement est indiquée en trait épais.

Marc dépensera la totalité de son revenu sur le segment [AB], et moins que son revenu sur le segment]BC].

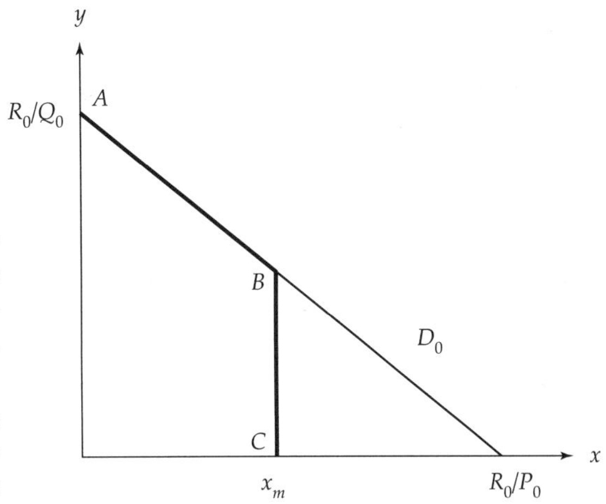

Figure 1.12

b) La valeur x_m aurait pu se situer à droite de R_0/P_0. Dans ce cas, Marc n'aurait pas été rationné : son revenu et le prix des biens ne lui permettant pas d'atteindre le seuil au-delà duquel les consommateurs sont rationnés. Dans ce cas, la droite de budget serait toujours D_0.

c) Taxation et rationnement sur le bien X

Jusqu'à x_m, la droite de budget avec rationnement et taxation est confondue avec la droite de budget initiale (il s'agit donc du segment [AB]).

© Dunod. La photocopie non autorisée est un délit.

À partir de x_m, chaque unité X achetée par Marc lui coûtera $t + P_0$.

Ainsi, le coefficient directeur de la droite (BC) est égal à :

$$-\frac{t + P_0}{Q_0}$$

La valeur de l'abscisse à l'origine est égale à :

$$a = x_m + \frac{R_0 - [x_m \cdot P_0]}{t + P_0}$$

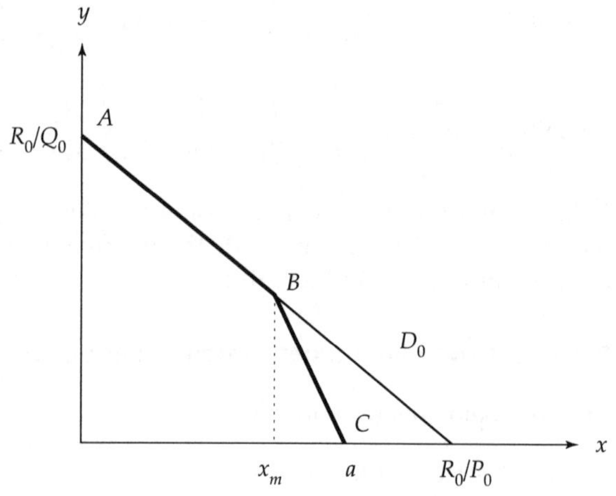

Figure 1.13

Plus le montant de la taxe est élevé, plus la valeur de « a » se rapprochera de la valeur x_m. Pour des très grandes valeurs de t, le consommateur ne peut plus acheter (par manque de ressources) ; cela revient à un rationnement de fait.

Partie C. Courbes d'indifférence et maximisation de la satisfaction

a) Calcul du TMS :

$$\text{TMS} = \frac{U_m^x}{U_m^y} = \frac{\frac{\partial U}{\partial x}}{\frac{\partial U}{\partial y}} = \frac{1}{1} = 1$$

Il est évident que X et Y sont des substituts parfaits, pour Marc, du fait de la forme de sa fonction d'utilité. En effet, si on cherche à exprimer les courbes d'indifférence associées, on trouve :

si $U(x, y) = x + y$ alors $y = U(x, y) - x$

Les courbes d'indifférence sont des droites parallèles (coefficient directeur égal à -1).

b) Équation de la droite de budget :

$$y = \frac{100}{25} - \frac{20}{25}x$$

$$\Leftrightarrow y = 4 - 0{,}8 \cdot x$$

L'optimum est atteint pour la courbe d'indifférence la plus éloignée de l'origine ayant au moins un point d'intersection avec la droite de budget.

Étant donné que la contrainte budgétaire et la courbe d'indifférence possèdent des coefficients directeurs différents (respectivement -1 et $-0,8$), ces deux droites n'auront qu'un seul point commun. Le plus éloigné de l'origine sera le point optimal.

On constate facilement, sur le graphique que le point optimal a pour coordonnées $(x = 5\ ;\ y = 0\ )$.

Lorsque deux biens sont de parfaits substituts, il est rationnel que le consommateur n'achète que du bien le moins cher.

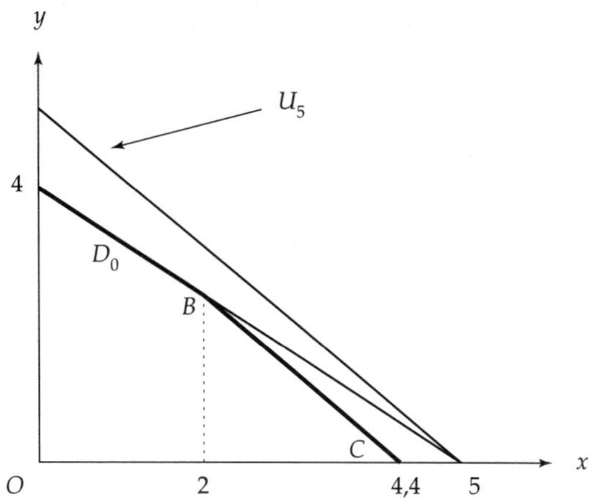

Figure 1.14

c) Avec la taxe, le coefficient directeur de la droite de budget (à droite de $x_m = 2$) devient :

$$-\frac{20+5}{25} = -1$$

Remarque. La valeur de « a » est égale à : 4,4.

Ainsi, une partie de la nouvelle droite de budget (c'est-à-dire le segment [BC]) est parallèle aux courbes d'indifférence, puisque ces droites ont maintenant le même coefficient directeur. De ce fait, le segment [BC] est solution. Il existe donc une infinité de paniers optimaux pour Marc, lorsqu'il y a taxation et rationnement. L'utilité associée à un des points optimaux est égale à 4,4.

Marc, après avoir acheté 2 biens X (moins chers que Y), devient indifférent au choix de X ou de Y, dans la mesure où X et Y sont alors au même prix à cause de la taxe qui frappe le bien X.

d) La taxation n'aura pas d'influence sur la satisfaction de Marc :

– si ce dernier possède une fonction d'utilité différente, telle que l'optimum s'établisse à gauche de la valeur x_m (vous pouvez essayer avec la fonction $V(x, y) = x + 2 \cdot y$) ;

– ou si le rationnement ne concerne pas Marc, c'est-à-dire, si : $x_m > R_0/P_0$.

18 ▸ a) Notons U_0 une valeur donnée de l'utilité ; on peut alors écrire que :

$$y = \frac{U_0}{2x+3}$$

© Dunod. La photocopie non autorisée est un délit.

Ainsi, les courbes d'indifférence correspondent à des branches d'hyperbole. On note facilement que l'axe des abscisses est asymptote horizontale et que pour $x = 0$ on a $y = U_0/3$. On ne retiendra donc que la partie des courbes d'indifférence se situant dans l'orthant positif.

b) Le TMS peut se calculer de deux façons :

$$\text{TMS} = \frac{U_m^x}{U_m^y} = \frac{2y}{2x+3}$$

ou :

$$\text{TMS} = -\frac{dy}{dx} = -\left[\frac{U_0}{2x+3)}\right]' = \frac{2U_0}{(2x+3)^2}$$

À l'aide de cette seconde méthode, on constate facilement que le TMS est une fonction décroissante de la variable x. Les courbes d'indifférence sont donc convexes, ce qui confirme l'allure générale indiquée à la question précédente.

c) Si vous ne créez pas de contrainte budgétaire, vous ne pouvez pas répondre à la question : en effet, il n'y a pas de maximum. Même lorsque les quantités x et y tendent vers l'infini, vous pourrez toujours accroître l'utilité de Claire en ajoutant une unité de l'un des deux biens.

Dans la réalité, il est bien rare qu'un consommateur ne possède pas de contrainte budgétaire, c'est pourquoi nous allons en donner une à Claire. Elle disposera donc d'un revenu (ou d'un budget) R. Par ailleurs, nous noterons p et q les prix respectifs des biens X et Y.

Le problème consiste donc à maximiser $U(x,y)$ sous la contrainte $R = px + qy$. On pose généralement ce type de problème sous la forme :

Maximiser $\qquad U(x,y) = 2xy + 3y$

sous la contrainte $\qquad R = px + qy$

La résolution d'un tel programme utilise la méthode du lagrangien :

$$\mathcal{L}(x,y,\lambda) = 2xy + 3y + \lambda \cdot (R - px - qy)$$

Les conditions du 1er ordre sont :

$$\begin{cases} \dfrac{\partial \mathcal{L}}{\partial x}(x,y,\lambda) = 0 \\ \dfrac{\partial \mathcal{L}}{\partial y}(x,y,\lambda) = 0 \\ \dfrac{\partial \mathcal{L}}{\partial \lambda}(x,y,\lambda) = 0 \end{cases} \Leftrightarrow \begin{cases} 2y - \lambda p = 0 \\ 2x + 3 - \lambda q = 0 \\ R - px - qy = 0 \end{cases} \Leftrightarrow \begin{cases} \lambda = \dfrac{2y}{p} & (1) \\ \lambda = \dfrac{2x+3}{q} & (2) \\ R - px - qy = 0 & (3) \end{cases}$$

Des équations (1) et (2), il vient : $\quad y = \dfrac{(2x+3)p}{2q}$

Grâce à cette relation et par substitution dans l'équation (3), on obtient la quantité de biens X qui maximise l'utilité de Claire :

$$x^* = \frac{2R - 3p}{4p}$$

Toujours à partir de l'équation (3) et du résultat précédent, on obtient la quantité de biens Y qui maximise l'utilité de Claire :

$$y^* = \frac{2R + 3p}{4q}$$

On a donc finalement obtenu les coordonnées des points optimaux. Rigoureusement, il faudrait vérifier que cet optimum est bien un maximum ; pour cela, on devrait s'intéresser aux conditions du second ordre. Cependant, il s'agit d'éléments délicats et hors du programme de micro-économie. Nous admettrons donc que ces conditions sont vérifiées.

d) La première ou la seconde équation du système des conditions du 1er ordre permet d'obtenir la valeur du multiplicateur lorsque le consommateur se situe à l'optimum : $\lambda = \frac{2y^*}{p}$

Or : $$y^* = \frac{2R + 3p}{4q}$$

Donc : $$\lambda = \frac{2 \cdot \left[\frac{2R + 3p}{4q}\right]}{p} = \frac{2R + 3p}{2pq}$$

Il est possible de mettre en évidence une relation entre la variation du revenu et la varition de l'utilité, à partir des égalités suivantes :

$$dU = \frac{\partial U}{\partial x}dx + \frac{\partial U}{\partial y}dy = U_m^x \cdot dx + U_m^y \cdot dy$$

et :

$$dR = \frac{\partial R}{\partial x}dx + \frac{\partial R}{\partial y}dy = p \cdot dx + q \cdot dy$$

Or, à l'optimum, on sait que :

$$\begin{cases} \frac{\partial \mathcal{L}}{\partial x}(x,y,\lambda) = 0 \\ \frac{\partial \mathcal{L}}{\partial y}(x,y,\lambda) = 0 \\ \frac{\partial \mathcal{L}}{\partial \lambda}(x,y,\lambda) = 0 \end{cases} \Leftrightarrow \begin{cases} \frac{\partial U}{\partial x} - \lambda p = 0 \\ \frac{\partial U}{\partial y} - \lambda q = 0 \\ R - px - qy = 0 \end{cases} \Leftrightarrow \begin{cases} U_m^x = \lambda p \\ U_m^y = \lambda q \\ R - px - qy = 0 \end{cases}$$

Ainsi, dU peut s'écrire : $dU = \lambda \cdot p \cdot dx + \lambda \cdot q \cdot dy = \lambda[p \cdot dx + q \cdot dy] = \lambda \cdot dR$

D'où : $$\lambda = \frac{dU}{dR}$$

© Dunod. La photocopie non autorisée est un délit.

On peut donc conclure en disant que λ est égal au supplément d'utilité engendré par l'accroissement du revenu d'une unité

e) Lorsque : $R = 150 \quad p = 12 \quad q = 21$

On obtient par le calcul les résultats suivants :

$$x^* = 5,5 \qquad y^* = 4 \qquad U = 56$$

La valeur du multiplicateur est de $2/3$.

Si le revenu augmente de 1 unité monétaire, alors l'utilité augmentera environ de 0,67.

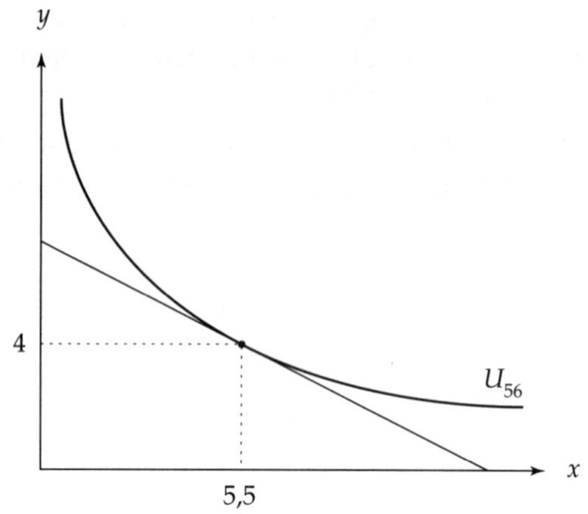

Figure 1.15

TD2 La demande du consommateur

L'ESSENTIEL DU COURS

Lors du précédent chapitre, nous avons présenté le comportement du consommateur dans sa version théorique de base. Les choix du consommateur dépendent ainsi de son revenu, du prix des biens et de ses préférences. Nous allons maintenant nous intéresser aux modifications de l'équilibre consécutives à des changements affectant soit les ressources du consommateur, soit le prix des biens. Est-il possible, suite à des variations de revenu d'un agent, d'évaluer les variations de la demande de cet agent ? De même, par rapport à ses préférences, exprimées au travers de sa fonction d'utilité, est-il possible de mesurer les modifications de sa consommation lorsque le prix d'un bien diminue ou augmente ? Nous répondrons par l'affirmative à ces deux questions, en gardant à l'esprit l'hypothèse « toutes choses égales par ailleurs » dans la mesure où, lorsque le revenu varie, les prix seront considérés comme stables, et inversement.

1. La consommation et le revenu

1.1 La courbe de consommation-revenu

Nous avons vu qu'un accroissement du revenu se matérialise graphiquement par un déplacement parallèle de la droite de budget vers le haut. À chaque fois qu'une droite de budget est tangente à une courbe d'indifférence, cela définit un nouvel équilibre. L'ensemble des équilibres ainsi défini constitue le « **chemin d'expansion du revenu** », appelé aussi courbe de « **consommation-revenu** ».

1.2 Courbe d'Engel et typologie des biens de consommation

Pour chaque bien, il est possible de déduire de la courbe précédente, une relation fonctionnelle entre le revenu et la consommation. Si on place en abscisse les

© Dunod. La photocopie non autorisée est un délit.

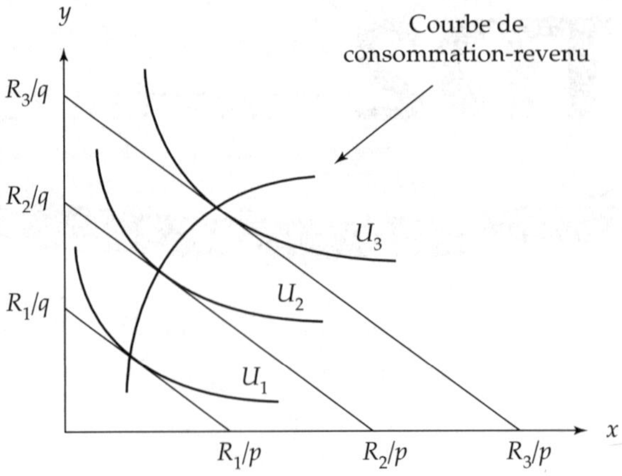

Figure 2.1

différents niveaux du revenu et en ordonnée les valeurs associées des quantités optimales consommées, on obtient la « **courbe d'Engel** ». Il est alors possible de calculer l'élasticité de la demande d'un bien par rapport à son revenu :

$$E_{Q/R} = \lim_{\Delta R \to 0} \frac{\dfrac{\Delta Q(R)}{Q(R)}}{\dfrac{\Delta R}{R}} = \frac{dQ(R)}{dR} \times \frac{R}{Q(R)}$$

où $Q(R)$ est l'équation de la courbe d'Engel.

L'élasticité de la demande par rapport au revenu mesure donc l'effet d'une variation du revenu sur le niveau de la consommation, pour un bien donné. Il existe deux grandes catégories de biens selon la valeur de l'élasticité-revenu.

– *Biens à élasticité-revenu positive* : biens dont la consommation augmente (en valeur absolue) lorsque le revenu augmente. Cela signifie que la courbe d'Engel est croissante. On trouve :

- les **biens normaux** : la consommation augmente moins que proportionnellement par rapport au revenu ($0 < E_{Q/R} < 1$). Ce type de bien est aussi appelé « bien prioritaire » ou « bien de première nécessité » ;
- les **biens supérieurs** : la consommation augmente plus que proportionnellement par rapport au revenu ($E_{Q/R} > 1$). Ce type de bien est parfois appelé « bien de luxe ».

– *Biens à élasticité-revenu négative* : biens dont la consommation diminue (en valeur absolue) lorsque le revenu augmente. Cela signifie que la courbe d'Engel est décroissante ; ces biens sont appelés **biens inférieurs**.

2. La demande et le prix

2.1 La fonction de demande individuelle du consommateur

Nous avons vu que la fonction d'utilité permettait de déterminer les coordonnées de l'optimum, c'est-à-dire, permettait de connaître les quantités de biens maximisant la satisfaction, sachant que le prix des biens et le revenu sont donnés. La courbe de demande d'un bien indique que la quantité achetée est généralement une fonction décroissante du prix de ce bien. Montrons que cette courbe s'obtient à partir du comportement du consommateur cherchant à maximiser sa satisfaction, sous contrainte de ressources.

Ainsi, suivant la valeur du prix p du bien X (admettons qu'il baisse), on obtient différentes valeurs d'équilibre E_1, E_2 et E_3. La courbe reliant ces points est appelée « **courbe de consommation-prix** ». Pour chaque niveau de prix (p_1, p_2 et p_3), le consommateur est donc capable d'indiquer une quantité optimale (respectivement x_1, x_2 et x_3). Ce que le graphique montre pour trois points est à généraliser. Il devient aisé de tracer la **courbe de demande individuelle** du consommateur pour le bien X. Lorsque la demande diminue suite à l'augmentation du prix, on dit que le bien est un « **bien ordinaire** ».

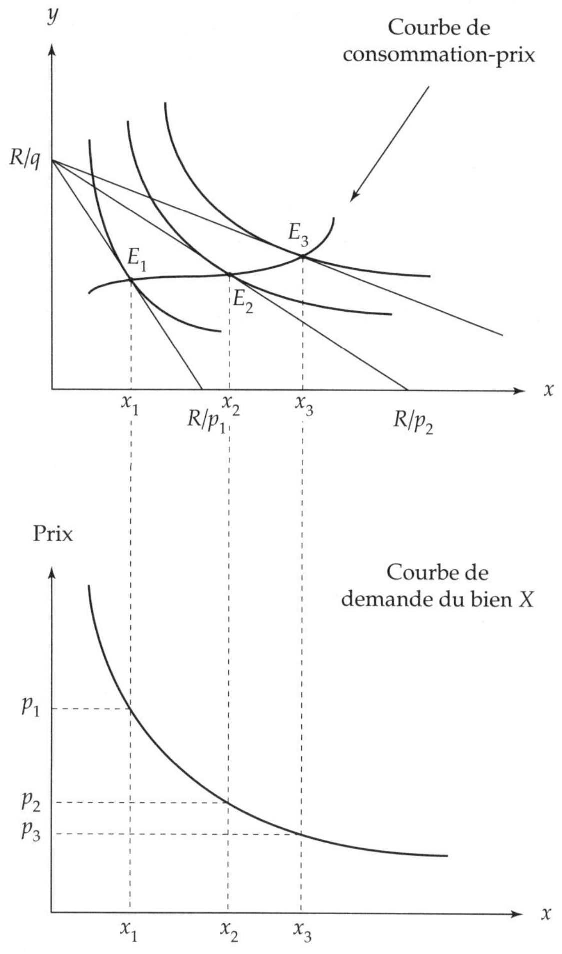

Figure 2.2

2.2 Élasticité de la demande par rapport au prix

L'élasticité-prix directe mesure l'influence d'une variation du prix d'un produit X sur les quantités consommées de ce même produit, toutes choses égales par ailleurs.

© Dunod. La photocopie non autorisée est un délit.

$$E_{C/P} = \lim_{\Delta P \to 0} \frac{\frac{\Delta C(P)}{C(P)}}{\frac{\Delta P}{P}} = \frac{\frac{dC(P)}{C(P)}}{\frac{dP}{P}} = \frac{dC(P)}{dP} \times \frac{P}{C(P)}$$

Jusqu'à présent, nous avons considéré que seule une variable pouvait varier et influencer les quantités consommées : il s'agissait soit du revenu, soit du prix du bien lui-même. Il est pourtant clair que la consommation d'un ménage pour un produit B_1 dépend du prix de $B_1(p_1)$, du revenu du ménage, mais aussi du prix $(p_2, p_3, \cdots)$ des autres biens $(B_2, B_3, \cdots)$. En admettant que le revenu soit stable, on peut donc écrire la fonction de demande du bien B_1 :

$$b_1 = f(p_1, p_2, p_3, \cdots)$$

À partir de cette formulation, on peut définir les notions :

– d'élasticité-prix partielle directe de la demande du bien B_1, il s'agit tout simplement de l'élasticité-prix directe ;

– d'élasticité-prix partielle **croisée** de la demande du bien B_1 par rapport au prix du bien B_2, **ou** du bien B_3, **ou** ... etc. Par exemple, on a :

$$E_{B_1/p_2} = \frac{\frac{\partial f}{b_1}}{\frac{\partial p_2}{p_2}} = \frac{\partial f}{\partial p_2} \times \frac{p_2}{b_1} = \frac{p_2}{b_1} \times f'_{p_2}$$

C'est l'élasticité-prix partielle croisée qui permet de dire si deux biens sont substituables ou complémentaires, ou a priori sans lien :

– si	$e_{croisée} > 0$	alors biens **substituables**
– si	$e_{croisée} < 0$	alors biens **complémentaires**
– si	$e_{croisée} = 0$	a priori, pas de liaison entre les biens.

2.3 Effet de substitution et effet de revenu

Imaginons maintenant que **seul** le prix du bien X baisse. Le consommateur connaîtra alors deux effets.

– Comme le prix du bien Y n'a pas varié, le rapport des prix s'est modifié. De manière relative, le bien Y est devenu plus cher. Par conséquent, le consommateur aura tendance à acheter davantage le bien dont le prix a baissé. Ceci décrit **l'effet de substitution**.

– Comme le revenu du consommateur n'a pas changé, la baisse du prix du bien X provoque un accroissement relatif du revenu, c'est-à-dire une augmentation du pouvoir d'achat du consommateur. Ce dernier n'est pas obligé de diriger la totalité de ce supplément de pouvoir d'achat vers X : il peut s'en servir pour consommer à la fois plus de biens X et plus de biens Y, ou encore uniquement plus de biens Y. Cela dépend de ses préférences. Ceci décrit **l'effet de revenu**.

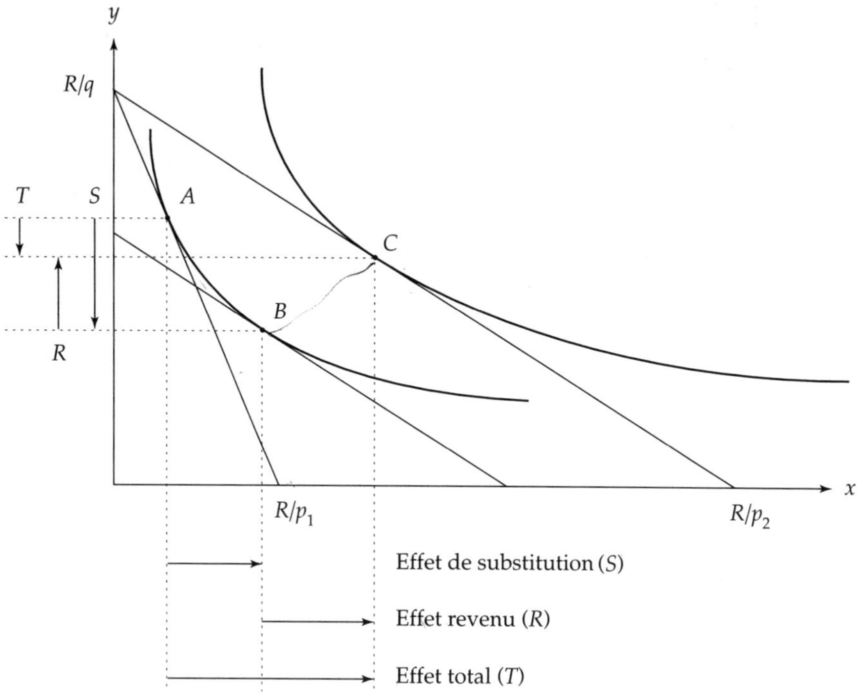

Figure 2.3

Graphiquement, cela se matérialise par le passage à un niveau de satisfaction supérieur, la droite de budget ayant pivoté vers la droite du fait de la baisse du prix de *X*. Il est clair que si le prix de *X* avait augmenté, la droite de budget aurait pivoté vers la gauche.

Il est commode de décomposer le passage de *A* à *C* en deux évolutions successives :

– de *A* à *B* : il s'agit de l'effet de substitution de Hicks ;

– de *B* à *C* : il s'agit de l'effet de revenu.

L'effet total correspond au passage de *A* à *C*.

Il existe une autre technique permettant de distinguer effet de substitution et effet total ; il s'agit de la **méthode de E. Slutsky**. Elle consiste à faire **pivoter** la droite de budget initiale autour du point *A* jusqu'à ce qu'elle soit parallèle à la droite de budget finale. Cette nouvelle droite de budget intermédiaire permettra de trouver un équilibre intermédiaire (noté *B'*) au point de tangence d'une courbe d'indifférence plus haute. Le passage de *A* à *B'* mesure l'effet de substitution et le passage de *B'* à *C* mesure l'effet de revenu (*cf.* exercice 16).

© Dunod. La photocopie non autorisée est un délit.

Q.C.M.

	Vrai	Faux
1. Le sentier d'expansion du revenu est à la courbe d'Engel ce que la courbe de consommation-prix est à :		
a) la courbe de demande.	☐	☐
b) la courbe de consommation-revenu.	☐	☐
c) la courbe d'indifférence.	☐	☐
2*. L'élasticité-prix directe de la demande, pour une fonction de demande de la forme : $q(p) = \alpha \cdot p^{-a}$ (avec : $\alpha > 0$ et $a > 0$), est égale à :		
a) $-pa$.	☐	☐
b) α.	☐	☐
c) $-a$.	☐	☐
3. Lorsque l'élasticité-prix croisée, calculée pour les biens *A* et *B*, est égale à +12, on peut dire que :		
a) *A* et *B* sont fortement substituables.	☐	☐
b) *A* et *B* sont substituables.	☐	☐
c) *A* et *B* sont complémentaires.	☐	☐
d) *A* et *B* sont faiblement complémentaires.	☐	☐
4. La courbe d'Engel indique les différentes quantités d'un bien que le consommateur désire acheter à différents niveaux de son revenu ...		
a) pour chaque accroissement du prix du bien.	☐	☐
b) pour chaque accroissement de l'utilité totale.	☐	☐
c) toutes choses égales par ailleurs.	☐	☐
5. Un bien dont l'élasticité-revenu est égale à 0,7 est un bien :		
a) normal.	☐	☐
b) de nécessité.	☐	☐
c) prioritaire.	☐	☐
d) ordinaire.	☐	☐

6*. Lorsque la fonction d'utilité est égale à $U(x, y) = x + y$ et que le prix des biens est tel que $p_y = \beta p_x$ (avec $\beta > 0$) alors la courbe de consommation-revenu correspond à :

	Vrai	Faux
a) une hyperbole d'équation : $y = \frac{\beta - U}{x}$.	☐	☐
b) une droite d'équation : $y = \beta x$.	☐	☐
c) une droite d'équation : $y = 0$.	☐	☐

7. Lorsque la méthode de Slutsky est utilisée pour mettre en évidence les différents effets liés à la variation du prix d'un bien, l'effet total :

a) est supérieur à celui trouvé par la méthode de Hicks.	☐	☐
b) est égal à celui trouvé par la méthode de Hicks.	☐	☐
c) ne se compare pas à celui trouvé par la méthode de Hicks.	☐	☐

8. Pour apprécier le degré de concurrence du TGV sur l'avion pour se rendre de Paris à Marseille, on calculera :

a) l'élasticité croisée de la demande de voitures au prix de l'essence.	☐	☐
b) l'élasticité directe de la demande au prix des billets d'avion.	☐	☐
c) l'élasticité croisée de la demande de billets d'avion au prix des billets de train (sur le trajet Paris – Marseille).	☐	☐

9. La courbe de demande inverse mesure :

a) le prix auquel une quantité donnée est demandée.	☐	☐
b) le prix auquel une quantité quelconque est offerte.	☐	☐
c) l'évolution des quantités demandées toutes choses égales par ailleurs.	☐	☐

10. Un bien de Giffen est un bien dont :

a) la demande diminue quand son prix augmente.	☐	☐
b) la demande augmente quand son prix augmente.	☐	☐
c) la demande augmente quand son prix diminue.	☐	☐

© Dunod. La photocopie non autorisée est un délit.

REFLEXION

11. Soit une fonction de demande inverse définie par : $p = aq + b$ avec $a < 0$ et $b > 0$.

Montrer que lorsque la demande a une élasticité-prix égale à – 1, la recette totale atteint son maximum.

12*. L'affirmation suivante est-elle fondée : « *Les agriculteurs peuvent tirer une meilleure recette d'une mauvaise récolte que d'une bonne* » ?

13. Pour les cartes d'indifférence qui suivent, vous indiquerez la nature des biens X et Y et préciserez le signe de l'élasticité-revenu pour chaque bien.

a)

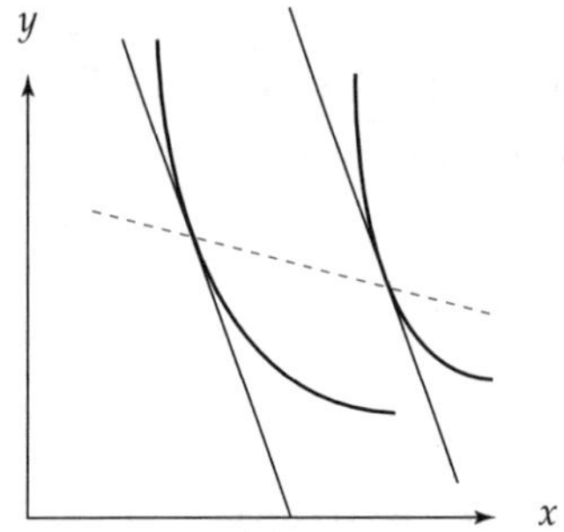

Figure 2.4

b)

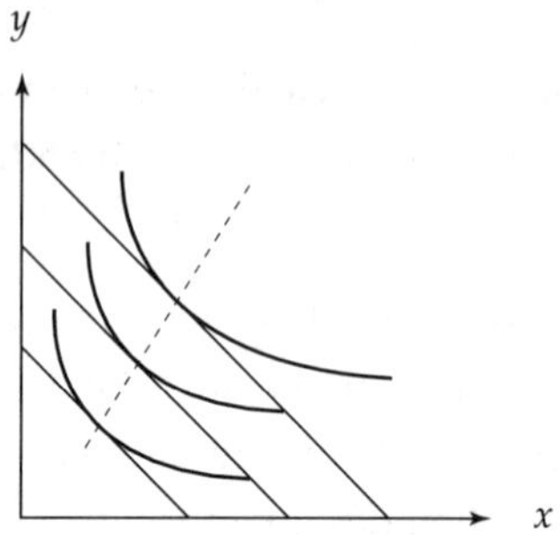

Figure 2.5

c)

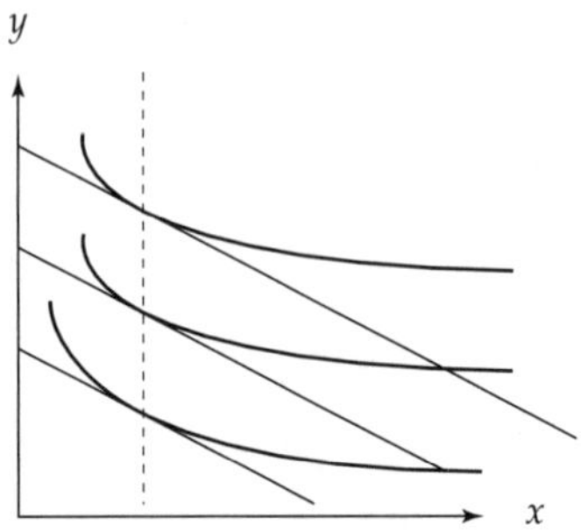

Figure 2.6

d)

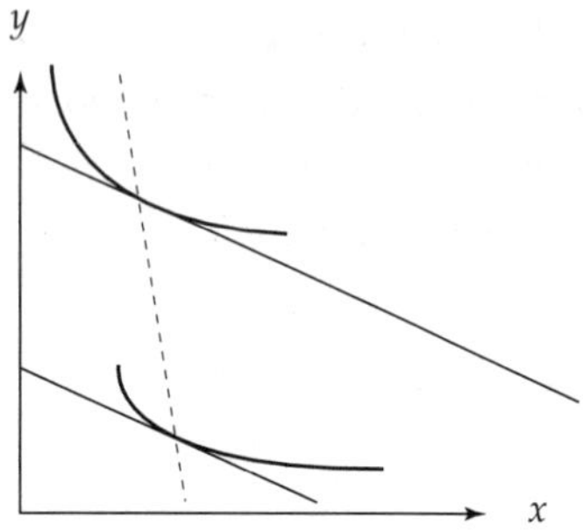

Figure 2.7

14*. Représenter sur un graphique la carte d'indifférence de deux biens A et B lorsque le prix du bien B augmente, dans les deux cas suivants :

a) les biens A et B sont fortement substituables et sont normaux ;

b) les biens A et B sont fortement substituables et le bien B est un bien inférieur.

On placera les quantités de biens B en ordonnée. On mettra en évidence par la méthode de Hicks, l'effet de substitution, l'effet de revenu et l'effet total.

15.** Évaluer (par un signe + ou –) l'effet d'une hausse du prix du bien X sur la quantité demandée des biens X et Y dans les cas suivants :

Bien – Catégorie	Effet de substitution	Effet de revenu	Effet total
X – normal			
X – inférieur			
X – de luxe			
X – de Giffen			
Y – normal			
Y – inférieur			

ENTRAÎNEMENT

La notion d'élasticité est essentielle, tant en micro-économie que dans de nombreux domaines (marketing, finance...), c'est pourquoi nous lui consacrerons une attention toute particulière. La technique du lagrangien sera de nouveau utilisée pour répondre à de nombreuses questions. Enfin, le dernier exercice abordera les notions d'effets de substitution et de revenu. La compréhension de ces dernières est fondamentale.

16. L'entreprise Ducharme produit le bien C-2000 tel que :

– les quantités vendues sont égales à 1 050 lorsque le prix est égal à 10 euros ;

– chaque fois que le prix augmente de 1 euro, les quantités baissent de 15 unités.

a) Déterminer puis représenter la fonction de demande.

b) Calculer la valeur de l'élasticité-prix directe aux points R et T où les prix sont respectivement de 20 et 60 euros. Puis déterminer les coordonnées du point S telles que l'élasticité-prix directe en S soit égale à – 1. En déduire la valeur de la recette totale maximale.

c) À l'aide de la question précédente, étudier l'influence d'une baisse de prix sur la recette totale. En déduire l'utilité de la connaissance des élasticités-prix pour le producteur.

d) Déterminer une relation liant l'élasticité-prix et la variation de la recette totale.

Analyse de l'énoncé et conseils. Insistons sur le fait qu'il est demandé de trouver et de représenter la fonction de demande et non la fonction de demande inverse. Il s'agit d'une convention que l'on respectera, même si l'une et l'autre permettent d'aboutir à des résultats parallèles.

© Dunod. La photocopie non autorisée est un délit.

« La baisse de prix » envisagée dans la question c) n'est pas une information très précise : pour être réaliste et pour utiliser les résultats des questions précédentes, il convient d'une part, de choisir une baisse qui ne soit pas trop forte, et d'autre part, d'évaluer cette baisse en pourcentage et non en valeur. L'intérêt de cette question réside dans l'étude de la baisse pour plusieurs niveaux de prix. Enfin, la dernière question fait appel au calcul différentiel.

17. Reprenons la fonction d'utilité de Claire (*cf.* TD 1, exercice n° 16) : $U(x, y) = 2xy + 3y$.

a) Déterminer, à l'aide de deux méthodes, l'équation de la courbe de consommation-revenu.

b) En déduire l'équation du chemin d'expansion du revenu lorsque $R = 150$, $p = 12$ et $q = 21$.

c) Sur les bases de la question précédente, déterminer la valeur du revenu qui conduirait Claire à ne plus consommer de biens X.

d) Déterminer la courbe d'Engel pour chaque bien.

e) Calculer les élasticités-revenu et indiquer la nature des biens.

f) Établir l'équation des courbes de demande des biens X et Y.

Analyse de l'énoncé et conseils. Soyez attentifs aux résultats établis lors du TD1 car ils peuvent fournir de précieuses indications. Rappelons que R, p et q correspondent respectivement au revenu de Claire, au prix de X et au prix de Y. Concernant la question c), il est préférable de s'aider d'une représentation graphique.

18. La fonction d'utilité de Grégoire est la suivante : $U(x, y) = x^{\alpha} \cdot y^{1-\alpha}$ avec $0 < \alpha < 1$.

a) Calculer les fonctions de demande. La forme des courbes de demande est-elle « normale » ?

b) Déterminer le sentier d'expansion du revenu et montrer qu'il s'agit d'une droite qui passe par l'origine. Que peut-on dire des préférences de Grégoire lorsque son revenu varie ?

c) En déduire l'allure générale des courbes d'Engel pour les biens X et Y, puis les déterminer.

d) En déduire la valeur des élasticités-revenu des biens X et Y.

e) Indiquer la nature des biens X et Y.

Analyse de l'énoncé et conseils. Les préférences de Grégoire, traduites par sa fonction d'utilité, sont souvent appelées « préférences Cobb-Douglas » ; elles ont des propriétés particulières et fort intéressantes. Comme à l'occasion de l'exercice précédent, l'énoncé ne fournit que peu d'informations. Il revient au lecteur de se donner les moyens de répondre aux questions, tout en respectant le principe de rationalité.

Une réflexion attentive permet de répondre aux questions du type « en déduire » ; il est essentiel de comprendre les liens logiques entre les questions avant tout calcul algébrique.

19*. La fonction d'utilité de Christine est la suivante : $U(x, y) = x^2 y + 4$.

Vous disposez des informations suivantes :

– prix de X : $p = 2$;

– prix de Y : $q = 4$;

– revenu de Christine : $R = 24$.

Mettre en évidence, sur les plans graphique et algébrique, tous les effets d'un doublement du prix du bien X, à l'aide de la méthode de :

a) J. Hicks

b) E. Slutsky

Analyse de l'énoncé et conseils. Les étudiants sont parfois surpris, surtout un jour d'examen, de la brièveté de certains énoncés ; il faut apprendre à y faire face. Il est nécessaire de réfléchir aux objectifs et aux moyens à mettre en œuvre pour les atteindre. Ici, il faudra préalablement réunir un certain nombre d'informations, ne faisant pas directement l'objet de questions, telles que : équation de la courbe d'indifférence, équation de la droite de budget, coordonnées des points optimaux (il y en aura plusieurs !)...

SOLUTIONS

1 ▸ a – **2** ▸ c – **3** ▸ c – **4** ▸ c – **5** ▸ a, b – **6** ▸ c – **7** ▸ b – **8** ▸ c – **9** ▸ a – **10** ▸ b

11 ▸ Cherchons pour quelle valeur la demande a une élasticité-prix unitaire.

$$e = \frac{dq}{dp} \times \frac{p}{q} = \frac{1}{a} \times \frac{aq+b}{q} = 1 + \frac{b}{aq}$$

$$e = -1 \Leftrightarrow 1 + \frac{b}{aq} = -1 \Leftrightarrow q^* = -\frac{b}{2a}$$

Montrons que cette valeur annule la dérivée de la recette totale.

$$RT(q) = p \cdot q = [aq + b] \cdot q$$

$$\frac{\partial RT(q)}{\partial q} = 2aq + b$$

$$\frac{\partial RT(q^*)}{\partial q} = 2a \cdot \left[-\frac{b}{2a}\right] + b = 0$$

© Dunod. La photocopie non autorisée est un délit.

Remarque. Il s'agit bien d'un maximum puisque la dérivée seconde de la recette totale est négative ; en effet : $RT'' = 2a$ et $a < 0$.

12 ▸ L'exercice n° 13 permettra d'améliorer la compréhension de la réponse qui va suivre. Tout d'abord, nous admettrons le fonctionnement de la loi de l'offre et de la demande, loi bien connue que nous retrouverons lors du TD7.

Ainsi, une bonne récolte fera généralement baisser les prix ; mais la hausse de la recette totale ne se produira que si la demande est élastique (si elle est rigide, la recette totale diminuera malgré la bonne récolte).

De même, une mauvaise récolte a tendance à faire grimper les prix ; cependant, une augmentation de la recette totale est possible si la demande est rigide (si elle est élastique, la recette totale diminuera suite à la mauvaise récolte).

13 ▸ a) Le bien X est normal $(e > 0)$ et le bien Y est inférieur $(e < 0)$.

b) Les biens X et Y sont normaux $(e > 0)$.

c) Le bien Y est normal $(e > 0)$ et l'effet revenu est nul pour le bien X.

d) Le bien X est inférieur $(e < 0)$ et le bien Y est normal $(e > 0)$.

14 ▸ Les biens A et B sont fortement substituables (ce qui conduit à tracer des courbes d'indifférence relativement aplaties).

a) Les biens A et B sont normaux.

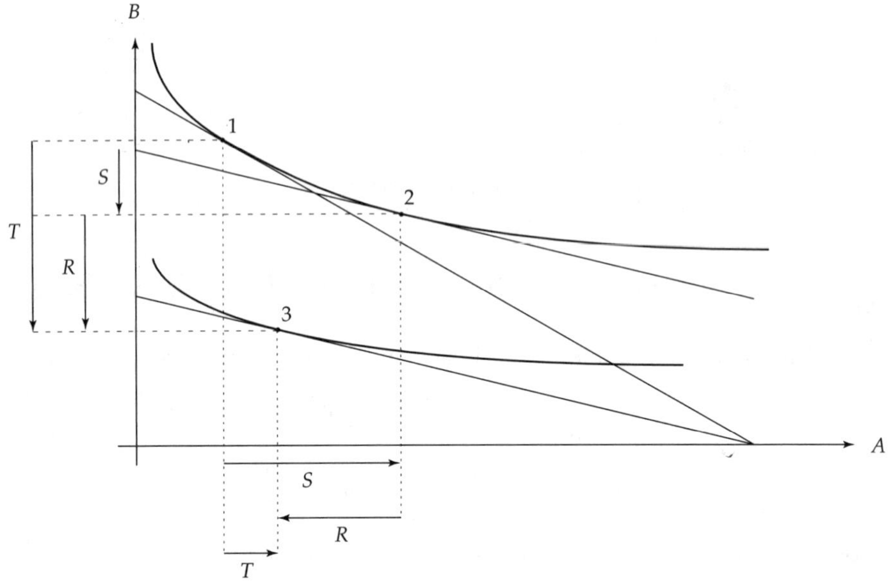

Figure 2.8

De 1 à 2 : effet de substitution.

De 1 à 3 : effet total.

De 2 à 3 : effet de revenu.

b) Le bien B est inférieur.

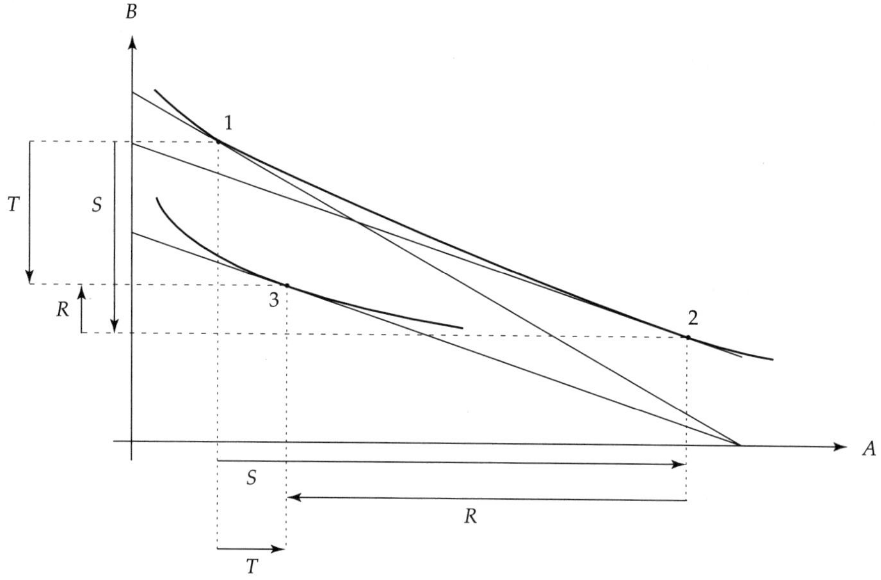

Figure 2.9

15 ▸ Il est vivement conseillé d'effectuer des représentations graphiques afin de mieux visualiser les différentes situations.

Bien – Catégorie	Effet de substitution	Effet de revenu	Effet total
X – normal	–	–	–
X – inférieur	–	+	indéterminé
X – de luxe	–	–	–
X – de Giffen	–	+	+
Y – normal	+	–	indéterminé*
Y – inférieur	+	+	+

* Généralement, lorsque Y est un bien normal, l'effet de substitution (positif) est généralement supérieur à l'effet de revenu (négatif). Mais ceci n'est pas systématique. C'est même l'inverse lorsque le bien X est un bien de Giffen : dans ce cas l'effet total est négatif. Cette situation est cependant assez rare.

16 ▸ a) Il est facile, avec les renseignements dont on dispose, de déterminer la fonction de demande :

– le coefficient directeur est égal à – 15 (évident) ;

– si le prix baisse de 10 euros, les quantités augmenteront de 150 unités ; ainsi, on peut dire que pour un prix nul, les quantités vendues seront de 1 050 + 150. L'ordonnée à l'origine est donc égale à 1 200 (ceci est une hypothèse d'école).

Équation de la droite de demande : $q(p) = 1\,200 - 15 \cdot p$

b) Définition de l'élasticité-prix directe :

$$e_{q/p} = \frac{\frac{\partial q}{q}}{\frac{\partial p}{p}} = \frac{\partial q}{\partial p}\frac{p}{q} = -15\frac{p}{q}$$

Coordonnées du point R : $p = 20$ $q = 900$

D'où : $$e_{q/p}[R] = -15\frac{20}{900} = -\frac{1}{3}$$

Coordonnées du point T : $p = 60$ $q = 300$

D'où : $$e_{q/p}[T] = -15\frac{60}{300} = -3$$

Cherchons les coordonnées du point S telles que l'élasticité-prix directe soit égale à – 1 :

$$e_{q/p} = -15\frac{p}{q} = -1 \Leftrightarrow 15p = q \Leftrightarrow 15p = 1\,200 - 15p$$

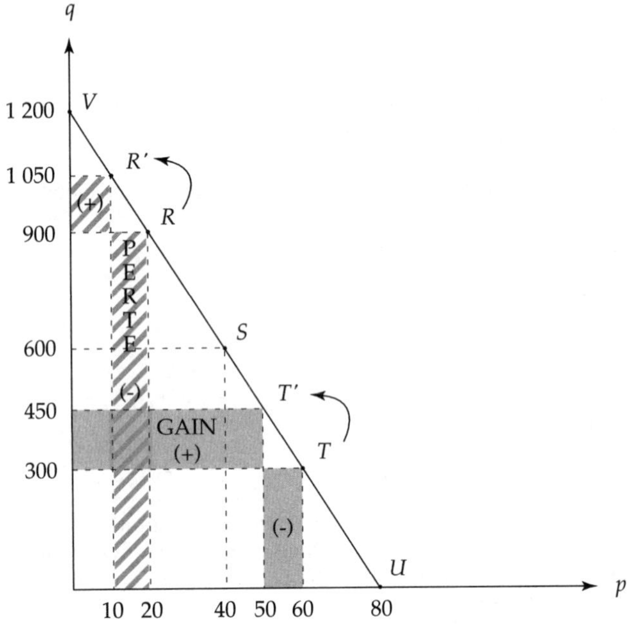

Figure 2.10

Ainsi : $p = 40$

D'où : $q = 600$

L'exercice n° 8 nous permet d'affirmer que la recette maximale se situe au point où l'élasticité-prix est égale à –1. Les coordonnées de ce point viennent d'être calculées : la recette totale en S est donc égale à 24 000 euros. Il s'agit de la recette maximale que l'entreprise peut réaliser.

c) Imaginons une baisse du prix de 1 % et montrons que cette baisse n'a pas la même influence sur la recette totale selon la position de départ sur la courbe de demande. Pour utiliser la question précédente, il faut calculer les quantités après baisse du prix en se servant des élasticités et non de la fonction de demande.

Position initiale : R alors : $p = 20$ $q = 900$ $e = -1/3$ $RT = 18\,000$
Après la baisse du prix, on a : $p = 19{,}80$ $q = 903$ $RT = 17\,879$
La recette totale a baissé (environ – 0,70 %).

Position initiale : S alors : $p = 40$ $q = 600$ $e = -1$ $RT = 24\,000$
Après la baisse du prix, on a : $p = 39{,}60$ $q = 606$ $RT = 23\,998$
La recette totale est restée stable (la baisse est en effet négligeable).

Position initiale : T alors : $p = 60$ $q = 300$ $e = -3$ $RT = 18\,000$
Après la baisse du prix, on a : $p = 59{,}40$ $q = 309$ $RT = 18\,355$
La recette totale a augmenté (environ + 2 %).

On peut généraliser ces résultats :

– sur tout le segment ouvert $]V, S[$ où l'élasticité-prix est comprise entre 0 et – 1, la recette totale baissera en cas de baisse de prix ;

– sur tout le segment ouvert $]S, U[$ où l'élasticité-prix est supérieure à 1 en valeur absolue, la recette totale augmentera en cas de baisse de prix ;

– au point S où l'élasticité-prix est égale à – 1, la recette totale restera stable en cas de baisse de prix.

Graphiquement, il est possible de montrer, à travers deux exemples, que la position de départ à partir de laquelle il y a baisse de prix conduit à une baisse de la recette totale ou à une hausse.

• Considérons le passage de R (20 ; 900) à R' (10 ; 1 050) :

– le gain est matérialisé par le rectangle horizontal :

$$10 \cdot (1\,050 - 900) = 1\,500$$

– la perte de recette est matérialisée par le rectangle vertical :

$$900 \cdot (20 - 10) = 9\,000$$

– au total, la baisse de prix provoque une baisse de la recette totale :

$$9\,000 - 1\,500 = 7\,500$$

• Considérons le passage de T (60 ; 300) à T' (50 ; 450) :

– le gain est matérialisé par le rectangle horizontal :

$$50 \cdot (450 - 300) = 7\,500$$

– la perte de recette est matérialisée par le rectangle vertical :

$$300 \cdot (60 - 50) = 3\,000$$

– au total, la baisse de prix provoque une hausse de la recette totale :

$$7\,500 - 3\,000 = 4\,500$$

© Dunod. La photocopie non autorisée est un délit.

Ainsi, lorsque la demande est élastique, une baisse (respectivement une hausse) de prix provoquera une augmentation (respectivement une diminution) de la recette totale. Il est donc de l'intérêt du producteur de connaître les valeurs de l'élasticité-prix, afin de mener une politique commerciale rationnelle. Dans le cas général, l'objectif d'une baisse de prix pour le producteur n'est pas de voir augmenter les acheteurs, mais de voir grossir la dépense totale des acheteurs. Nous venons de montrer que l'accroissement du nombre de clients, suite à une baisse du prix, n'entraîne pas forcément la hausse du chiffre d'affaires. Le producteur doit se montrer prudent (*cf.* exercice n° 9).

d) On sait que : $RT = p \cdot q$

On peut donc écrire :

$$\frac{dRT}{dq} = p\frac{dq}{dq} + q\frac{dp}{dq} = p \cdot \left[1 + \frac{q}{p}\frac{dp}{dq}\right] = p \cdot \left[1 + \frac{1}{\frac{dq}{dp}\frac{p}{q}}\right] = p \cdot \left[1 + \frac{1}{e}\right]$$

Ainsi, on retrouve bien les résultats antérieurs, puisque :

– si $e = -1$ $dRT/dq = 0$

– si $e < -1$ $dRT/dq > 0$

– si $-1 < e < 0$ $dRT/dq < 0$

17 ▸ **a)** La courbe de consommation-revenu correspond à l'ensemble des points optimaux, pour différents niveaux de revenu. En effet, lorsque le revenu augmente, toutes choses égales par ailleurs, la contrainte de budget se déplace vers la droite parallèlement à elle-même et définit de nouveaux optimums pour le consommateur. Il s'agit donc de l'ensemble des points où la droite de budget est tangente à la courbe d'indifférence. Dans ce cas, le coefficient directeur de la droite de budget doit être égal à la dérivée de la courbe d'indifférence en ce point.

– Équation de la courbe d'indifférence : $y = \dfrac{U_0}{2x+3}$

Donc :
$$\frac{\partial y}{\partial x} = -\frac{2U_0}{(2x+3)^2} = -\frac{2y}{2x+3} \qquad (1)$$

– Équation de la droite de budget : $y = \dfrac{R_0}{q} - \dfrac{p}{q}x$

Donc :
$$\frac{\partial y}{\partial x} = -\frac{p}{q} \qquad (2)$$

En posant que les dérivées (1) et (2) doivent être égales pour qu'il y ait optimum, on obtient la relation suivante :

$$y = \frac{(2x+3)p}{2q} \qquad (3)$$

On remarque que la méthode du lagrangien (*cf.* TD 1 question **c**) fournissait déjà cette relation. Ceci est tout à fait logique puisque cette méthode de résolution vise à déterminer les coordonnées des points optimaux. Or ces dernières étaient en fin de compte obtenues en plaçant la relation (3) dans la contrainte budgétaire.

b) Lorsque les prix des biens X et Y sont spécifiés, la relation (3) s'écrit :

$$y = \frac{12}{21}x + \frac{6}{7} \approx 0,57x + 0,86$$

c) Lorsque : $R = 150$ $p = 12$ $q = 21$

On a obtenu dans le TD 1 les résultats suivants :

$$x^* = 5,5 \qquad y^* = 4 \qquad U = 56$$

L'équation du sentier d'expansion est :

$$y = \frac{12}{21}x + \frac{6}{7} \approx 0,57x + 0,86$$

Si $x^* = 0$, alors, la seule solution optimale est $y^* = 6/7$ (l'optimum se situe forcément sur le sentier d'expansion). Or, le point $(0 ; 6/7)$ est aussi le point de tangence entre la droite de budget et la courbe d'indifférence associée. On connaît donc l'ordonnée à l'origine de la droite de budget : $6/7$. Rappelons que la contrainte a pour équation :

$$y = \frac{R}{21} - \frac{12}{21}x$$

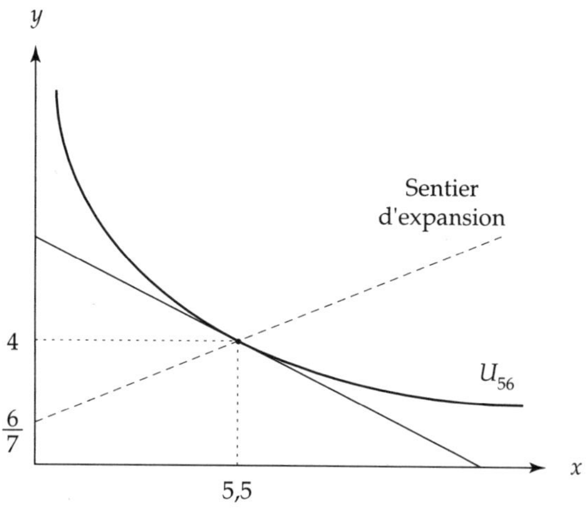

Figure 2.11

On doit avoir : $\frac{R}{21} = \frac{6}{7} \rightarrow R = 18$

La valeur du revenu qui conduirait Claire a ne plus consommer de biens X est donc $R = 18$.

Remarque. Pour tout revenu inférieur à 18, on a forcément $x = 0$. Cependant, Claire ne maximisera plus son utilité. Le seul revenu permettant à la fois de satisfaire la maximisation de l'utilité et la condition imposée par l'énoncé (Claire ne consomme pas de biens X) est $R = 18$. La réponse, qui consisterait à dire que tout revenu inférieur ou égal à 18 est valable, est juste sur le plan du calcul, mais ne répond pas au principe de rationalité qui guide le consommateur.

d) La courbe d'Engel traduit le fait que la consommation d'un bien est fonction du revenu, toutes choses égales par ailleurs. Nous devons trouver une liaison fonctionnelle entre : x et R, et y et R. Or, nous savons que :

© Dunod. La photocopie non autorisée est un délit.

$$x^* = \frac{2R - 3p}{4p} \quad \text{et} \quad y^* = \frac{2R + 3p}{4q} \qquad (cf.\ \text{TD 1})$$

Ces relations indiquent que, si les prix des biens restent inchangés, les quantités optimales de biens X et Y consommées par Claire, sont uniquement fonction du niveau de son revenu. On peut alors écrire ces relations sous la forme :

$$Q_x(R) = \frac{2R - 3p}{4p} = \frac{1}{24}R - \frac{3}{4} \quad \text{équation de la courbe d'Engel de } X$$

$$Q_y(R) = \frac{2R + 3p}{4q} = \frac{1}{42}R + \frac{9}{21} \quad \text{équation de la courbe d'Engel de } Y$$

e) Calculons l'élasticité-revenu pour chaque bien :

$$e_{Q/R} = \frac{\dfrac{\partial Q(R)}{Q(R)}}{\dfrac{\partial R}{R}} = \frac{\partial Q(R)}{\partial R}\frac{R}{Q(R)}$$

Ainsi, on trouve :

$$e_{Q/R} = \frac{2R}{2R - 3p} > 1 \quad \text{élasticité-revenu du bien } X$$

$$e_{Q/R} = \frac{2R}{2R + 3p} < 1 \quad \text{élasticité-revenu du bien } Y$$

Pour Claire, le bien X est un bien supérieur puisque sa consommation augmente plus que proportionnellement au revenu. Le bien Y est un bien normal (encore appelé bien de nécessité).

Pour $R = 150$, $p = 12$ et $q = 21$ on obtient :

$$e_{Q/R} = 1,136 \quad \text{élasticité-revenu du bien } X$$

$$e_{Q/R} = 0,89 \quad \text{élasticité-revenu du bien } Y$$

Remarque. Certaines propriétés mathématiques des élasticités permettent, par la simple observation de l'ordonnée à l'origine de la droite d'Engel, de savoir si l'élasticité-revenu est inférieure, égale ou supérieure à l'unité. Ainsi, lorsque l'ordonnée à l'origine est :

– positive, l'élasticité-revenu est inférieure à un ;

– nulle, l'élasticité-revenu est égale à un ;

– négative, l'élasticité-revenu est supérieure à un.

f) La courbe de demande est une représentation de la demande d'un bien en fonction du prix, toutes choses égales par ailleurs. Nous devons trouver une liaison fonctionnelle entre : x et p, et y et q. Or, toujours à partir de la méthode du lagrangien (vue lors du TD 1), nous savons que :

$$x^* = \frac{2R - 3p}{4p} \quad \text{et} \quad y^* = \frac{2R + 3p}{4q}$$

Ces relations montrent que si le revenu de Claire reste fixé à un niveau donné, alors les quantités optimales des biens X et Y dépendront respectivement et uniquement des prix p et q. On peut alors écrire ces relations sous la forme :

$$Q_x(p) = \frac{2R - 3p}{4p} = \frac{75}{p} - \frac{3}{4} \qquad \text{équation de la courbe de demande du bien } X$$

$$Q_y(q) = \frac{2R + 3p}{4q} = \frac{300 + 36}{4q} = \frac{84}{q} \qquad \text{équation de la courbe de demande du bien } Y$$

18 ▸ **a)** Soit R le revenu de Grégoire ; soient p et q les prix respectifs des biens X et Y. Ainsi, il faut résoudre le problème suivant :

Maximiser : $U(x, y) = x^{\alpha} \cdot y^{1-\alpha}$

sous la contrainte : $R = px + qy$

La résolution d'un tel programme utilise la méthode du lagrangien :

$$\mathcal{L}(x, y, \lambda) = x^{\alpha} \cdot y^{1-\alpha} + \lambda \cdot (R - px - qy)$$

Les conditions du 1er ordre sont :

$$\begin{cases} \dfrac{\partial \mathcal{L}}{\partial x}(x, y, \lambda) = 0 \\ \dfrac{\partial \mathcal{L}}{\partial y}(x, y, \lambda) = 0 \\ \dfrac{\partial \mathcal{L}}{\partial \lambda}(x, y, \lambda) = 0 \end{cases} \Leftrightarrow \begin{cases} \alpha \cdot x^{\alpha-1} \cdot y^{1-\alpha} - \lambda p = 0 \\ (1-\alpha) \cdot x^{\alpha} \cdot y^{-\alpha} - \lambda q = 0 \\ R - px - qy = 0 \end{cases} \Leftrightarrow \begin{cases} \lambda = \dfrac{1}{p}\alpha \cdot x^{\alpha-1} \cdot y^{1-\alpha} \\ \lambda = \dfrac{1}{q}(1-\alpha) \cdot x^{\alpha} \cdot y^{-\alpha} \\ R - px - qy = 0 \end{cases}$$

Des équations (1) et (2), il vient : $y = \dfrac{(1-\alpha)p}{\alpha q} x$

Grâce à cette relation et par substitution dans l'équation (3), on obtient les coordonnées des points optimaux :

$$x^* = \frac{\alpha \cdot R}{p} \qquad \text{et} \qquad y^* = \frac{(1-\alpha) \cdot R}{q}$$

Ces résultats nous permettent facilement d'obtenir les fonctions de demande des biens X et Y ; il s'agit simplement de formaliser l'écriture :

Équation de la droite de demande de X, fonction du prix de X :

$$Q_x(p) = \frac{\alpha \cdot R}{p}$$

Équation de la droite de demande de Y, fonction du prix de Y :

$$Q_y(q) = \frac{(1-\alpha) \cdot R}{q}$$

Ces fonctions ont une forme normale, c'est-à-dire qu'elles sont décroissantes par rapport au prix et convexes (branche d'hyperbole). En effet :

© Dunod. La photocopie non autorisée est un délit.

$$\frac{\partial Q_x}{\partial p} = -\frac{\alpha \cdot R}{p^2} < 0 \quad \text{car} \quad \alpha > 0 \quad \text{et} \quad R > 0$$

$$\frac{\partial Q_y}{\partial q} = -\frac{(1-\alpha) \cdot R}{q^2} < 0 \quad \text{car} \quad (1-\alpha) > 0 \quad \text{et} \quad R > 0$$

b) Le sentier d'expansion a déjà été calculé ; il s'agit de l'équation :

$$y = \frac{(1-\alpha)p}{\alpha q} x = \left[\frac{1-\alpha}{\alpha} \cdot \frac{p}{q}\right] \cdot x = h \cdot x$$

De façon évidente, il s'agit bien d'une droite **passant par l'origine**. Cela signifie qu'à l'optimum, le rapport (noté ci-dessus : h) existant entre les quantités optimales x^* de X et y^* de Y, sera le même, quel que soit le montant du revenu, c'est-à-dire quelle que soit la position optimale sur le sentier.

Remarque. On pouvait déjà se douter de ce résultat en observant les valeurs optimales x^* et y^* ; lorsque le revenu est multiplié par une constante, les quantités optimales sont aussi toutes deux multipliées par cette constante. La proportionnalité entre x^* et y^* se maintient quel que soit le niveau du revenu.

D'un point de vue plus concret, cela signifie que les préférences de Grégoire vont rester parfaitement stables, même s'il subit des variations de son revenu. Ces variations vont provoquer des baisses ou des hausses des quantités consommées, mais ne provoqueront pas de modification dans la structure de la consommation. Ce résultat est très important. On parle dans ce cas de « préférences homothétiques ».

c) Les réflexions ci-dessus nous conduisent à dire que les courbes d'Engel, pour les biens X et Y, sont des droites passant par l'origine. En effet, lorsque le revenu est nul, les quantités optimales sont visiblement nulles. Puis, lorsque le revenu double, les quantités consommées doublent ; lorsque le revenu triple, les quantités consommées triplent... etc. Il s'agit bien de droites passant par l'origine.

Là encore, il suffit de formaliser l'écriture (à partir des quantités optimales obtenues par la méthode du lagrangien) :

Équation de la droite d'Engel pour le bien X, fonction du revenu de Grégoire :

$$Q_x(R) = \frac{\alpha \cdot R}{p}$$

Équation de la droite d'Engel pour le bien Y, fonction du revenu de Grégoire :

$$Q_y(R) = \frac{(1-\alpha) \cdot R}{q}$$

d) Les droites d'Engel passant par l'origine, l'élasticité-revenu des biens X et Y est unitaire. Il s'agit donc de biens « normaux » (puisque l'élasticité-revenu est positive) dont la consommation croît au même rythme que le revenu. On peut aisément vérifier par le calcul que les élasticités-revenu sont égales à 1. Par exemple, pour le bien X, on a :

$$e_{Q/R} = \frac{dQ(R)}{dR} \times \frac{R}{Q(R)} = \frac{\alpha}{p} \times \frac{R}{\frac{\alpha \cdot R}{p}} = 1$$

e) Nous savons déjà que X et Y sont des **biens normaux** à élasticité-revenu unitaire. Il est évident, du fait des fonctions de demande, que l'élasticité-prix croisée est nulle. Ces biens ne sont donc ni complémentaires, ni substituables (au sens plein du terme). Reste à tirer profit des renseignements fournis par l'élasticité-prix directe.

Pour le bien X : $e_{Q/p} = \dfrac{dQ(p)}{dp} \times \dfrac{p}{Q(p)} = -\dfrac{\alpha \cdot R}{p^2} \times \dfrac{p}{\dfrac{\alpha \cdot R}{p}} = -1$

Pour le bien Y : $e_{Q/p} = -1$

Ainsi, en tout point de la courbe de demande, l'élasticité-prix est égale à – 1. C'est un cas particulier de courbe de demande. Les biens X et Y sont donc des **biens ordinaires** (la demande diminue lorsque le prix augmente).

19 ▸ La fonction d'utilité de Christine est la suivante : $U(x, y) = x^2y + 4$

Avant de répondre explicitement aux questions, il est nécessaire d'effectuer un certain nombre de recherches. Ce travail préalable en **6 étapes** est indispensable.

1) Équation des courbes d'indifférence : $y = \dfrac{U_0 - 4}{x^2}$

comme $x \geqslant 0$ et $y \geqslant 0$ alors $U(x, y) \geqslant 4$

2) Coordonnées des points optimaux : utilisation de la méthode du lagrangien.

Nous conserverons p comme paramètre afin de simplifier les calculs ultérieurs.

Maximiser : $U(x, y) = x^2y + 4$

sous la contrainte : $24 = px + 4y$

La résolution d'un tel programme utilise la méthode du lagrangien :

$$\mathcal{L}(x, y, \lambda) = x^2y + 4 + \lambda(24 - px - 4y)$$

Les conditions du 1er ordre sont :

$$\begin{cases} \dfrac{\partial \mathcal{L}}{\partial x}(x, y, \lambda) = 0 \\ \dfrac{\partial \mathcal{L}}{\partial y}(x, y, \lambda) = 0 \\ \dfrac{\partial \mathcal{L}}{\partial \lambda}(x, y, \lambda) = 0 \end{cases} \Leftrightarrow \begin{cases} 2xy - p\lambda = 0 \\ x^2 - 4\lambda = 0 \\ 24 - px - 4y = 0 \end{cases} \Leftrightarrow \begin{cases} \lambda = \dfrac{2}{p}xy & (1) \\ \lambda = \dfrac{1}{4}x^2 & (2) \\ px + 4y = 24 & (3) \end{cases}$$

Des équations (1) et (2), il vient : $y = \dfrac{p}{8}x$

Grâce à cette relation et par substitution dans l'équation (3), on obtient les coordonnées des points optimaux :

$$x^* = \frac{16}{p} \quad ; \quad y^* = 2$$

Lorsque $p = 2$, l'optimum, noté A, a pour coordonnées : $x^* = 8$ et $y^* = 2$

L'utilité associée à cet optimum est donc : $U(8, 2) = 132$

© Dunod. La photocopie non autorisée est un délit.

3) Équation de la courbe d'indifférence initiale (notée U_1) : $y = \dfrac{128}{x^2}$

4) Équation de la droite de budget initiale (notée D_1), tangente à la courbe U_1 :

$$y = -\frac{1}{2}x + 6$$

5) Lorsque le prix du bien X double, on obtient une nouvelle contrainte budgétaire.

L'équation de la droite de budget finale (notée D_3), tangente à la courbe U_2 est égale à :

$$y = -x + 6$$

6) À l'aide des résultats fournis par la méthode du lagrangien, il est facile d'obtenir les coordonnées du point C, optimum du consommateur après doublement du prix du bien X :

Les coordonnées des points optimaux étaient égales à :

$$x^* = \frac{16}{p} \quad ; \quad y^* = 2$$

Lorsque $p = 4$, l'optimum, noté C, a pour coordonnées : $x^* = 4$ et $y^* = 2$

L'utilité associée à cet optimum est donc : $U(4, 2) = 36$

a) **Méthode de J. Hicks**

Le coefficient directeur de la droite de budget intermédiaire (notée D_2) est immédiat : il est identique à celui de D_3 puisque la méthode de Hicks considère un déplacement parallèle. Il est donc égal à – 1.

On cherche les coordonnées du point B, tel qu'en ce point, la courbe d'indifférence U_1 soit tangente à la droite de budget D_2 :

$$\frac{d\left[\dfrac{128}{x^2}\right]}{dx} = -1 \Leftrightarrow -\frac{256}{x^3} = -1 \Leftrightarrow x = 2^{8/3} \approx 6,35$$

D'où : $y = 2^{5/3} \approx 3,17$

Nous disposons maintenant de toutes les informations permettant, d'une part de tracer le graphique, et d'autre part, d'indiquer la mesure des différents effets.

- Effet de substitution : passage de A à B
  - quantités de biens X : 8 à 6,35 soit – 1,65
  - quantités de biens Y : 2 à 3,17 soit + 1,17
- Effet de revenu : passage de B à C
  - quantités de biens X : 6,35 à 4 soit – 2,35
  - quantités de biens Y : 3,17 à 2 soit – 1,17
- Effet total : passage de A à C
  - quantités de biens X : – 1,65 + (– 2,35) = – 4
  - quantités de biens Y : + 1,17 + (– 1,17) = 0

Effet de substitution – Effet de revenu – Effet total
Méthode de Hicks

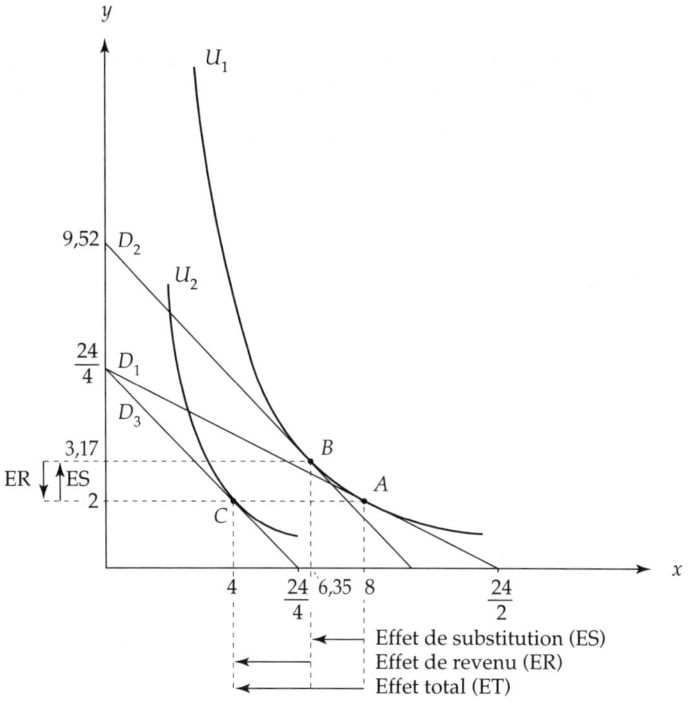

Figure 2.12

b) La méthode de Slutsky

Elle reprend un certain nombre d'éléments à la technique de J. Hicks ; il est donc inutile de tout recalculer. La droite de budget et la courbe d'indifférence initiales, ainsi que la droite de budget et la courbe d'indifférence finales, restent bien sûr identiques. Il en va de même des points optimaux A et C.

La différence essentielle entre les deux méthodes vient de la droite de budget intermédiaire de Slutsky (notée D_2'), qui, toujours parallèle à la droite de budget finale D_3, passe cette fois par le point optimal initial A. L'équation de la droite de budget D_2' est assez aisée puisqu'on dispose de son coefficient directeur (identique à celui de la droite D_3) et du point $A(8, 2)$ par lequel elle passe : $y = -x + 10$.

Il faut donc déterminer l'équation de la courbe d'indifférence intermédiaire (notée U_2') qui sera tangente à la droite D_2' en un point (noté B'), dont on devra trouver les coordonnées. Pour cela, il est possible d'utiliser la méthode du lagrangien avec une nouvelle contrainte $x + y = 10$.

Après calculs, on trouve : $x = 20/3$ et $y = 10/3$

L'utilité associée à l'optimum est égale à : $4\,108/27 \approx 152$.

© Dunod. La photocopie non autorisée est un délit.

On peut donc établir l'équation de la courbe d'indifférence intermédiaire :

$$y = \frac{148}{x^2}$$

Nous disposons maintenant de toutes les informations permettant, d'une part de tracer le graphique, et d'autre part, d'indiquer la mesure des différents effets.

- Effet de substitution : passage de A à B'

– quantités de biens X :	8	à	6,67	soit	– 1,33
– quantités de biens Y :	2	à	3,37	soit	+ 1,33

- Effet de revenu : passage de B' à C

– quantités de biens X :	6,67	à	4	soit	– 2,67
– quantités de biens Y :	3,37	à	2	soit	– 1,33

- Effet total : passage de A à C
  - quantités de biens X : – 1,33 + (– 2,67) = – 4
  - quantités de biens Y : + 1,33 + (– 1,33) = 0

On constate que les effets de substitution et de revenu, par la méthode de Slutsky, sont très proches de ceux obtenus par la méthode de Hicks. En ce qui concerne l'effet total, il est évidemment identique.

Effet de substitution - Effet de revenu - Effet total
Méthode de Slutsky

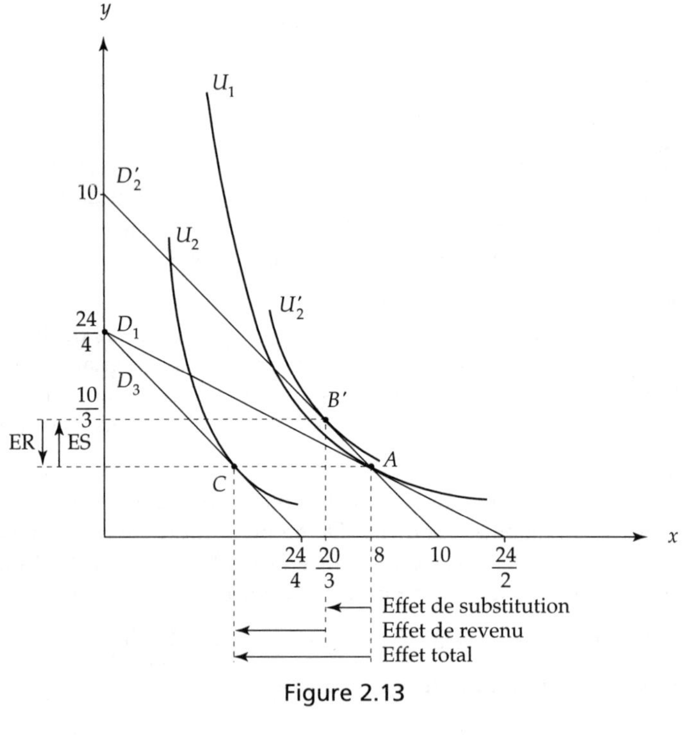

Figure 2.13

TD3 Compléments sur la théorie du consommateur

L'ESSENTIEL DU COURS

Il s'agit d'un chapitre d'approfondissement. L'objectif est d'utiliser les éléments étudiés et de les mettre au service de raisonnements à la fois plus complexes et souvent plus concrets. Ainsi, nous allons donner la possibilité à «notre» agent rationnel de choisir entre, d'une part, consommer aujourd'hui ou consommer dans un an, et d'autre part, travailler davantage afin d'augmenter son pouvoir d'achat ou travailler moins dans le but de développer des activités de loisirs. Ces arbitrages fournissent de très intéressants résultats, souvent exploitables en macro-économie ou en économie politique. Nous aborderons pour finir la notion de surplus.

1. Les choix intertemporels

On parle de **préférences intertemporelles** pour indiquer qu'un agent maximise sa satisfaction dans le temps.

1.1 Principes de base

L'agent effectue un arbitrage sur deux périodes. Il ne dispose pas de capital initial et connaît parfaitement ses revenus R_1 et R_2 des années 1 et 2. Lorsque l'agent ne dépense pas tout son revenu l'année 1 (C_1 correspond à sa consommation), la différence ($E_1 = R_1 - C_1$) sera placée au taux d'intérêt annuel « i »; dans le cas contraire, il est dans l'obligation de s'endetter au taux « i ». Pour simplifier, admettons que le prix des biens B_1 et B_2 est égal à 1 franc ; les valeurs C_1 et C_2 sont donc à la fois des quantités et des francs. L'objectif consiste à déterminer le montant optimal de consommation que l'agent doit effectuer lors de chaque période, afin de maximiser sa satisfaction intertemporelle, sous contrainte budgétaire.

© Dunod. La photocopie non autorisée est un délit.

Plaçons-nous dans le cas où l'agent épargne, l'année 1, une partie de son revenu. Il place cette épargne qui lui rapporte donc un montant égal à : $I_1 = i \cdot E_1 = i \cdot (R_1 - C_1)$. Par hypothèse, l'agent consomme tous ses revenus. Ainsi, on peut poser l'égalité : $C_1 + C_2 = R_1 + R_2 + i \cdot (R_1 - C_1)$. La contrainte budgétaire s'écrit donc : $C_1 \cdot (1 + i) + C_2 = R_1 \cdot (1 + i) + R_2$.

Si l'agent s'endette au lieu d'épargner, toutes ces relations restent valables : l'épargne E_1 devient alors négative et le montant de l'intérêt I_1 (négatif lui aussi) est versé par l'agent au lieu d'être reçu par lui. Ce paiement d'intérêt diminue sa consommation de l'année 2. L'agent peut décider de ne pas prêter et de ne pas emprunter : il consomme chaque année exactement son revenu annuel. C'est pourquoi la droite de budget passera toujours par le point A, appelé « **dotation** », quel que soit le taux d'intérêt. Si le taux d'intérêt augmente, la droite de budget va pivoter autour du point A : elle aura une ordonnée à l'origine plus élevée, et une pente plus forte.

1.2 Détermination du choix optimal

L'agent possède donc une fonction d'utilité intertemporelle, qui est fonction des dépenses successives de consommation. Le lieu géométrique de toutes les combinaisons qui satisfont cette égalité est appelé « courbe d'indifférence intertemporelle ». Elle possède les mêmes propriétés que les courbes d'indifférence clas-

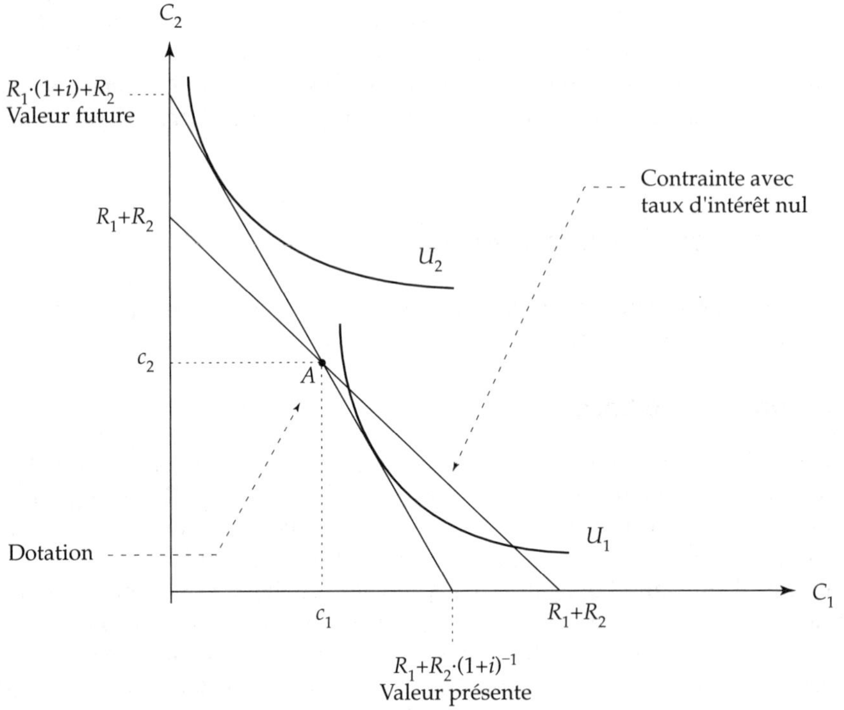

Figure 3.1

siques. Le problème consiste donc à maximiser cette fonction sous la contrainte de budget intertemporelle.

Maximiser $U(C_1, C_2)$

sous la contrainte $C_1 \cdot (1+i) + C_2 = R_1 \cdot (1+i) + R_2$

La position optimale pour un emprunteur est forcément toujours à droite de la dotation et pour un prêteur, toujours à gauche.

2. L'arbitrage travail-loisir

2.1 Les hypothèses de base

L'agent dispose de H heures qu'il peut consacrer aux loisirs (L : temps de loisir) et au travail (T : temps de travail) ; on a donc la relation simple : $H = T + L$. Son salaire nominal est égal à s. Il consomme une quantité C de biens composites F, de prix unitaire p. L'agent souhaite maximiser sa satisfaction, sous sa contrainte budgétaire : $sT = pC$. Cette égalité exprime simplement le fait que les dépenses doivent être égales aux ressources, par hypothèse, entièrement utilisées. Une transformation permet d'écrire cette contrainte sous une forme exploitable :

$$\begin{aligned} sT = pC &\Leftrightarrow sT + sH = pC + sH \\ &\Leftrightarrow sH = sH - sT + pC \\ &\Leftrightarrow sH = s[H - T] + pC \\ &\Leftrightarrow sH = sL + pC \qquad (1) \end{aligned}$$

Finalement, la contrainte de budget s'écrit : $C = \frac{sH}{p} - \frac{s}{p}L$

L'expression (1) de la contrainte budgétaire permet de bien comprendre l'arbitrage travail-loisirs. Le terme sH correspond au revenu potentiel que l'individu obtiendrait s'il travaillait la totalité du temps disponible. Le terme de droite correspond à l'emploi du revenu : ce dernier peut donc être consacré à l'achat d'un certain nombre de biens F au prix p mais aussi à l'achat d'un certain nombre d'heures de loisir au prix s. On considère ainsi que l'individu « achète » du loisir car chaque heure consacrée au loisir ne peut pas être consacrée au travail ; chaque heure consacrée au loisir « coûte » donc indirectement une heure de travail. On dit d'ailleurs en économie que le salaire est le « coût d'opportunité » du loisir.

L'individu doit maintenant confronter ses préférences à sa contrainte budgétaire. On fera l'hypothèse habituelle de courbes d'indifférence convexes. L'individu sera dans une situation optimale au point de tangence entre sa contrainte budgétaire et la courbe d'indifférence la plus haute. Le problème consiste donc à maximiser une fonction d'utilité (ayant de « bonnes » propriétés) sous la contrainte de budget.

Maximiser : $U(C, L)$

sous la contrainte : $C + \frac{s}{p}L = \frac{sH}{p}$

© Dunod. La photocopie non autorisée est un délit.

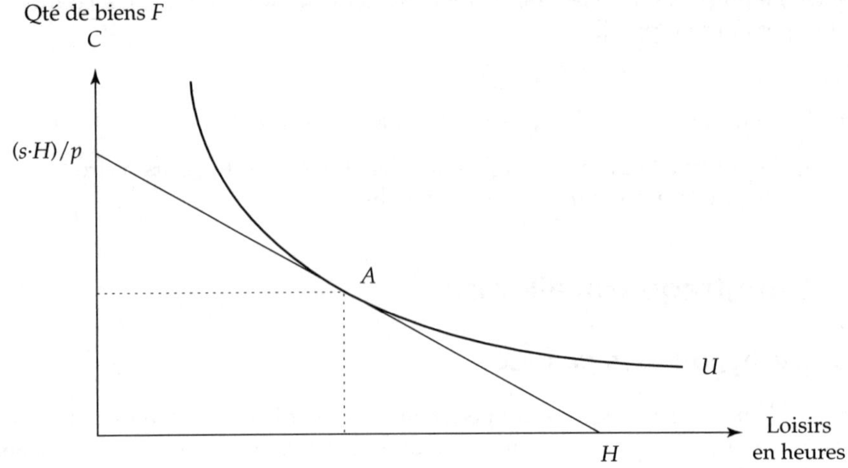

Figure 3.2

Il est possible de calculer le taux marginal de substitution de la consommation au loisir : il est égal à la quantité additionnelle de biens F que l'individu exige d'obtenir en compensation de la réduction de une unité de loisir, à utilité constante. À l'optimum, le TMS est égal à la pente de la droite de budget, donc est égal au taux de salaire réel :

$$TMS = \frac{\frac{\partial U}{\partial L}}{\frac{\partial U}{\partial C}} = -\frac{\partial C}{\partial L} = \frac{s}{p}$$

3. Le surplus du consommateur

Le prix de réservation (Pr) est égal au prix maximum qu'une personne accepte de payer pour acheter un bien. Le surplus mesure l'utilité nette liée à la consommation d'un bien acheté au prix p. L'utilité nette correspond à l'utilité brute, c'est-à-dire la surface située sous la courbe de demande, à laquelle on soustrait les dépenses totales associées à la consommation.

La valeur du surplus s'écrit : $S = \int_0^x p(q)dq - px$

où : $p(q)$ est la fonction de demande inverse,

x est la quantité achetée,

p est le prix du marché pour le bien en question.

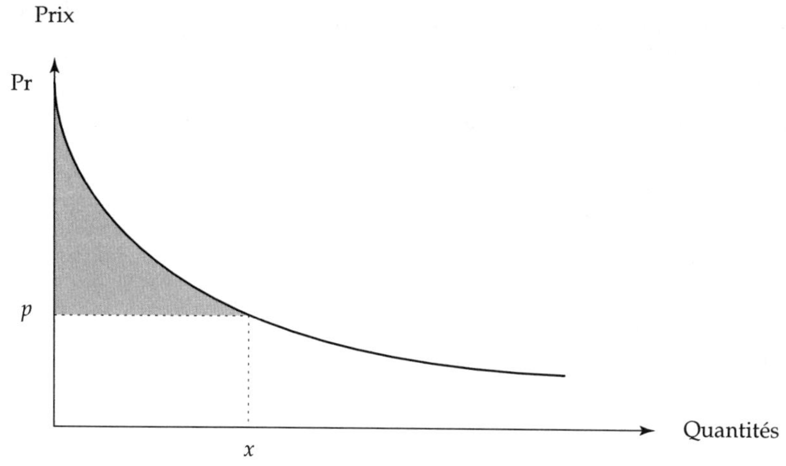

Figure 3.3

Q.C.M.

1. La fonction de demande d'un consommateur pour le bien X est $q = -p + 8$. Si le prix payé est 3 euros, quelle est la valeur du surplus ?

	Vrai	Faux
a) $24 = 3 \times 8$.	☐	☐
b) $12,50 = (8 - 3) \times (5/2)$.	☐	☐
c) 15.	☐	☐

2. Vingt consommateurs ont tous la même fonction de demande $p = 5 - 0,5q$. Si le prix payé s'établit à 5 euros, quelle est la valeur du surplus total des vingt consommateurs ?

a) 500.	☐	☐
b) 0.	☐	☐
c) $5 \times 20 = 100$.	☐	☐

3*. Dans le cadre de la théorie des préférences intertemporelles, un individu qui est prêteur à l'origine, lorsque le taux d'intérêt augmente...

a) devient emprunteur.	☐	☐
b) reste prêteur.	☐	☐
c) peut devenir emprunteur ou rester prêteur.	☐	☐

© Dunod. La photocopie non autorisée est un délit.

	Vrai	Faux
4*. Dans le cadre de la théorie des préférences intertemporelles, un individu qui est emprunteur à l'origine, lorsque le taux d'intérêt augmente...		
a) peut choisir de rester emprunteur mais connaît forcément une diminution de sa satisfaction.	☐	☐
b) peut choisir de rester emprunteur mais connaît forcément une augmentation de sa satisfaction.	☐	☐
c) peut choisir de devenir prêteur.	☐	☐

5. Vous disposez de 100 euros que vous placez pendant un an au taux annuel de 7 % ; sur la même période, le taux d'inflation est de 2 %. Au bout d'un an..

a) vous disposez de 107 euros.	☐	☐
b) vous disposez de 105 euros.	☐	☐
c) votre pouvoir d'achat a augmenté à peu près de : 5 %	☐	☐
d) votre pouvoir d'achat a augmenté de : $100 \cdot \left[\frac{1,07}{1,02} - 1\right]$ %	☐	☐

6. L'augmentation du salaire réel d'un individu peut s'expliquer par :

a) la hausse du salaire nominal, toutes choses égales par ailleurs.	☐	☐
b) la baisse du prix d'au moins un bien, *ceteris paribus*.	☐	☐
c) la hausse du salaire nominal et la baisse du prix d'au moins un bien, toutes choses égales par ailleurs.	☐	☐
d) la baisse généralisée du prix des biens consommés par l'individu.	☐	☐

7*. Lorsqu'un salarié connaît un accroissement de son revenu nominal, toutes choses par ailleurs...

a) il offre forcément plus de travail.	☐	☐
b) il est fortement incité à offrir davantage de travail.	☐	☐
c) il connaîtra une augmentation de sa satisfaction, quelle que soit sa décision concernant le volume de travail qu'il offrira.	☐	☐

8. Dire que « *l'impôt tue l'impôt* » signifie que :

a) l'impôt sur le revenu n'étant payé que par environ la moitié des ménages, les rentrées fiscales sont faibles.	☐	☐
b) un taux d'imposition trop élevé décourage certains agents de travailler et provoque finalement une diminution des rentrées fiscales.	☐	☐
c) il existe un taux d'imposition optimal qui permet de maximiser les recettes fiscales.	☐	☐

	Vrai	Faux
9. Lorsqu'un salarié connaît un fort accroissement de son taux de salaire nominal, on constate de la part du salarié :		
a) un effet de substitution qui conduit à consommer moins de loisirs devenus plus chers et à offrir plus de travail.	☐	☐
b) un effet de substitution (réponse a) auquel s'ajoute un effet revenu qui conduit le salarié « plus riche » à dépenser cet accroissement de revenu en loisirs supplémentaires.	☐	☐
c) une volonté de réduire son temps de travail.	☐	☐
10. Au 1er février 2007, un ménage avait emprunté 300 000 € sur 15 ans pour financer l'acquisition de sa résidence principale, au taux variable de 4 %. Les mensualités sont fixées à 2 219 €. Au 1er février 2008, les taux d'intérêt ayant augmenté, la banque fait passer le taux de 4 % à 6 %.		
a) l'inflation étant d'environ 2 % par an, cette augmentation du taux n'a pas de réelle incidence sur la satisfaction du ménage.	☐	☐
b) toutes choses égales par ailleurs, cette hausse provoque une augmentation significative des remboursements mensuels et conduit à une diminution de la satisfaction du ménage.	☐	☐
c) le taux ayant augmenté de 50 %, les mensualités vont, elles aussi, augmenter de 50 %, ce qui est très lourd pour le ménage et risque de le placer en situation de surendettement.	☐	☐

REFLEXION

11. La fonction de demande de Franck pour le bien X est la suivante : $q = \frac{4}{p} + 1$

a) Un prix relativement élevé conduirait-il Franck à demander une quantité inférieure à l'unité ?

b) Évaluer le surplus de Franck lorsque le prix s'établit à 2 euros.

c) Puis déterminer la variation du surplus lorsque le prix du bien X double.

12. Le barème de l'impôt sur le revenu (pour les revenus de 2003), en euros est :

de	0 €	à	4 262 €	0,00 %
de	4 262 €	à	8 382 €	6,83 %
de	8 382 €	à	14 753 €	19,14 %
de	14 753 €	à	23 888 €	28,26 %
de	23 888 €	à	38 868 €	37,38 %
de	38 868 €	à	47 932 €	42,62 %
de	47 932 €	à	+	48,09 %

© Dunod. La photocopie non autorisée est un délit.

a) Calculer le montant de l'impôt payé par Marc lorsqu'il déclare un revenu imposable de 19 818 €.

b) À l'aide de la question précédente, évaluer en pourcentage l'accroissement de l'impôt provoqué par une augmentation du revenu imposable de 50 %.

13*. Soit la fonction d'utilité de Pierre : $U(x,y) = x \cdot y$

où x et y correspondent respectivement aux quantités de biens X et Y.

a) L'État oblige Pierre à payer un impôt sur le revenu au taux moyen de 25 %. Évaluer l'impact de cette mesure sur les quantités consommées.

b) De plus, Pierre paye la TVA au taux de 19,60 %. Évaluer l'impact de ce nouvel impôt. Conclure.

c) Montrer que, si on donne le choix à Pierre, il préférera toujours payer une TVA de t % sur les biens plutôt qu'un impôt sur le revenu de t %.

14*. À l'aide de schémas, expliquer la forme « anormale » que la courbe d'offre de travail peut parfois prendre lorsque le taux de salaire augmente.

15. Éric est un consommateur qui maximise sa satisfaction dans le temps, sur trois périodes : t_1, t_2 et t_3. On définit les variables suivantes :

– C_i : la consommation de la période t_i ;

– R_i : le revenu de la période t_i ;

– P_i : le prix de C_i ;

– α : le taux d'intérêt annuel ;

– a : le taux d'inflation de t_1 à t_2 ;

– b : le taux d'inflation de t_2 à t_3.

Écrire de deux façons la contrainte budgétaire d'Éric.

ENTRAÎNEMENT

Les exercices qui suivent sont assez complets et à ce titre parfois difficiles. Il est souhaitable de progresser lentement, en vérifiant bien à chaque étape que tout est parfaitement assimilé. En effet, ces exercices font appel à des notions de base déjà évoquées dans les précédents chapitres. Le premier s'intéresse à la maximisation de l'utilité dans le temps et le second au choix travail/loisir. Bien que différents, ils évoquent une même question : sur quelles bases un individu rationnel effectue-t-il certains arbitrages ?

16*. On supposera que l'horizon économique de Frédéric comporte deux périodes, notées t_1 et t_2. Sa fonction d'utilité intertemporelle est la suivante :

$$U(C_1, C_2) = 90 \cdot \sqrt{C_1} + 3 \cdot C_2$$

On désigne par :

– C_i : le montant de la consommation à la période t_i, $(i = 1, 2)$

– R_i : le revenu de Frédéric à la période t_i, $(i = 1, 2)$

– P_i : le prix des biens consommés à la période t_i, $(i = 1, 2)$

– α : le taux d'intérêt annuel.

a) Calculer le taux marginal de substitution intertemporelle (noté TMSI) ; en déduire la forme des courbes d'indifférence associées à la fonction d'utilité.

b) Déterminer les consommations qui maximisent la satisfaction de Frédéric, notées : C_1^* et C_2^* .

c) Comment se comportent les consommations optimales lorsque le taux d'intérêt fluctue ?

d) Calculer le taux d'intérêt permettant au consommateur d'être, ni prêteur, ni emprunteur, dans le cas où : $R_1 = 19\,600$ $R_2 = 28\,000$ $P_1 = 100$ $P_2 = 112$

e) Présenter graphiquement tous les résultats précédents.

f) Interpréter le TMSI en fonction des éléments dont vous disposez.

g) L'absence d'inflation modifie-t-elle la satisfaction de Frédéric ? En cas d'inflation nulle, le doublement du taux d'intérêt le conduit-il à revoir son plan de consommation ?

Analyse de l'énoncé et conseils. Malgré la lourdeur de certains calculs, la plupart des questions sont classiques. Cet exercice est simplement une illustration plus élaborée des notions évoquées dans « L'essentiel du cours ». L'inflation est seulement abordée à la fin. Il serait avantageux de réfléchir à ce problème dès le début, en imaginant l'influence de l'inflation sur le comportement dans le temps d'un ménage.

17.** Soit la fonction d'utilité d'un salarié : $U(L, C) = 2 \cdot \sqrt{L} + C$

où : L mesure la quantité d'heures de loisir,

C mesure la quantité de biens X consommés.

Le bien X est un panier composé de biens divers. Ce salarié souhaite maximiser sa satisfaction sachant que :

– son temps disponible (hors activités vitales) est de 12 h ;

– ce temps disponible se répartit en loisir (en quantité L) et en travail (en quantité T) ;

– sa rémunération horaire brute est fixée à s euros ;

– il perçoit un revenu fixe, non lié à son activité, de R euros ;

– tous ses revenus sont taxés au taux t (avec : $0 < t < 1$) ;

– le prix unitaire du bien X est de 200 euros.

© Dunod. La photocopie non autorisée est un délit.

Partie A

a) Déterminer la contrainte budgétaire de ce salarié.

b) Calculer les valeurs C^* et L^* qui maximisent la satisfaction du salarié.

c) Vous disposez des informations suivantes : $R = 1\,000$ $s = 125$ $t = 20\ \%$
Effectuer la représentation graphique et indiquer l'optimum (noté A).

Partie B

d) Très apprécié dans son entreprise, ce salarié connaît une augmentation de sa rémunération brute de 40,80 %. Analyser les conséquences de cette hausse.

e) Exprimer T en fonction de L^* et vérifier que cette relation fournit la courbe d'offre de travail pour différentes valeurs du paramètre t.

f) Représenter l'offre de travail pour : $t = 20\ \%$ et $t = 40\ \%$.

g) Déterminer la relation existant entre le taux d'imposition et le montant des recettes fiscales pour différentes valeurs du paramètre s. À l'aide de votre calculatrice, sans chercher à étudier la fonction, représenter la courbe pour un salaire de 176 euros.

Partie C

Reprise des hypothèses de la Partie A. Envisageons deux situations **alternatives**.

h) Imaginons que ce salarié ne puisse pas choisir la durée de son travail, mais soit obligé de travailler six heures par jour. Quelles sont les conséquences de cette mesure ? Quel serait alors l'impact d'une hausse du salaire nominal ?

i) Imaginons maintenant que toutes les heures de travail effectuées au-delà de 8 heures soient payées en heures supplémentaires, c'est-à-dire au double du taux normal. Déterminer la nouvelle contrainte budgétaire et le nouvel optimum. Conclure.

Analyse de l'énoncé et conseils. La partie C est indépendante de la partie B. Malgré tout, il est préférable de traiter l'exercice dans l'ordre chronologique des parties et des questions. Lorsqu'en micro-économie, on demande d'évaluer les conséquences d'une variation, il faut s'interroger sur la possibilité d'utiliser une analyse en termes d'effets de substitution et de revenu. Au niveau individuel, la définition des recettes fiscales est triviale : il s'agit de multiplier l'ensemble des revenus par le taux d'imposition.

SOLUTIONS

1 ▸ b – **2** ▸ b – **3** ▸ b – **4** ▸ a, c – **5** ▸ a, c, d – **6** ▸ a, b, c – **7** ▸ b, c – **8** ▸ b, c
9 ▸ a, b – **10** ▸ b

11 ▸ a) On constate l'existence d'une asymptote horizontale d'équation $q = 1$. Il n'existe donc pas de prix permettant de réduire la quantité demandée à un niveau inférieur à un.

b) La réponse est évidente lorsqu'on connaît la définition du surplus du consommateur : si le prix est égal à deux euros, le surplus de Franck est infini. Mathématiquement, il s'agit de calculer, par exemple :

$$S = \int_2^{+\infty} q(p) \cdot dp = \int_2^{+\infty} \left(\frac{4}{p} + 1 \right) \cdot dp = [4 \cdot \ln p + p]_2^{+\infty} = +\infty$$

c) Lorsque le prix double, le surplus de Franck **diminue** (d'où le signe moins) ; la variation peut se calculer ainsi :

$$\Delta S = -\int_2^4 q(p) \cdot dp = -[4 \cdot \ln p + p]_2^4 = -(2 \cdot \ln 4 + 2) \approx -4,77$$

12 ▸ L'impôt sur le revenu est un impôt progressif : il frappe proportionnellement plus les gros revenus que les faibles. Le calcul de l'impôt s'effectue par tranche, de la façon suivante :

a) Lorsque le revenu imposable est de 19 818 €, la tranche dite « marginale » (c'est-à-dire la dernière tranche concernant l'individu) correspond à la tranche n° 4 :

Barème et taux de l'IRPP					Montant de l'IR	
de	0 €	à	4 262 €	0,00 %	0,00 €	
de	4 262 €	à	8 382 €	6,83 %	281,4 €	(1)
de	8 382 €	à	14 753 €	19,14 %	1 219,4 €	(2)
de	14 753 €	à	23 888 €	28,26 %	1 431,4 €	(3)
de	23 888 €	à	38 868 €	37,38 %		
de	38 868 €	à	47 932 €	42,62 %		
de	47 932 €	à	+	48,09 %		
				TOTAL de l'impôt =	2 922 €	

(1) : $(8\,382 - 4\,262) \times 6,83\,\% = 281,4$ €
(2) : $(14\,753 - 8\,382) \times 19,14\,\% = 1\,219,4$ €
(3) : $(19\,818 - 14\,753) \times 28,26\,\% = 1\,431,4$ €

Au total l'impôt sur le revenu de Marc sera de 2 922 €.

b) Si le revenu imposable augmente de 50 %, il s'établit à 29 727 €.

Pour calculer le nouvel impôt, il suffit d'ajouter au précédent les sommes suivantes :

– complément sur tranche n° 4 : $(23\,888 - 19\,818) \times 28,26\,\% = 1\,150,2$ €.
– tranche marginale : $(29\,727 - 23\,888) \times 37,38\,\% = 2\,182,6$ €.
– soit un supplément d'impôt de : 3 333 €.

© Dunod. La photocopie non autorisée est un délit.

Ce qui conduit à un impôt total de 6 255 €.

Soit une hausse de 114 % par rapport à la situation précédente.

Ainsi, **pour ce contribuable**, une augmentation de 50 % de son revenu imposable provoque plus du doublement de son impôt. On comprend mieux pourquoi l'impôt est susceptible de décourager certaines personnes, souhaitant accroître leurs activités.

13 ▸ L'objectif consiste à montrer que les quantités optimales décroissent lorsqu'il y a taxation, que cette dernière touche le revenu, les biens, ou les deux ensemble.

a) Utilisons le lagrangien pour trouver les coordonnées optimales, considérant la fonction d'utilité U et la contrainte implicite : $R = px + qy$ où p et q sont respectivement les prix hors-taxe de X et Y.

$$\mathcal{L}(x,y,\lambda) = xy + \lambda \cdot (R - px - qy)$$

Les conditions du 1er ordre sont :

$$\begin{cases} \dfrac{\partial \mathcal{L}}{\partial x}(x,y,\lambda) = 0 \\ \dfrac{\partial \mathcal{L}}{\partial y}(x,y,\lambda) = 0 \\ \dfrac{\partial \mathcal{L}}{\partial \lambda}(x,y,\lambda) = 0 \end{cases} \Leftrightarrow \begin{cases} y - \lambda p = 0 \\ x - \lambda q = 0 \\ R - px - qy = 0 \end{cases} \Leftrightarrow \begin{cases} \lambda = \dfrac{y}{p} & (1) \\ \lambda = \dfrac{x}{q} & (2) \\ R - px - qy = 0 & (3) \end{cases}$$

Des équations (1) et (2), il vient : $y = \dfrac{p}{q} \cdot x$

Grâce à cette relation et par substitution dans l'équation (3), on obtient la quantité de biens X qui maximise l'utilité de Pierre :

$$x^* = \frac{R}{2p}$$

Toujours à partir de l'équation (3) et du résultat précédent, on obtient la quantité de biens Y qui maximise l'utilité de Pierre :

$$y^* = \frac{R}{2q}$$

Lorsqu'il y a impôt sur le revenu, le lagrangien est modifié ; il est égal à :

$$\mathcal{L}(x,y,\lambda) = xy + \lambda \cdot [0,75 \cdot R - px - qy]$$

Il est inutile de procéder de nouveau aux différents calculs ; il suffit de remplacer R par $(0,75 \cdot R)$ dans les quantités optimales. Ainsi, on a :

$$x_I^* = \frac{0,75 \cdot R}{2p} \quad \text{et} \quad y_I^* = \frac{0,75 \cdot R}{2q}$$

L'impôt sur le revenu a conduit Pierre à réduire sa consommation de 25 %.

b) Les prix HT de X et de Y, dans la contrainte de budget, doivent être remplacés par les prix TTC. On obtient donc le nouveau lagrangien :

$$\mathcal{L}(x,y,\lambda) = xy + \lambda \cdot [0,75 \cdot R - (1,196p) \cdot x - (1,196q) \cdot y]$$

Une fois encore, il est inutile de reprendre les calculs depuis le début ; il suffit de remplacer p par $(1,196 \cdot p)$ dans la quantité optimale de X (même raisonnement pour le bien Y). Ainsi, on a :

$$x^*_{I+\text{TVA}} = \frac{0,75 \cdot R}{2 \cdot (1,196p)} = 0,627\,\frac{R}{2p}$$

L'impôt sur le revenu et la TVA ont conduit Pierre à réduire sa consommation de 37,3 % (1 – 0,627 = 0,373).

c) La consommation de biens X (par exemple) est plus importante lorsqu'il y a TVA que lorsqu'il y a impôt sur le revenu, au même taux t. Ainsi, la satisfaction sera plus forte avec la TVA qu'avec l'impôt sur le revenu.

Quantité optimale de biens X avec TVA :

$$x^*_{\text{TVA}} = \frac{R}{2 \cdot (1+t) \cdot p}$$

Quantité optimale de biens X avec impôt sur le revenu :

$$x^*_I = \frac{(1-t) \cdot R}{2 \cdot p}$$

Or :

$$x^*_I < x^*_{\text{TVA}}$$

En effet :

$$\frac{(1-t) \cdot R}{2 \cdot p} < \frac{R}{2 \cdot (1+t) \cdot p}$$

$$\Leftrightarrow (1-t) < \frac{1}{(1+t)}$$

$$\Leftrightarrow 1 - t^2 < 1$$

14 ▸ Lorsque le taux de salaire augmente, la structure des préférences d'un agent peut provoquer :

– dans un premier temps, une hausse de l'offre de travail (de T_1 à T_2) ;

– dans un second temps, sa baisse (de T_2 à T_3).

Généralement, quand le taux de salaire se situe à des niveaux faibles ou moyens, son augmentation conduit l'individu à accroître son offre de travail. Il est alors possible de vérifier sur le graphique que l'effet de substitution domine l'effet de revenu. En revanche, lorsqu'on se situe à des taux de salaire élevés ou très élevés, leur augmentation peut provoquer une réduction de l'offre de travail : l'effet de revenu domine l'effet de substitution.

© Dunod. La photocopie non autorisée est un délit.

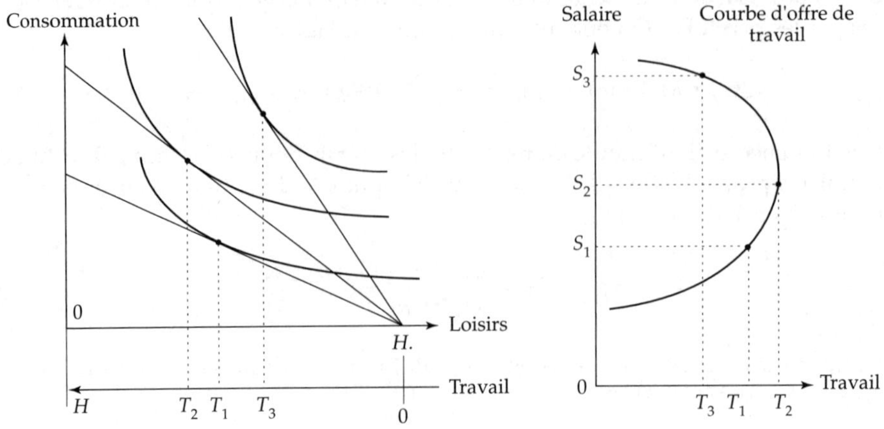

Figure 3.4

15 ▸ La contrainte budgétaire, comme dans le cas de deux périodes, peut s'écrire soit en valeur actuelle, soit en valeur future.

On sait que :

$$P_2 = (1 + a)P_1$$
$$P_3 = (1 + a)(1 + b)P_1$$

En valeur actuelle :

$$R_1 + R_2[1 + \alpha]^{-1} + R_3[1 + \alpha]^{-2} = P_1C_1 + \frac{(1 + a)P_1C_2}{[1 + \alpha]} + \frac{(1 + a)(1 + b)P_1C_3}{[1 + \alpha]^2}$$

En valeur future :

$$R_1[1 + \alpha]^2 + R_2[1 + \alpha]^1 + R_3 = P_1C_1[1 + \alpha]^2 + P_1C_2[1 + \alpha](1 + a) + P_1C_3(1 + a)(1 + b)$$

16 ▸ $U(C_1, C_2) = 90\sqrt{C_1} + 3C_2$

L'équation des courbes d'indifférence est donc égale à : $C_2 = \dfrac{U_0 - 90\sqrt{C_1}}{3}$

a) Le TMSI est défini sur le même principe que le TMS :

$$\text{TMS} = \frac{U_m^{C_1}}{U_m^{C_2}} = \frac{90\dfrac{1}{2\sqrt{C_1}}}{3} = \frac{15}{\sqrt{C_1}}$$

Il est évident que le TMSI est décroissant : les courbes d'indifférence sont convexes.

b) Trouver les coordonnées optimales revient à résoudre le programme suivant :

Maximiser : $U(C_1, C_2) = 90\sqrt{C_1} + 3C_2$

sous la contrainte : $P_1C_1 + P_2C_2[1 + \alpha]^{-1} = R_1 + R_2[1 + \alpha]^{-1}$

La démarche est connue : on utilise la méthode du lagrangien. La seule difficulté réside ici dans la lourdeur des équations à manipuler.

Le lagrangien est égal à :

$$\mathcal{L}(C_1, C_2, \lambda) = 90\sqrt{C_1} + 3C_2 + \lambda[P_1C_1 + P_2C_2[1+\alpha]^{-1} - R_1 - R_2[1+\alpha]^{-1}]$$

Conditions du 1er ordre :

$$\begin{cases} \dfrac{\partial \mathcal{L}}{\partial C_1}(C_1, C_2, \lambda) = 45\dfrac{1}{\sqrt{C_1}} + \lambda P_1 = 0 & (1) \\ \dfrac{\partial \mathcal{L}}{\partial C_2}(C_1, C_2, \lambda) = 3 + \lambda[1+\alpha]^{-1}P_2 = 0 & (2) \\ \dfrac{\partial \mathcal{L}}{\partial \lambda}(C_1, C_2, \lambda) = P_1C_1 + P_2C_2[1+\alpha]^{-1} - R_1 - R_2[1+\alpha]^{-1} = 0 & (3) \end{cases}$$

Grâce aux équations (1) et (2), on arrive au résultat suivant :

$$C_1^* = \left[\frac{15P_2}{[1+\alpha]P_1}\right]^2$$

En utilisant ce résultat dans l'équation (3), on obtient la seconde coordonnée optimale :

$$C_2^* = \frac{[1+\alpha]R_1 + R_2}{P_2} - \frac{225P_2}{[1+\alpha]P_1}$$

c) Pour connaître le sens de variation des consommations optimales, lorsque le taux d'intérêt varie, il suffit de déterminer la dérivée de ces fonctions par rapport au taux d'intérêt α. Malgré les apparences, ces calculs sont assez rapides et simples :

$$\frac{\partial C_1^*}{\partial \alpha} = -450\left[\frac{P_2}{P_1}\right]^2 [1+\alpha]^{-3} < 0$$

Ainsi, la consommation de la période 1 est une fonction décroissante du taux d'intérêt.

$$\frac{\partial C_2^*}{\partial \alpha} = \frac{R_1}{P_2} + \frac{225P_2}{P_1[1+\alpha]^2} > 0$$

En revanche, la consommation de la période 2 est une fonction croissante du taux d'intérêt.

d) La dotation correspond au point où les consommations sont exactement égales aux revenus annuels. Autrement dit, en ce point, l'agent n'est ni prêteur, ni emprunteur.

Avec son revenu, Frédéric peut acheter :

– lors de la première période : $19\,600/100 = 196$ biens ;

– lors de la seconde période : $28\,000/112 = 250$ biens.

© Dunod. La photocopie non autorisée est un délit.

Pour déterminer le taux d'intérêt, on choisira par exemple de poser :

$$C_1^* = 196 \Leftrightarrow \left[\frac{15P_2}{[1+\alpha]P_1}\right]^2 = 196$$

après calculs, on trouve : $\alpha = 20~\%$

Le taux d'intérêt qui permet à Frédéric de maximiser son utilité en restant dans une position neutre (pas de prêt ni d'emprunt) est de 20 %.

e) La représentation graphique suppose d'avoir explicité un certain nombre d'éléments :

– utilité associée à l'optimum : $U(196, 250) = 2\,010$

– équation de la courbe d'indifférence : $C_2 = \dfrac{2\,010 - 90\sqrt{C_1}}{3} = 670 - 30\sqrt{C_1}$

– équation de la droite de budget :

$$100 \cdot C_1 + 112 \cdot C_2 \cdot [1+0,20]^{-1} = 19\,600 + 28\,000 \cdot [1+0,20]^{-1}$$

$$\Leftrightarrow C_2 = 460 - \frac{15}{14} \cdot C_1$$

f) Le calcul du TMSI à l'aide de la question **a)** au point optimal (196, 250) donne : $15/14 = 1,07$. Au signe près, on constate que le TMSI est bien égal au coefficient directeur de la droite de budget.

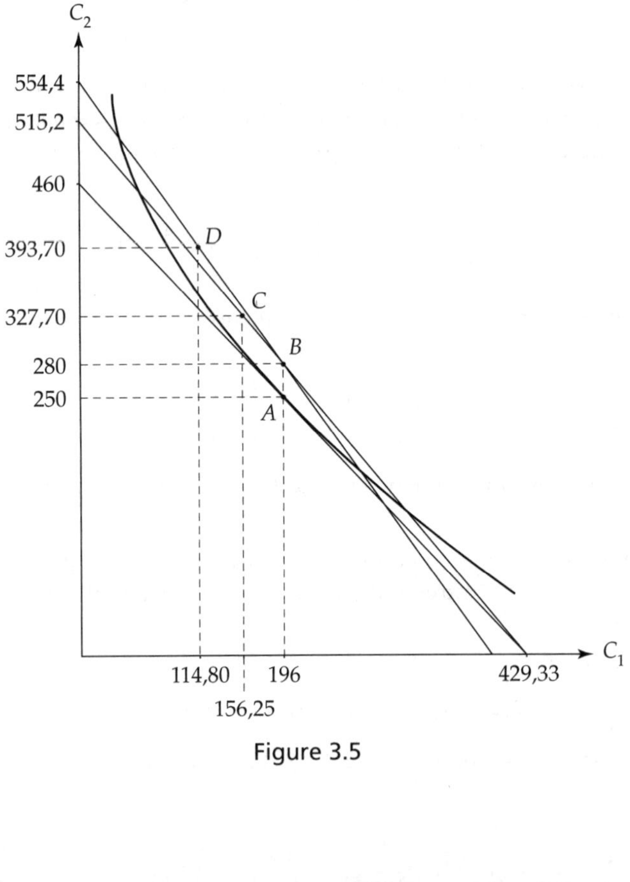

Figure 3.5

Le TMSI indique **le nombre de biens** que Frédéric exige d'obtenir en période 2 pour s'estimer dédommagé de la renonciation à 1 bien en période 1. Si Frédéric renonce à 1 bien (au prix de 100) en période 1, il désire obtenir en échange 1,07 bien (au prix de 112) en période 2.

Mais attention, le prix en période 2 est différent du prix en période 1 ! Ainsi, **sur le plan monétaire**, cela signifie que si Frédéric diminue aujourd'hui sa consommation de 1 F, il exige de recevoir 1,20 F dans un an $(1,20 \approx 1,07(112/100))$.

g) Nous allons examiner les deux hypothèses.

Hypothèse 1 : inflation nulle

Le prix du bien est égal à 100 pour les deux périodes.

Cela modifie : la dotation, l'équation de la droite de budget et les coordonnées de l'optimum.

- La dotation (point B) est simple à calculer :
  - pour la période 1 : 19 600/100 = 196 biens ;
  - pour la période 2 : 28 000/100 = 280 biens ;
- L'équation de la droite de budget :

$$C_2 = 515,2 - \frac{6}{5} \cdot C_1$$

- Les coordonnées de l'optimum (point C) sont calculées à partir des résultats de la question b) :

$$C_1 = 156,25 \quad \text{et} \quad C_2 = 327,70$$

On obtient donc aussi une nouvelle courbe d'indifférence, plus haute, permettant à Frédéric d'atteindre un niveau de satisfaction plus grand. Frédéric est un « prêteur » dans la mesure où il ne consomme pendant la première période que 15 625 sur un revenu de 19 600. Il place donc les 3 975 restant à 20 %. Lors de la seconde période, il pourra dépenser son revenu, la somme épargnée, ainsi que le montant des intérêts qu'elle a produite, soit $28\,000 + 3\,975 + 795 = 32\,770$. Cela correspond bien à l'achat de 327,70 biens ayant une valeur de 100.

Ainsi, l'absence d'inflation est bénéfique. Auparavant, le taux d'inflation était de 12 %. Il réduisait l'impact du taux d'intérêt nominal. Le consommateur n'est pas dupe (lorsqu'il anticipe le taux d'inflation) puisqu'il considérait en fait le **taux d'intérêt réel** :

$$\alpha_r = \frac{1 + 0,20}{1 + 0,12} - 1 = \frac{15}{14} - 1 \approx 0,07 \qquad \text{soit } 7\ \%$$

Nous constatons que $(1 + \alpha_r) = \text{TMSI}$. Le taux d'échange entre les deux périodes est donc affecté par le taux d'inflation. Ce dernier rend moins intéressant les placements financiers et encourage la consommation présente.

Hypothèse n° 2 : inflation nulle et doublement du taux d'intérêt

La dotation reste identique : elle se situe toujours au point B.

© Dunod. La photocopie non autorisée est un délit.

En revanche, la droite de budget opère une rotation autour de B et devient plus pentue :

$$C_2 = 554{,}4 - \frac{7}{5} \cdot C_1$$

Les coordonnées de l'optimum (D) sont : $C_1 = 114{,}8$ et $C_2 = 393{,}7$

Une courbe d'indifférence encore plus haute est atteinte. La satisfaction de Frédéric a augmenté. Il prête davantage en période 1 (prêt = 8 120) et consomme plus en période 2 (28 000 + 8 120 + 3 248).

Remarque. Un individu qui est prêteur doit rester prêteur lorsque le taux d'intérêt augmente. En effet, seul un optimum situé à gauche de la dotation est concevable lorsque la droite de budget devient plus pentue (tout en opérant une rotation autour de la dotation), en vertu de l'axiomatique des préférences.

17 ▸ Partie A

a) Il s'agit d'écrire une contrainte budgétaire en considérant les revenus nets du salarié ; c'est pourquoi on met en évidence le revenu après impôt : $(1 - t) \cdot (sT + R)$

Pour simplifier les écritures suivantes, nous noterons : $w = 1 - t$

La contrainte budgétaire est donc égale à : $200C = w \cdot [sT + R]$

Or, on sait qu'il est nécessaire d'exprimer cette contrainte en fonction de C et de L, afin d'assurer la cohérence avec les variables de la fonction d'utilité.

Par hypothèse : $L + T = 12$

Donc : $T = 12 - L$

La contrainte budgétaire s'écrira alors :

$$200C + wsL = 12ws + wR$$

b) À l'aide du lagrangien, on résout classiquement la maximisation sous contrainte suivante :

Maximiser : $U(C, L) = 2 \cdot \sqrt{L} + C$

sous la contrainte : $200C + wsL = 12ws + wR$

Le lagrangien a la forme suivante :

$$\mathcal{L}(C, L, \lambda) = 2 \cdot \sqrt{L} + C + \lambda \cdot [200C + wsL - 12ws - wR]$$

Les conditions du 1er ordre sont les suivantes :

$$\begin{cases} \dfrac{\partial \mathcal{L}}{\partial C} = 1 + 200\lambda = 0 & (1) \\ \dfrac{\partial \mathcal{L}}{\partial L} = \dfrac{1}{\sqrt{L}} + ws\lambda = 0 & (2) \\ \dfrac{\partial \mathcal{L}}{\partial \lambda} = 200C + wsL - 12ws - wR = 0 & (3) \end{cases}$$

Grâce aux équations (1) et (2), on arrive au résultat suivant :

$$L^* = \left[\frac{200}{ws}\right]^2$$

Puis, en utilisant l'équation (3), on obtient : $C^* = \left[\frac{wR + 12ws}{200}\right] - \left[\frac{200}{ws}\right]$

Remarque. Par hypothèse, le maximum de loisir dont dispose le salarié est égal à 12 heures. Il est donc nécessaire de poser, comme préalable à la suite du problème, que : $L \leqslant 12$. Ceci est bien sûr vrai à l'optimum, d'où :

$$L^* \leqslant 12 \Leftrightarrow \left[\frac{200}{ws}\right]^2 \leqslant 12 \Leftrightarrow ws \geqslant \frac{100}{3}\sqrt{3} \approx 57,74$$

c) La représentation graphique suppose quelques précisions.

– Avec les informations dont on dispose, l'optimum A a pour coordonnées :

$$L_0^* = 4$$
$$C_0^* = 8$$

– En ce point la satisfaction du salarié, mesurée par sa fonction d'utilité est : $U(4, 8) = 12$.

– La courbe d'indifférence U_0 associée a pour équation : $C = 12 - 2 \cdot \sqrt{L}$.

– La droite de budget D_0 a pour équation : $C = 10 - \frac{1}{2}L$.

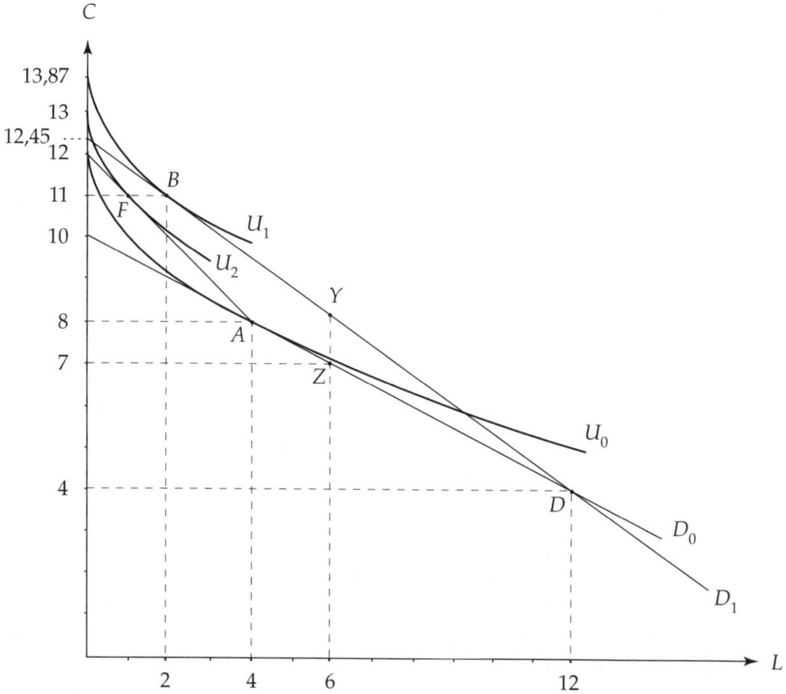

Figure 3.6

© Dunod. La photocopie non autorisée est un délit.

– Toutes les droites de budget passent par le point D (appelé dotation), car, quelle que soit la valeur de s, on a toujours $C = \frac{w \cdot R}{200}$ lorsque $L = 12$. Pour vous en convaincre, il suffit de reprendre l'équation de la contrainte de budget.

Remarque. Le fait que le salarié perçoive un revenu fixe (disons « non salarial ») R lui permet d'acheter un certain nombre de biens sans travailler. Combien peut-il acheter de biens sans travailler ?

Réponse : ce que lui permet d'acheter son revenu non salarial après impôt, c'est-à-dire : $\frac{w \cdot R}{200} = 4$.

Ainsi, lorsqu'un revenu non salarial s'ajoute à l'analyse, cela provoque une translation de l'axe des abscisses vers le haut (du montant précédent). Le point D se trouve surélevé par rapport à une analyse sans revenu non salarial. Dans ce dernier cas, le point D aurait pour coordonnées (12, 0).

Partie B

d) La rémunération brute augmente de 40,80 % et passe donc de 125 à 176 euros. Il est possible d'apprécier les conséquences de cette hausse en utilisant les notions d'effets de substitution et de revenu.

Dans sa position finale, la droite de budget (D_1) a pour équation :

$$C \approx 12,45 - 0,704 \cdot L$$

Les coordonnées du point optimal B sont :

$$L_1^* \approx 2,02$$
$$C_1^* \approx 11,03$$

Graphiquement, il est possible d'opérer, grâce à une règle, un déplacement parallèle de la droite de budget finale, afin de trouver les coordonnées (approximatives, puisqu'il s'agit d'une résolution graphique) du point intermédiaire, permettant de calculer les deux effets en question. Ce point a pour coordonnées approchées :

$$L \approx 2$$
$$C \approx 9$$

Remarque. Sur le modèle de l'exercice n° 16 du TD 2, il est possible d'obtenir, en effectuant quelques calculs supplémentaires des coordonnées plus précises :

$$L \approx 2,02$$
$$C \approx 9,16$$

Ainsi, la hausse du salaire conduit l'individu à augmenter son offre de travail, dont l'intérêt s'est accru avec l'accroissement de sa rémunération. Parallèlement, chaque heure de loisir est devenue plus « coûteuse », en terme de coût d'opportunité. **L'effet de substitution** joue donc ici en faveur du travail et correspond à :

– une réduction des loisirs de 2 unités (le nombre d'heures de loisirs passe de 4 à 2) ;

– une augmentation de la consommation d'environ 1 unité (on passe de 8 à 9).

La hausse du salaire provoque aussi, en dehors de toute comparaison travail/loisir, une hausse de pouvoir d'achat. **L'effet revenu** intervient et conduit à :

– une stabilité des loisirs ;

– une augmentation de la consommation d'environ 2 unités (on passe de 9 à 11).

Au total, la quantité de loisir a baissé de 2, alors que la quantité de biens consommés a augmenté de 3. La satisfaction de l'individu s'est accrue (l'utilité est passée d'un niveau de 12 à 13,87 ; *cf.* courbe U_1) suite à la hausse de son salaire.

e) On sait que : $T = 12 - L^*$.

On demande d'exprimer T en fonction de L^* ; on a donc la relation suivante : $T = 12 - L^*$.

Or, L^* a été calculé ; la relation précédente peut s'écrire :

$$T = 12 - \left[\frac{200}{[1-t]\cdot s}\right]^2$$

Si on considère que t est un paramètre, alors la relation précédente établit un lien entre le salaire et la quantité de travail que l'individu offre pour ce salaire. Il s'agit de la courbe d'offre de travail, fonction croissante de la variable s.

f) La représentation graphique montre que pour un salaire donné, l'offre de travail est d'autant plus forte que le taux d'imposition est faible.

On peut remarquer que l'impact d'une hausse du taux d'imposition, sur l'offre de travail, est proportionnellement plus faible pour les gros revenus que pour les autres. Ainsi, lorsque le taux d'impôt double (de 20 % à 40 %), l'offre de travail diminue d'environ :

– 40 % lorsque le revenu est de 125 ;

– 7 % lorsque le revenu est de 250.

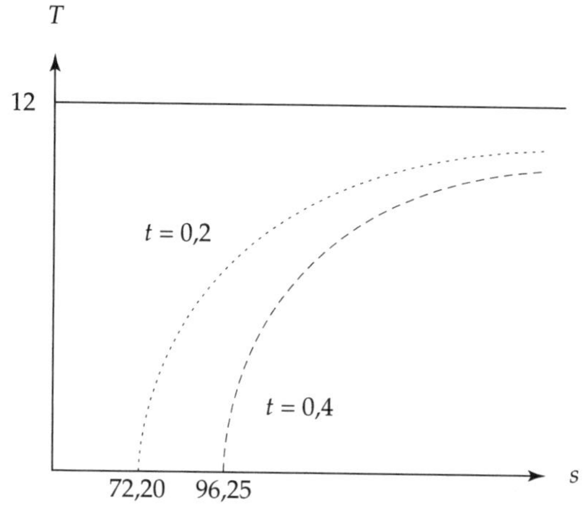

Figure 3.7

g) Les recettes fiscales sont donc égales à :

$$\text{RECFIS} = tsT + tR$$

Or, on vient d'établir une relation entre T et t à travers la courbe d'offre de travail ; utilisons ce résultat pour obtenir :

© Dunod. La photocopie non autorisée est un délit.

$$\text{RECFIS} = ts \cdot \left[12 - \left[\frac{200}{[1-t]\cdot s}\right]^2\right] + tR$$

Cela correspond à l'équation de la courbe de LAFFER, qui montre que les recettes fiscales ont généralement tendance à décroître, passées un certain taux d'impôt. L'explication « mécanique » est simple : un taux d'impôt trop élevé conduit le salarié à réduire son offre de travail (comme le montre le graphique précédent) ; le taux d'impôt, même plus fort, ne touche qu'un volume de travail bien plus faible, ce qui provoque une diminution des rentrées fiscales.

La courbe suivante (pour $s = 176$), sans procéder à une étude complète de fonction, s'obtient grâce à quelques points, par exemple :

t	10 %	20 %	30 %	40 %	50 %	52 %	60 %	70 %	73 %
RECFIS	283	551	794	992	1 101	1 105	1 014	410	– 4

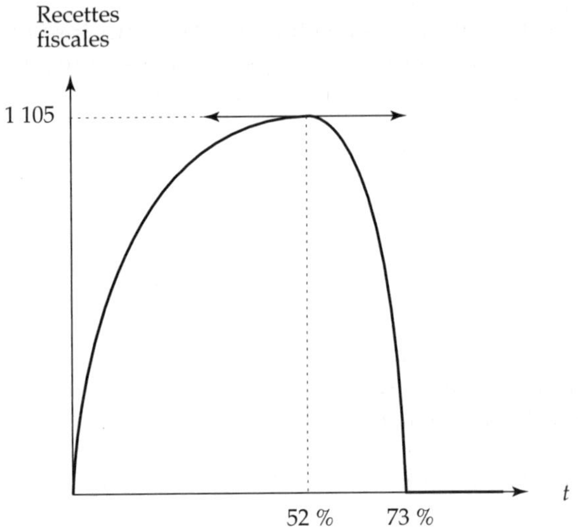

Figure 3.8

Partie C

h) Une réglementation prévoit une durée de travail de 6 heures. Cette mesure va entraîner une fixation des loisirs à 6 heures « obligatoires ». La droite de budget D_0 nous indique la valeur de la consommation lorsque $L = 6$. On trouve : $C = 7$. On se situe alors au point Z. Il s'agit d'une situation sous-optimale car l'individu est contraint de travailler moins qu'il le souhaiterait (selon sa fonction d'utilité).

Contrairement à la question **d)**, une hausse de la rémunération ne peut provoquer aucun effet de substitution, l'horaire de travail étant fixé et ne variant pas. Si on considère, par exemple, que le salaire est maintenant de 176 euros, l'individu se situe simplement sur une droite de budget supérieure (D_1), au point Y de coordonnées $L = 6$ (autoritairement fixé) et $C = 8,23$. L'accroissement de l'utilité, par rapport au cas où $s = 125$, s'explique par un effet de revenu positif.

Finalement, dans tous les cas de figures, la fixation autoritaire de l'horaire de travail pénalise le salarié, qui ne se situe pas à l'optimum. Certes, on pourrait dire que si l'horaire légal est strictement égal à l'horaire optimal du salarié, la satisfaction de ce dernier n'est pas réduite. Trois remarques montrent que cette courte analyse est partielle :

– l'égalité stricte pour cet individu tiendrait du hasard ;

– les préférences des agents étant diverses, un grand nombre serait forcément pénalisé ;

– même si l'égalité stricte était envisagée, dès qu'une variation du salaire interviendrait, cela conduirait à créer une situation sous-optimale.

i) Le paiement d'heures supplémentaires à un taux plus élevé (ici, le double) complexifie l'analyse : la droite de budget va présenter un coude au point A.

En effet, se situer à gauche du point A signifie que le salarié travaille plus de 8 heures (ou a moins de 4 heures de loisirs), et donc, que ces heures sont davantage payées : on ne peut pas rester sur la droite de budget (D_0) qui prévalait lorsque toutes les heures étaient payées au même taux. Cette droite D_0 reste cependant valable dans l'intervalle : $4 \leqslant L \leqslant 12$.

Déterminons la droite de budget lorsque : $0 \leqslant L \leqslant 4$ sachant que :

– la droite passe par A,

– son coefficient directeur est le double de D_0 (puisque le salaire est le double).

L'équation est donc égale à : $C = -L + 12$ lorsque $0 \leqslant L \leqslant 4$.

Pour trouver l'optimum (point F), posons l'égalité suivante :

$$\frac{\partial[U_0 - 2 \cdot \sqrt{L}]}{\partial L} = \frac{\partial[-L + 12]}{\partial L}$$

On obtient :

$$-\frac{1}{\sqrt{L}} = -1$$

D'où :

$$L_2^* = 1$$
$$C_2^* = 11$$

Le salarié se situe sur une courbe d'indifférence plus haute (U_2) : sa satisfaction a augmenté grâce au paiement à un taux double des heures supplémentaires. Comparativement, la situation où le salaire s'établissait à 176 euros était encore meilleure. Cela s'explique par le fait que toutes les heures travaillées profitaient du salaire plus élevé, ce qui n'est pas le cas lorsque l'employeur propose de mieux payer uniquement certaines heures.

© Dunod. La photocopie non autorisée est un délit.

Remarque. Graphiquement, il est aisé de constater que le paiement d'heures supplémentaires à un taux majoré conduit forcément à un accroissement de l'offre de travail (le nouveau point optimal ne pouvant se situer qu'à gauche de l'ancien). Cela expliquerait peut-être pourquoi certains hommes politiques souhaitent restreindre les heures supplémentaires. Selon eux, leur réduction autoritaire permettrait de dégager d'importantes quantités d'heures de travail. Cela serait donc favorable à la création d'emplois nouveaux, rémunérés à un taux normal. Cependant, de nombreux freins peuvent venir bloquer cette « belle mécanique ». Leur étude dépasse le cadre du présent manuel.

TD4 Fonction de production et comportement du producteur

L'ESSENTIEL DU COURS

*Le comportement du producteur possède de grandes similitudes avec celui du consommateur. Comme ce dernier, le producteur achète des biens et des services (**les facteurs de production**), le producteur possède une «sorte» de fonction d'utilité (**la fonction de production**), et enfin, le producteur est limité par ses ressources (**la contrainte budgétaire**). Dans un premier temps, nous étudierons le comportement du producteur d'un point de vue technique et tenterons de résoudre le problème de la maximisation de la quantité produite pour un budget donné. De nombreux concepts étudiés dans le cadre du consommateur seront transposés à l'analyse du producteur.*

1. Techniques de production et fonction de production

La fonction de production décrit la relation entre la quantité produite d'un bien et les quantités des différents facteurs nécessaires à sa fabrication. La fonction de production résume sous forme mathématique les choix techniques de l'entrepreneur.

1.1 Les caractéristiques des facteurs de production

La **divisibilité** correspond à la possibilité d'utiliser un facteur de production dans d'aussi petites quantités que l'on souhaite. L'**adaptabilité** correspond à la possibilité d'associer à une unité d'un facteur de production donné, un nombre variable d'unités d'un autre facteur de production. La **substituabilité** signifie que le producteur peut remplacer une certaine quantité d'un facteur par une certaine quantité d'un autre facteur, à niveau de production égal.

Un facteur **fixe** est un facteur dont la quantité ne peut être modifiée pendant la période de temps considérée. Cela revient à dire que la quantité d'un facteur fixe

© Dunod. La photocopie non autorisée est un délit.

est indépendante du volume de la production alors que la quantité d'un facteur variable est fonction du volume de la production. Il est essentiel de comprendre que la distinction entre fixe et variable dépend de **la durée de la période** de temps considérée. Ainsi, sur une période assez courte, beaucoup de facteurs seront des facteurs fixes.

1.2 La fonction de production en courte période

Soit $Q = f(x, y)$ une fonction de production. Les variables x et y correspondent respectivement aux quantités de facteurs X et Y utilisés pour obtenir Q produits. Lorsque y est constant (noté y_0), la valeur prise par Q s'appelle « **productivité totale** » du facteur X ou plus simplement « production ».

On définit :

– la productivité moyenne du facteur X : $P_M^X = \dfrac{f(x, y_0)}{x}$

– la productivité marginale du facteur X : $P_m^X = \dfrac{\partial f(x, y_0)}{\partial x}$

Lorsqu'on associe de plus en plus de facteur variable X à une quantité donnée de facteur fixe Y, l'accroissement de la production peut être, soit plus fort, soit identique, soit plus faible que l'accroissement du facteur variable. Même si dans la réalité toutes les situations sont possibles, le bon sens et la logique conduisent cependant, lorsqu'on généralise, à privilégier la dernière hypothèse, connue sous le nom de « **loi des rendements décroissants** » (ou loi de la productivité marginale décroissante, ou enfin hypothèse des rendements factoriels décroissants).

1.3 La fonction de production en longue période

La caractéristique de la longue période consiste dans le fait que tous les facteurs sont variables. Par souci de simplicité, on fera varier tous les facteurs simultanément, dans le même sens et dans les mêmes proportions. Cette situation fait référence à ce qu'on appelle « **les rendements d'échelle** ». Lorsque l'accroissement de la production est exactement proportionnel à l'accroissement des facteurs, on dit que les rendements d'échelle sont **constants**. Lorsque l'accroissement de la production est plus que proportionnel à l'accroissement des facteurs, on dit que les **rendements d'échelle sont croissants**. Ils sont décroissants si c'est l'inverse.

On dira que la fonction $f(x, y)$ est homogène de degré « m » si, pour tout nombre réel strictement positif λ, l'égalité suivante est vérifiée :

$$f(\lambda x, \lambda y) = [\lambda^m] \cdot f(x, y)$$

Les fonctions homogènes satisfont à l'identité d'Euler :

$$x\frac{\partial f(x, y)}{\partial x} + y\frac{\partial f(x, y)}{\partial y} = m \cdot f(x, y)$$

2. Comportement du producteur

2.1 Isoquantes, isocoût et optimum

Par souci de clarté, nous considèrerons une fonction de production à deux variables. Il est alors possible de définir, comme pour le consommateur, des courbes d'indifférence appelées dans ce cas **isoquantes.** Il s'agit de l'ensemble des combinaisons de facteurs de production permettant d'obtenir le même niveau de production. Plus on se déplace vers le nord-est du graphique, plus le niveau de la production est élevé. **Toutes les propriétés étudiées dans le cas des courbes d'indifférence du consommateur restent valables pour les isoquantes** : elles ne peuvent pas se couper, elles sont convexes, et seule la partie décroissante est à prendre en considération.

Supposons que le producteur dispose d'un budget B_1 qu'il répartit en achats de facteurs X et Y selon des quantités x et y. Le prix unitaire de X est noté p et le prix unitaire de Y est noté q. **Le principe est identique à ce qui a été vu pour le consommateur** : les facteurs remplacent les biens, la fonction de production remplace la fonction d'utilité, le budget du producteur remplace le revenu du consommateur, le prix des facteurs remplace le prix des biens. Le problème consiste donc à maximiser la production sous la contrainte de budget.

Maximiser : $Q = f(x,y)$

sous la contrainte : $B_1 = xp + yq$

Le **choix optimal** du producteur consiste donc à trouver une combinaison de facteurs respectant la contrainte et située sur l'isoquante la plus élevée. L'optimum A se situe au point de tangence de la droite de budget (appelée **droite d'isocoût**) et de l'isoquante Q_1. On utilisera la même méthode que celle indiquée lors du TD 1, paragraphe 3. Il est de même possible de fournir une interprétation économique du multiplicateur de Lagrange : il mesure l'accroissement de la production provoqué par l'accroissement du budget de une unité (*cf.* exercice n° 16 du TD 1).

2.2 Le sentier d'expansion

Imaginons que le producteur augmente le budget consacré à la production de B_1 à B_2, puis de B_2 à B_3. Dans ce cas, la droite d'isocoût va se déplacer parallèlement à elle-même, vers le haut du graphique. La courbe qui relie tous les points d'équilibre est appelée « **sentier d'expansion de la firme** », ou « **ligne d'échelle** ». Cette courbe exprime l'augmentation des quantités de facteurs utilisés, suite à l'accroissement des ressources disponibles pour produire. Précisons que ces modifications s'effectuent à prix de facteurs constants (on dit que les prix relatifs des facteurs sont fixes) : le coefficient directeur de la droite d'isocoût est fixe.

2.3 Modification de la structure des prix relatifs

Pour qu'il y ait modification de la pente de la droite de budget, il faut qu'il y ait un changement dans la structure des prix relatifs des facteurs. Imaginons, par exemple, que le prix de Y reste stable et que seul le prix de X varie. Si le prix

© Dunod. La photocopie non autorisée est un délit.

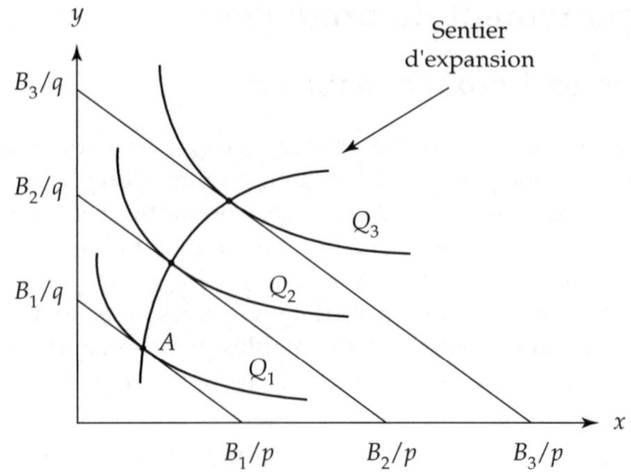

Figure 4.1

de X augmente, toutes choses égales par ailleurs, cela va logiquement réduire les possibilités de production de la firme et inversement si le prix de X baisse.

On constate que la variation du prix a provoqué un changement dans la combinaison productive : c'est logique, dans la mesure où la variation du prix d'un facteur pousse le producteur à substituer le facteur qui est devenu moins cher au facteur relativement plus cher. Comme dans le cas du consommateur, il est possible d'étudier le passage d'un optimum à l'autre en utilisant les notions **d'effet de substitution et d'effet de revenu**.

2.4 Élasticité de substitution

Il s'agit d'un indicateur permettant de mesurer l'impact d'une modification de la structure des prix relatifs des facteurs sur la combinaison productive. Nous avons donc besoin de deux éléments :

– une façon d'apprécier la combinaison productive : on choisira de la caractériser par le rapport y/x ;

– une façon d'apprécier la structure des prix relatifs : on choisira de la caractériser par le rapport p/q.

L'élasticité de substitution est donc égale à :

$$e_S = \frac{\dfrac{d\left(\frac{y}{x}\right)}{\frac{y}{x}}}{\dfrac{d\left(\frac{p}{q}\right)}{\frac{p}{q}}} = \frac{\dfrac{d\left(\frac{y}{x}\right)}{\frac{y}{x}}}{\dfrac{d(\text{TMST})}{\text{TMST}}} = \frac{d\left(\frac{y}{x}\right)}{d(\text{TMST})} \times \frac{\text{TMST}}{\frac{y}{x}}$$

Ainsi, en admettant que le rapport des prix des facteurs p/q augmente de 1 %, le fait de dire que l'élasticité de substitution est égale à 3 signifiera que le rapport y/x des quantités de facteurs augmente de 3 %.

Q.C.M.

	Vrai	Faux
1. Un facteur de production est divisible lorsque :		
a) ce facteur peut être obtenu et utilisé en unités aussi petites que l'on souhaite.	☐	☐
b) le fractionnement en sous-ensembles distincts ou identiques est possible.	☐	☐
c) la possibilité de lui associer une quantité donnée d'un autre facteur existe.	☐	☐
2. La substituabilité correspond à la possibilité :		
a) d'associer à une unité d'un facteur une quantité plus ou moins grande d'un autre facteur.	☐	☐
b) de remplacer une quantité donnée d'un facteur de production par une quantité déterminée d'un autre facteur, tout en maintenant identique le niveau de production.	☐	☐
c) de remplacer une quantité donnée d'un facteur de production par une quantité fixe d'un autre facteur.	☐	☐
3. La notion de « rendement à l'hectare » utilisée en agriculture, est assimilable à :		
a) la productivité physique totale.	☐	☐
b) la productivité marginale.	☐	☐
c) la productivité physique moyenne.	☐	☐
d) la productivité physique marginale.	☐	☐
4. La productivité marginale atteint son maximum lorsque :		
a) la productivité totale passe par son point d'inflexion.	☐	☐
b) la production passe par son point d'inflexion.	☐	☐
c) la productivité moyenne décroît.	☐	☐
d) la production commence à croître à taux décroissant.	☐	☐
5. La productivité moyenne est croissante lorsque :		
a) la productivité marginale lui est inférieure.	☐	☐
b) la productivité marginale lui est supérieure.	☐	☐
c) la production est croissante.	☐	☐
6*. La loi des rendements décroissants signifie que :		
a) la production diminuera fatalement à un moment donné.	☐	☐

© Dunod. La photocopie non autorisée est un délit.

	Vrai	Faux
b) la productivité marginale d'un facteur X finit par décroître lorsqu'on ajoute des quantités croissantes de X à une quantité donnée de facteurs fixes.	☐	☐
c) la production augmente proportionnellement moins vite que les facteurs utilisés.	☐	☐

7*. La loi des rendements décroissants est-elle vérifiée sur les fonctions de production suivantes, pour le facteur X ?

a) $Q(x,y) = Axy$ avec $A > 0$		☐	☐
b) $Q(x,y) = Ax^2y$ avec $A > 0$		☐	☐
c) $Q(x,y) = Ax^{\alpha}y^{1-\alpha}$ avec $A > 0$	$0 < \alpha < 1$	☐	☐

8. Les fonctions suivantes sont-elles homogènes ?

a) $Q(x,y) = x^2 - xy + 2$		☐	☐
b) $Q(x,y) = xy(x+y)^{-1}$		☐	☐
c) $Q(x,y) = Ay^{\alpha}x^{1-\alpha}$ avec $A > 0$	$0 < \alpha < 1$	☐	☐
d) $Q(x,y) = yx^2(x+y)^{-2}$		☐	☐

9*. Pour fabriquer 5 unités d'un produit donné, il faut exactement 15 unités de facteurs X, 25 unités de facteurs Y et 20 kg de facteurs Z. La forme de la fonction de production est :

a) $Q(x,y,z) = 15x^{1/5} + 25y^{1/5} + 20z^{1/5}$	☐	☐
b) $Q(x,y,z) = 3x^{1/5} . 5y^{1/5} . 4z^{1/5}$	☐	☐
c) $Q(x,y,z) = \min\left\{\frac{x}{3}; \frac{y}{5}; \frac{z}{4}\right\}$	☐	☐
d) $Q(x,y,z) = \min\{3x; 5y; 4z\}$	☐	☐

10. Une exploitation agricole d'une surface cultivable de 40 hectares est gérée par 2 agriculteurs (père et fils) qui produisent exclusivement du blé. L'an dernier, ils ont obtenu 240 quintaux de blé.

a) la productivité totale est de 240 quintaux.	☐	☐
b) la productivité moyenne du facteur travail est de 120 quintaux.	☐	☐
c) la productivité moyenne du facteur « terre » est de 6 quintaux.	☐	☐

Réflexion

11*. Montrer que les isoquantes d'une fonction de production du type Cobb-Douglas sont décroissantes, puis en déduire la valeur du TMST.

12. Déterminer si les fonctions suivantes sont homogènes (on précisera le degré) et si elles vérifient le théorème d'Euler.

a) $Q(K, L) = AK^{\alpha}L^{1-\alpha}$ avec $0 < \alpha < 1$ et $A > 0$

b) $Q(K, L) = K^{1/2} + L$

c) $Q(K, L, T) = \alpha K + \beta L + T$

13. Représenter une fonction de production à facteurs complémentaires, lorsque les rendements d'échelle sont décroissants ; expliquer pourquoi le sentier d'expansion est une droite qui ne peut passer que par les points d'angle de chaque isoquante.

14*. Un producteur souhaite, quoi qu'il puisse arriver, maintenir le niveau de sa production actuelle. Expliquer pourquoi le renchérissement de h % du prix d'un facteur n'a pas les mêmes conséquences budgétaires pour ce producteur, selon que les facteurs sont complémentaires ou substituables.

15. Calculer l'élasticité de substitution de la fonction suivante : $Q = AK^{\alpha}L^{\beta}$

16. Montrer algébriquement que la courbe de la productivité marginale coupe celle de la productivité moyenne en son maximum.

Entraînement

Sous un même exercice (n° 17), vous trouverez regroupées de multiples questions : le balayage va du plus simple au plus complexe (Partie C) assurant une progression dans la difficulté. Il est donc préférable de traiter les questions dans l'ordre où elles sont posées. L'exercice n° 18 propose une réflexion, d'une part sur la maximisation d'une fonction de production comportant trois facteurs, et d'autre part, sur le comportement optimisateur du producteur qui peut prendre plusieurs voies.

17*. Le producteur Jarnac a fait appel à des statisticiens afin d'obtenir l'équation de sa fonction de production. Ces derniers ont mis en évidence la relation suivante :

© Dunod. La photocopie non autorisée est un délit.

$$Q(L, K) = 6 \cdot L^{1/2} \cdot K^{2/3}$$

où L et K représentent les quantités de facteurs utilisées pour la production. Les facteurs L et K sont achetés au fournisseur Dutendre respectivement au prix de p_L et p_K.

Partie A

a) Calculer les élasticités de production. En déduire le pourcentage d'augmentation de la production induite par une hausse de 3 % des quantités de facteur K utilisé.

b) À l'aide de la question précédente, déterminer le TMST.

c) Q est-elle homogène ? Si oui, en déduire la nature des rendements d'échelle.

d) Représenter graphiquement les isoquantes telles que $Q = 20$, $Q = 40$ et $Q = 60$.

e) À l'aide du graphique, vérifier le bien fondé des résultats de la question c).

Partie B*

f) Le producteur Jarnac dispose d'un budget B_0 pour cette production. Déterminer l'équation du sentier d'expansion et les fonctions de demande de Jarnac en facteurs de production.

g) Déduire des résultats précédents la valeur du TMST aux points où Jarnac maximise sa production.

h) Calculer les coordonnées de l'optimum (noté Z_1) lorsque : $B_0 = 39,66$; $p_L = 9$; $p_K = 6$.

i) Compléter le graphique précédent en traçant : l'isoquante associée à Z_1, le sentier d'expansion et la contrainte budgétaire.

j) Déterminer le budget nécessaire à Jarnac pour doubler sa production.

k) Calculer l'élasticité de substitution et l'interpréter.

l) Pour contrer la concurrence étrangère émergente, le fournisseur Dutendre décide de baisser de moitié le prix de vente du facteur K. Analyser les conséquences de cette baisse pour Jarnac.

Partie C**

Imaginons maintenant que Jarnac se trouve dans une situation de force face au fournisseur Dutendre et qu'il puisse lui imposer une baisse du prix du facteur L lorsque les quantités achetées augmentent. La relation entre le prix et la quantité est la suivante : $p_L = -0,5L + 9$

m) Déterminer l'équation de la contrainte budgétaire pour un budget B_1 et lorsque le prix du facteur K est égal à 3. Étudier son sens de variation et effectuer la représentation graphique lorsque $B_1 = 50$.

n) Déterminer le nouveau sentier d'expansion.

o) Calculer les coordonnées du nouvel optimum. En déduire la production totale de Jarnac.

Analyse de l'énoncé et conseils. Par convention, on placera le facteur L en abscisses. On s'attachera à ce que la représentation graphique soit particulièrement soignée, afin de pouvoir effectuer des mesures correctes lors de la question e). L'élasticité de production mesure la sensibilité de la production provoquée par la variation de la quantité d'un facteur, toutes choses égales par ailleurs. Dans la partie C, on veillera à être attentif aux conditions d'existence de certains résultats.

18*. La petite entreprise familiale Duverdon utilise le même atelier de production pour fabriquer le bien X et le bien Y, respectivement en quantités x et y. Pour ce faire, elle utilise trois facteurs de production : du travail (en quantité L), du capital (en quantité K) et du gaz (en quantité G). Le responsable de la fabrication est arrivé à la relation suivante, qui fournit une bonne approximation de la fonction de production :

$$[x+y]^{1/2} = K^{1/2} + 2L^{1/2} + G^{1/2}$$

On notera les prix des facteurs de la façon suivante : p_K, p_L et p_G.

L'entreprise dispose d'un budget B.

a) Déterminer les quantités de facteurs K, L et G permettant à Duverdon de maximiser sa production.

b) En déduire les quantités optimales lorsque : $p_K = 4$; $p_L = 32$; $p_G = 8$; $B = 2\,560$.

c) Déterminer les quantités de facteurs K, L et G permettant à Duverdon de minimiser son coût de production pour un volume donné de biens X et Y.

d) En déduire les quantités optimales lorsque la production de biens X et Y est globalement fixée à 1 280 et que les prix des facteurs sont ceux indiqués en b). Qu'en concluez-vous ?

Analyse de l'énoncé et conseils. Cet exercice possède plusieurs originalités : on produit ensemble deux biens ; pour cela, on utilise trois facteurs ; on demande aussi de minimiser un budget sous contrainte. Malgré ces différences, la résolution d'un tel problème est très classique et passe par l'utilisation du lagrangien. Les calculs sont un peu lourds, mais finalement assez simples.

SOLUTIONS

1 ▸ a – **2** ▸ b – **3** ▸ c – **4** ▸ a, b, d – **5** ▸ b – **6** ▸ b – **7** ▸ c – **8** ▸ b, c – **9** ▸ c – **10** ▸ a, b, c

© Dunod. La photocopie non autorisée est un délit.

11 ▸ Posons : $Q(K,L) = AK^{\alpha}L^{1-\alpha}$ avec $0 < \alpha < 1$ et $A > 0$

Pour montrer que les isoquantes associées à cette fonction de production sont décroissantes, on peut étudier le signe des dérivées des fonctions représentant les isoquantes. Soit Q_0 un niveau de production quelconque. Alors, on peut écrire :

$$AK^{\alpha}L^{1-\alpha} = Q_0 \Leftrightarrow K^{\alpha} = \frac{Q_0}{AL^{1-\alpha}}$$

$$\Leftrightarrow K = \left[\frac{Q_0}{A}\right]^{\frac{1}{\alpha}} \cdot L^{\frac{\alpha-1}{\alpha}}$$

Il s'agit de l'équation de l'isoquante pour Q_0 donnée. Calculons la dérivée de K par rapport à la variable L : $\dfrac{\partial K}{\partial L} = \left[\dfrac{\alpha-1}{\alpha}\right]\left[\dfrac{Q_0}{A}\right]^{\frac{1}{\alpha}} \cdot L^{-\frac{1}{\alpha}}$

Comme $0 < \alpha < 1$, alors $\alpha - 1 < 0$; l'expression ci-dessus est négative. Les isoquantes sont donc décroissantes.

Le TMST est égal à : $\text{TMST} = -\dfrac{dK}{dL}$

Pour obtenir sa valeur, il suffit d'utiliser la dérivée précédente, en remplaçant Q_0 par la fonction de production :

$$\text{TMST} = -\left[\frac{\alpha-1}{\alpha}\right]\left[\frac{AK^{\alpha}L^{1-\alpha}}{A}\right]^{\frac{1}{\alpha}} \cdot L^{-\frac{1}{\alpha}} = \left[\frac{1-\alpha}{\alpha}\right]\frac{K}{L}$$

Il s'agit d'un résultat classique qui a une signifcation intéressante et importante, que nous préciserons ultérieurement, mais sur laquelle vous pouvez déjà réfléchir.

12 ▸ Étudions l'homogénéité des fonctions suivantes et montrons si elles vérifient le théorème d'Euler.

a) $Q(tK,tL) = A \cdot (tK)^{\alpha}(tL)^{1-\alpha} = t^{\alpha} \cdot t^{1-\alpha} \cdot AK^{\alpha}L^{1-\alpha} = t \cdot Q(K,L)$

Q est une fonction homogène de degré $h = 1$.

$$K\frac{\partial Q}{\partial K}(K,L) + L\frac{\partial Q}{\partial L}(K,L) = K \cdot [A\alpha K^{\alpha-1}L^{1-\alpha}] + L \cdot [A(1-\alpha)K^{\alpha}L^{-\alpha}] = Q(K,L)$$

Le théorème d'Euler est effectivement vérifié.

b) $Q(tK,tL) = (tK)^{1/2} + (tL) = t^{1/2} \cdot [K^{1/2} + t^{1/2}L] \neq t^h \cdot Q(K,L)$

Q n'est pas homogène. Il est facile de montrer qu'elle ne vérifie pas le théorème d'Euler :

$$K\frac{\partial Q}{\partial K}(K,L) + L\frac{\partial Q}{\partial L}(K,L) = K \cdot \left[\frac{1}{2}K^{-1/2}\right] + L \cdot [1] = \frac{1}{2}K^{1/2} + L \neq h \cdot Q(K,L)$$

c) $Q(tK,tL,tT) = \alpha(tK) + \beta(tL) + (tT) = t \cdot Q(K,L,T)$

Q est une fonction homogène de degré $h = 1$.

Il est aisé de constater qu'elle vérifie le théorème d'Euler.

13 ▸ Dire que les rendements sont décroissants signifie que l'accroissement de la production est proportionnellement plus faible que l'accroissement des facteurs.

Ainsi, lorsque les facteurs doublent, la production fait moins que doubler ; lorsque les facteurs triplent, la production fait moins que tripler... etc.

La seule manière de marquer une relation stable entre deux facteurs est d'écrire que $y = ax$ doit être vérifiée en tout point. On se trouve donc sur une droite passant par l'origine.

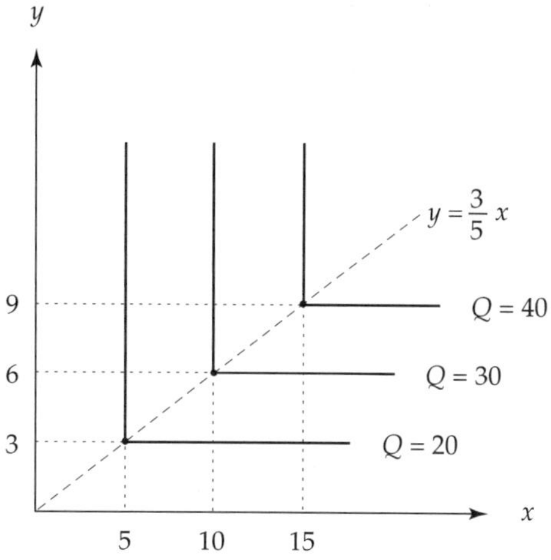

Figure 4.2

Tout point hors de cette droite correspond à une **situation de gaspillage** : en effet, on peut forcément produire autant avec moins de l'un des deux facteurs.

14 ▸ Imaginons que la production s'opère à l'aide de deux facteurs K et L. Le facteur K subit une augmentation de son prix de h %. Comment réagit le producteur, sachant qu'il désire conserver le même niveau de production qu'avant la hausse?

• Si la fonction de production est à facteurs complémentaires, le producteur ne possède qu'une seule solution : maintenir les quantités de facteurs précédentes (quantités supposées optimales), afin de rester au même point d'angle de l'isoquante. Pour cela, il devra accepter une augmentation de son budget d'un montant de : $(0,01 \cdot h) \cdot p_K \cdot K^*$

• Si la fonction de production est à facteurs substituables, le producteur a le choix entre deux possibilités :

– rester à l'optimum précédent : le supplément budgétaire est alors identique au cas où les facteurs sont complémentaires ;

– rester sur la même isoquante (afin de maintenir constante la production) mais en un autre point que précédemment, grâce aux multiples possibilités de substitution entre facteurs. En fonction du prix de L, du prix de K et de la hausse du prix de K, le producteur peut par exemple décider de réduire les quantités de facteur K utilisées et d'augmenter celles du facteur L. Cette nouvelle combinaison conduira à une augmentation budgétaire moindre.

15 ▸ Le résultat demandé est classique puisqu'il s'agit d'une fonction de production de type Cobb-Douglas. Le plus souvent, l'élasticité de substitution varie en chaque point de l'isoquante. Cependant, certaines fonctions de production typiques conduisent à des résultats particuliers.

On sait que le TMST d'une telle fonction est égal à : $\text{TMST} = \dfrac{\beta}{\alpha}\dfrac{K}{L}$

© Dunod. La photocopie non autorisée est un délit.

Ainsi, lorsqu'on dérive le TMST par rapport à (K/L), on obtient :

$$\frac{\partial(\text{TMST})}{\partial\left(\frac{K}{L}\right)} = \frac{\beta}{\alpha} \quad \text{d'où :} \quad \frac{\partial\left(\frac{K}{L}\right)}{\partial(\text{TMST})} = \frac{\alpha}{\beta}$$

Or :
$$\frac{\text{TMST}}{\frac{K}{L}} = \frac{\frac{\beta}{\alpha}\frac{K}{L}}{\frac{K}{L}} = \frac{\beta}{\alpha} \qquad \text{donc :} \quad e_s = 1$$

Ainsi, nous venons de montrer que l'élasticité de substitution d'une fonction de Cobb-Douglas est toujours égale à 1, quel que soit le degré d'homogénéité et quelle que soit la position sur l'isoquante. Cela signifie que toute variation de t % dans la structure des prix relatifs provoque une variation de t % de la structure productive K/L, et ce, quels que soient les niveaux de départ de K et de L.

16 ▸ Montrons que la courbe de la productivité marginale coupe celle de la productivité moyenne en son maximum.

La courbe P_M^X atteint son maximum au point où la dérivée de P_M^X est nulle :

$$p_M^X = \frac{Q(x, y_0)}{x}$$

$$\frac{\partial p_M^X}{\partial x} = 0 \Leftrightarrow \frac{x \cdot \frac{\partial Q(x,y_0)}{\partial x} - Q(x,y_0) \cdot \frac{\partial x}{\partial x}}{x^2} = 0 \Leftrightarrow \frac{x \cdot \frac{\partial Q(x,y_0)}{\partial x}}{x^2} = \frac{Q(x,y_0)}{x^2} \quad (1)$$

À partir de cette dernière égalité, il est donc possible d'arriver rapidement au résultat que nous souhaitions démontrer :

$$(1) \Leftrightarrow x \cdot \frac{\partial Q(x,y_0)}{\partial x} = Q(x,y_0) \Leftrightarrow \frac{\partial Q(x,y_0)}{\partial x} = \frac{Q(x,y_0)}{x}$$

Ainsi, on a bien obtenu : $p_m^X = p_M^X$

On constate donc que, lorsque la productivité moyenne est maximum, la productivité moyenne est égale à la productivité marginale.

17 ▸

Partie A

a) L'élasticité de production, pour un facteur donné, mesure la sensibilité de la production face à la variation de ce facteur.

$$e_L = \frac{\frac{\partial Q}{Q}}{\frac{\partial L}{L}} = \frac{\partial Q}{\partial L}\frac{L}{Q} = \left[6 \cdot \frac{1}{2} \cdot L^{-1/2} \cdot K^{2/3}\right] \frac{L}{6 \cdot L^{1/2} \cdot K^{2/3}} = \frac{1}{2}$$

$$e_K = \frac{\frac{\partial Q}{Q}}{\frac{\partial K}{K}} = \left[6 \cdot \frac{2}{3} \cdot L^{1/2} \cdot K^{-1/3}\right] \frac{K}{6 \cdot L^{1/2} \cdot K^{2/3}} = \frac{2}{3}$$

Les élasticités de production correspondent donc, pour ce type de fonction de production, aux exposants respectifs des facteurs. Si la quantité de facteur K utilisé augmente de 3 % alors la production augmentera d'environ 2 %. Sur le plan mathématique, plus la variation de K sera faible, plus l'approximation sera précise.

b) Lors de la question précédente, nous avons calculé les dérivées partielles de Q par rapport à L puis, par rapport à K. Or le TMST peut être défini à l'aide des productivités marginales des facteurs, qui ne sont que les dérivées partielles de Q.

$$\text{TMST} = \frac{P_m^L}{P_m^K} = \frac{6 \cdot \frac{1}{2} \cdot L^{-1/2} \cdot K^{2/3}}{6 \cdot \frac{2}{3} \cdot L^{1/2} \cdot K^{-1/3}} = \frac{3K}{4L}$$

Remarque. Le TMST correspond aussi à la dérivée de l'isoquante, au signe près.

Or, pour une production Q_0 donnée, on peut écrire : $K = \left[\frac{Q_0}{6}\right]^{3/2} \cdot L^{-3/4}$

Donc : $$\text{TMST} = -\frac{dK}{dL} = \frac{3}{4} \cdot \left[\frac{Q_0}{6}\right]^{3/2} \cdot L^{-7/4}$$

c) Pour déterminer si Q est homogène, calculons :

$$Q(tL, tK) = 6 \cdot [tL]^{1/2} \cdot [tK]^{2/3} = t^{7/6} \cdot Q(L, K)$$

Q est donc homogène de degré $7/6$.

Les rendements d'échelle sont croissants car $7/6 > 1$.

d) Représentation graphique

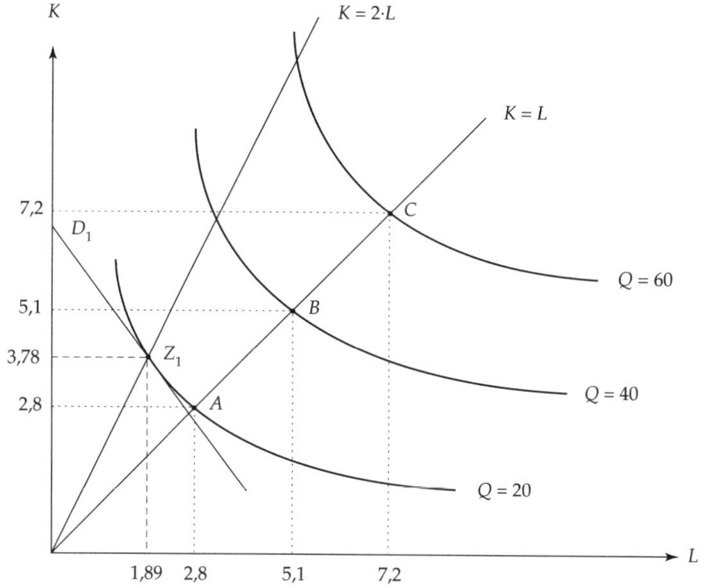

Figure 4.3

Figurent aussi sur ce graphique des éléments qui seront déterminés ultérieurement.

© Dunod. La photocopie non autorisée est un délit.

e) Utilisons ce graphique afin de vérifier que l'égalité suivante est effectivement vérifiée :

$$Q(tL, tK) = t^{7/6} \cdot Q(L, K)$$

Dans la mesure où il s'agit de rendements d'échelle, cela signifie que les deux facteurs de production subissent la même augmentation ; c'est pourquoi nous traçerons la première bissectrice $K = L$. Plaçons les points A, B et C dont les coordonnées approchées, par lecture sur le graphique, sont : $A(2,8\,;2,8)$, $B(5,1\,;5,1)$, $C(7,2\,;7,2)$.

Ainsi, lorsque l'on passe de A à B, les facteurs sont multipliés par : $5,1/2,8 = 1,82$. Or, nous avons vu que lorsque les facteurs étaient multipliés par t, la production était multipliée par $t^{7/6}$. Ce qui signifie que le résultat de $1,82^{7/6}$ doit être égal à 2 puisque la production double de A à B. En effet, nous avons bien :

$$1,82^{7/6} = 2,011 \approx 2$$

On pourrait aussi vérifier cela en considérant le passage de A à C ; dans ce cas, les facteurs sont multipliés par $7,2/2,8 = 2,57$.

Or : $$2,57^{7/6} = 3,008 \approx 3$$

Ainsi, lorsque les facteurs sont multipliés par 2,57 la production doit tripler, ce qui est bien vérifié par le passage de l'isoquante $Q = 20$ à l'isoquante $Q = 60$.

Partie B

f) L'utilisation du lagrangien permet de déterminer à la fois le sentier d'expansion et les fonctions de demande. Le problème consiste donc à résoudre:

Maximiser : $$Q(L, K) = 6 \cdot L^{1/2} \cdot K^{2/3}$$

sous contrainte : $$B_0 = p_L L + p_K K$$

Le lagrangien s'écrit donc :

$$\mathcal{L}(L, K, \lambda) = 6 \cdot L^{1/2} \cdot K^{2/3} + \lambda \cdot [B_0 - p_L L - p_K K]$$

Les conditions du 1er ordre sont égales à :

$$\begin{cases} \dfrac{\partial \mathcal{L}}{\partial L}(L, K, \lambda) = 0 \\ \dfrac{\partial \mathcal{L}}{\partial K}(L, K, \lambda) = 0 \\ \dfrac{\partial \mathcal{L}}{\partial \lambda}(L, K, \lambda) = 0 \end{cases} \Leftrightarrow \begin{cases} 3 \cdot L^{-1/2} \cdot K^{2/3} - \lambda p_L = 0 & (1) \\ 4 \cdot L^{1/2} \cdot K^{-1/3} - \lambda p_k = 0 & (2) \\ B_0 - p_L L - p_K K = 0 & (3) \end{cases}$$

À l'aide des équations (1) et (2), on trouve la relation suivante :

$$K = \frac{4p_L}{3p_K} \cdot L \qquad (4)$$

Il s'agit de l'équation du sentier d'expansion : lieu où Jarnac maximise sa production sous sa contrainte de budget. À l'aide des équations (3) et (4), on obtient les coordonnées des points optimaux :

$$L^* = \frac{3B_0}{7p_L} \quad \text{et} \quad K^* = \frac{4B_0}{7p_K}$$

On constate que pour un budget donné B_0, chaque coordonnée optimale est une fonction décroissante du prix du facteur dont elle dépend ; il s'agit donc des **fonctions de demande** en facteurs L et K du producteur Jarnac.

g) Nous venons de trouver (*cf.* (4)) une relation liant K à L pour toute situation optimale ; utilisons cette relation pour préciser la valeur du TMST à l'optimum :

$$\text{TMST} = \frac{P_m^L}{P_m^K} = \frac{3K}{4L} = \frac{3 \cdot \left[\frac{4p_L}{3p_K} \cdot L\right]}{4L} = \frac{p_L}{p_K}$$

Nous retrouvons ici un résultat fondamental : le producteur est à l'optimum lorsque le rapport des productivités marginales des facteurs est égal au rapport des prix des facteurs (ou encore : lorsque les productivités marginales pondérées par les prix sont égales).

h) Les coordonnées de l'optimum Z_1 sont calculées à l'aide des résultats de la question f) :

$$L^* \approx 1,89 \quad \text{et} \quad K^* \approx 3,78$$

i) Précisons quelques éléments :

– la production à l'optimum est égale à : $Q(1,89\,;3,78) \approx 20$

– le sentier d'expansion a pour équation : $K = 2L$ (calculs évidents)

– la droite de budget (notée D_1) :

$$K = \frac{39,66}{6} - \frac{9}{6}L = 6,61 - \frac{3}{2}L$$

L'isoquante demandée a donc déjà été tracée. Il est temps de compléter le graphique précédent par les nouveaux éléments dont on dispose.

j) L'étude de la nature des rendements d'échelle nous permet de dire que le taux d'accroissement des facteurs (noté s) permettant de doubler la production doit être tel que :

$$s^{7/6} = 2 \quad \text{d'où :} \quad s = 2^{6/7} \approx 1,811$$

Ainsi, les quantités des deux facteurs L et K vont être multipliées par 1,811 ; il en va de même du budget total consacré à la production.

Le budget recherché est donc égal à : $39,66 \times 1,811 = 71,82$.

Remarque. Le doublement du budget aurait conduit au doublement des facteurs, donc aurait provoqué un accroissement de la production égal à $2^{7/6} = 2,25$. Rappelons en effet que les rendements sont croissants.

© Dunod. La photocopie non autorisée est un délit.

k) L'élasticité de substitution, déjà définie à l'occasion de l'exercice 14 se calcule sur le même principe :

$$e_s = \frac{\partial\left(\frac{K}{L}\right)}{\partial(\text{TMST})} \times \frac{\text{TMST}}{\frac{\text{K}}{\text{L}}} = \frac{4}{3}\frac{\frac{3K}{4L}}{\frac{K}{L}} = 1$$

Une variation du rapport des prix de t % provoque une variation de la structure productive de t %.

l) La baisse de moitié du prix de vente du facteur K conduit à considérer :

– une nouvelle droite de budget : $K = \frac{39,66}{3} - \frac{9}{3}L = 13,22 - 3L$

– un nouvel optimum, noté Z_2 : $L^* \approx 1,89 \quad K^* \approx 7,55$

– un nouveau volume optimal : $Q(1,89\,;7,55) \approx 31,75$

Le producteur Jarnac a donc considérablement profité de cette baisse de prix : il se situe sur une isoquante plus haute. Pour un même budget, il réussit à accroître la production de plus de 50 %.

Partie C

m) Dans ces conditions, la contrainte budgétaire s'écrit :

$$B_1 = \left[9 - \frac{1}{2}L\right] \cdot L + 3K$$

$$\Leftrightarrow K = \frac{B_1}{3} - \frac{\left[9 - \frac{1}{2}L\right]}{3} \cdot L$$

$$\Leftrightarrow K = \frac{1}{6}L^2 - 3L + \frac{B_1}{3} \quad \text{et} \quad L \text{ choisi tel que } K > 0$$

Il s'agit d'une parabole. Sur le plan mathématique, son minimum est évident :

$$L = 9 \quad \text{et} \quad K = \frac{B_1}{3} - 13,5$$

Or, pour un budget nul, ce minimum n'existe pas. Il sera simplement utilisé à titre indicatif pour le tracé de la courbe.

Lorsque le budget est fixé à 50, la contrainte budgétaire s'écrit :

$$K = \frac{1}{6}L^2 - 3L + \frac{50}{3}$$

Représentation graphique :

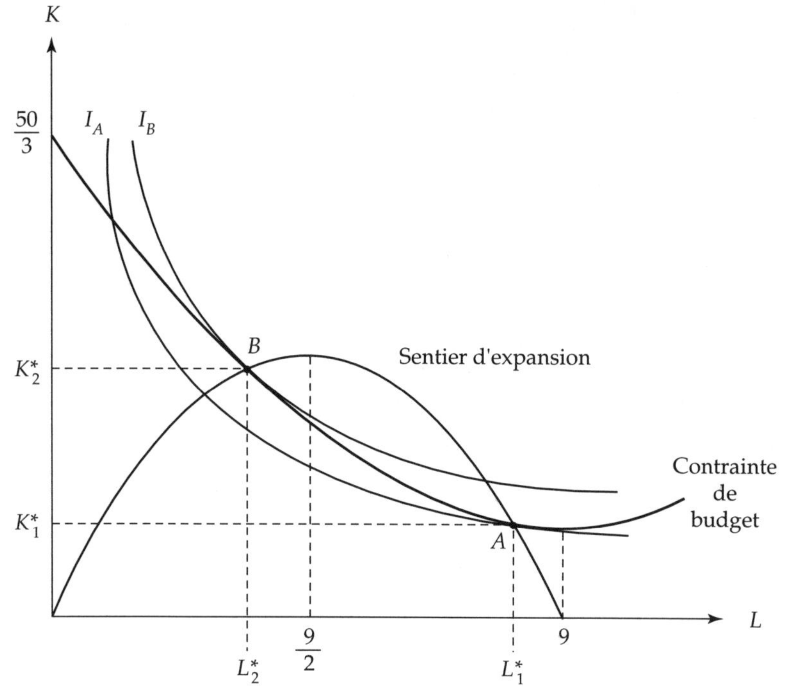

Figure 4.4

n) La seule différence avec la résolution précédente, utilisant le lagrangien, consiste à remplacer le prix du facteur L par sa valeur, fonction des quantités achetées, dans la contrainte budgétaire :

Maximiser : $Q(L, K) = 6 \cdot L^{1/2} \cdot K^{2/3}$

sous contrainte : $50 = \left[9 - \frac{1}{2}L\right] \cdot L + 3K$

Il est logique que les quantités de facteur L définissent un prix positif, c'est pourquoi il faudra veiller à ce que la condition suivante soit respectée :

$$9 - \frac{1}{2}L > 0 \rightarrow L < 18$$

L'égalité stricte est la plus cohérente. En effet, si le prix de L est nul, cela signifie que Jarnac peut en acheter des quantités infinies : il n'y a pas de maximum. C'est une situation très peu réaliste.

Le lagrangien s'écrit donc :

$$\mathcal{L}(L, K, \lambda) = 6 \cdot L^{1/2} \cdot K^{2/3} + \lambda \cdot \left[50 - \left(9 - \frac{1}{2}L\right) \cdot L - 3K\right]$$

© Dunod. La photocopie non autorisée est un délit.

Les conditions du 1er ordre sont égales à :

$$\begin{cases} \dfrac{\partial \mathcal{L}}{\partial L}(L,K,\lambda) = 3 \cdot L^{-1/2} \cdot K^{2/3} - \lambda \cdot [9 - L] = 0 & (1) \\ \dfrac{\partial \mathcal{L}}{\partial K}(L,K,\lambda) = 4 \cdot L^{1/2} \cdot K^{-1/3} - 3\lambda = 0 & (2) \\ \dfrac{\partial \mathcal{L}}{\partial \lambda}(L,K,\lambda) = 50 - \left[9 - \dfrac{1}{2}L\right] \cdot L - 3K = 0 & (3) \end{cases}$$

À l'aide des équations (1) et (2), on trouve la relation suivante :

$$K = \frac{4}{9}[9 - L] \cdot L \qquad \text{avec} \qquad 0 \leqslant L < 9$$

afin de respecter K positif ; il s'agit de la quantité d'un facteur de production.

Or, si $L = 9$ on constate que la contrainte n'est pas vérifiée.

Il s'agit de l'équation du sentier d'expansion. Sa forme est celle d'une parabole renversée. Son maximum est évident :

$$L = 9/2 \qquad K = 9$$

o) À l'aide de l'équation (3) et de la relation précédente, on obtient l'équation du second degré en L :

$$\frac{11}{6}L^2 - 21L + 50 = 0$$

Les solutions sont les suivantes :

point A $\qquad L_1^* = \dfrac{3}{11}\left[21 + \sqrt{\dfrac{223}{3}}\right] \approx 8,08 \qquad$ alors $\qquad K_1^* \approx 3,31$

point B $\qquad L_2^* = \dfrac{3}{11}\left[21 - \sqrt{\dfrac{223}{3}}\right] \approx 3,38 \qquad$ alors $\qquad K_2^* \approx 8,44$

On constate donc que la méthode du lagrangien fournit **deux** valeurs optimales, c'est-à-dire deux valeurs pour lesquelles la contrainte de budget est tangente à une isoquante. Calculons la valeur de la production associée à ces deux optimums :

pour A $\qquad Q \approx 37,86$

pour B $\qquad Q \approx 45,69$

Ainsi, la même courbe de budget est tangente à deux isoquantes différentes. Comme on peut le remarquer sur le graphique, pour l'optimum A, la courbe de budget se situe **au-dessus** de l'isoquante I_A ; alors que pour l'optimum B, la contrainte de budget est au-dessous de l'isoquante I_B. Le producteur choisira l'optimum qui est associé à l'isoquante la plus haute, afin de maximiser sa production. Le producteur retiendra l'optimum B.

18 ▸ a) Soit la fonction de production : $[x+y]^{1/2} = K^{1/2} + 2L^{1/2} + G^{1/2}$

Soit la contrainte budgétaire : $B = p_K K + p_L L + p_G G$

Le fait qu'il y ait trois facteurs de production ne modifie pas la méthode : le lagrangien reste la technique de résolution. La vérification des résultats par le biais d'un graphique ne sera pas envisageable.

$$\mathcal{L}(K,L,G,\lambda) = K^{1/2} + 2L^{1/2} + G^{1/2} + \lambda \cdot [B - p_K K - p_L L - p_G G]$$

Les conditions du 1er ordre sont les suivantes :

$$\begin{cases} \dfrac{\partial \mathcal{L}}{\partial K}(K,L,G,\lambda) = \dfrac{1}{2}K^{-1/2} - \lambda p_K = 0 & (1) \\ \dfrac{\partial \mathcal{L}}{\partial L}(K,L,G,\lambda) = L^{-1/2} - \lambda p_L = 0 & (2) \\ \dfrac{\partial \mathcal{L}}{\partial G}(K,L,G,\lambda) = \dfrac{1}{2}G^{-1/2} - \lambda p_G = 0 & (3) \\ \dfrac{\partial \mathcal{L}}{\partial \lambda}(K,L,G,\lambda) = B - p_k K - p_L L - p_G G = 0 & (4) \end{cases}$$

La résolution de ce système est un peu plus complexe que ceux faisant intervenir deux facteurs. Cependant, l'objectif est identique.

Des équations (1) et (2), on tire la relation suivante : $K = \left[\dfrac{p_L}{2p_K}\right]^2 \cdot L$

Des équations (2) et (3), on tire la relation suivante : $G = \left[\dfrac{p_L}{2p_G}\right]^2 \cdot L$

Ainsi, grâce à la substitution de K et G par les valeurs précédentes, l'équation (4) pourra s'écrire :

$$B - p_K \cdot \left[\left[\frac{p_L}{2p_K}\right]^2 \cdot L\right] - p_L L - p_G \cdot \left[\left[\frac{p_L}{2p_G}\right]^2 \cdot L\right] = 0$$

On peut ensuite extraire la valeur optimale de L :

$$L^* = \frac{B}{p_L \cdot \left[\dfrac{p_L}{4p_K} + \dfrac{p_L}{4p_G} + 1\right]}$$

Puis, on obtient facilement les valeurs optimales de K et de G :

$$K^* = \left[\frac{p_L}{2p_K}\right]^2 \cdot \frac{B}{p_L \cdot \left[\dfrac{p_L}{4p_K} + \dfrac{p_L}{4p_G} + 1\right]} = \frac{B \cdot p_L}{p_K \cdot \left[p_L + \dfrac{p_K \cdot p_L}{p_G} + 4p_K\right]}$$

$$G^* = \left[\frac{p_L}{2p_G}\right]^2 \cdot \frac{B}{p_L \cdot \left[\dfrac{p_L}{4p_K} + \dfrac{p_L}{4p_G} + 1\right]} = \frac{B \cdot p_L}{p_G \cdot \left[\dfrac{p_G \cdot p_L}{p_K} + p_L + 4p_G\right]}$$

© Dunod. La photocopie non autorisée est un délit.

b) Pour les valeurs de l'énoncé, on obtient par le calcul les résultats suivants :

$$L^* = 20 \qquad K^* = 320 \qquad G^* = 80$$

et :
$$[x+y]^{1/2} = 16 \cdot \sqrt{5}$$

Donc :
$$x + y = 1\,280$$

c) Cette question suppose de prendre le problème « dans l'autre sens » : il faut minimiser le budget **pour une production donnée**. Cela revient à poser :

Minimiser :
$$p_K K + p_L L + p_G G$$

sous la contrainte :
$$[x+y]^{1/2} = K^{1/2} + 2L^{1/2} + G^{1/2}$$

$$\mathcal{L}(K, L, G, \lambda) = p_K \cdot K + p_L \cdot L + p_G \cdot G + \lambda \cdot \left[[x+y]^{1/2} - K^{1/2} - 2L^{1/2} - G^{1/2}\right]$$

Les conditions du 1er ordre sont les suivantes :

$$\begin{cases} \dfrac{\partial \mathcal{L}}{\partial K}(K, L, G, \lambda) = p_K - \lambda \dfrac{1}{2} K^{-1/2} = 0 & (1) \\ \dfrac{\partial \mathcal{L}}{\partial L}(K, L, G, \lambda) = p_L - \lambda L^{-1/2} = 0 & (2) \\ \dfrac{\partial \mathcal{L}}{\partial G}(K, L, G, \lambda) = p_G - \lambda \dfrac{1}{2} G^{-1/2} = 0 & (3) \\ \dfrac{\partial \mathcal{L}}{\partial \lambda}(K, L, G, \lambda) = [x+y]^{1/2} - K^{1/2} - 2L^{1/2} - G^{1/2} = 0 & (4) \end{cases}$$

Des équations (1) et (2), on tire la relation suivante : $K = \left[\dfrac{p_L}{2p_K}\right]^2 \cdot L$

Des équations (2) et (3), on tire la relation suivante : $G = \left[\dfrac{p_L}{2p_G}\right]^2 \cdot L$

On constate que les relations précédentes sont identiques à celles trouvées dans la question a). Grâce à l'équation (4), on obtient ensuite les valeurs optimales :

$$(4) \Leftrightarrow [x+y]^{1/2} - \left[\left[\frac{p_L}{2p_K}\right]^2 \cdot L\right]^{1/2} - 2L^{1/2} - \left[\left[\frac{p_L}{2p_G}\right]^2 \cdot L\right]^{1/2} = 0$$

$$\Leftrightarrow \left[\frac{p_L}{2p_K} + 2 + \frac{p_L}{2p_G}\right] \cdot L^{1/2} = [x+y]^{1/2}$$

Posons :
$$\left[\frac{p_L}{2p_K} + 2 + \frac{p_L}{2p_G}\right]^2 = \Phi$$

On a alors :

$$L^* = \frac{x+y}{\Phi} \qquad K^* = \left[\frac{p_L}{2p_K}\right]^2 \frac{x+y}{\Phi} \qquad G^* = \left[\frac{p_L}{2p_G}\right]^2 \frac{x+y}{\Phi}$$

d) Par le calcul, il est possible de vérifier facilement que les valeurs optimales obtenues grâce à la question c) sont égales à celles déjà obtenues lors de la question b) :

Si : $p_K = 4$ $\quad p_L = 32$ $\quad$ et $\quad p_G = 8$ $\quad$ alors : $\Phi = 64$

Si de plus : $x + y = 1\,280$ $\quad$ alors : $\dfrac{x+y}{\Phi} = 20$

D'où : $L^* = 20$ $\quad K^* = 320$ $\quad G^* = 80$

On constate donc que maximiser une production pour un coût donné (premier problème) est équivalent à minimiser un coût pour une production donnée (second problème), **lorsque cette dernière est égale à la valeur maximale trouvée précédemment**. En effet, quand on maximise la production pour un coût donné, on cherche l'isoquante tangente à la droite de budget connue ; quand on minimise le coût pour une production donnée, on cherche la droite d'isocoût tangente à l'isoquante connue. Si on cherche les solutions du second problème avec la valeur de l'isoquante obtenue dans le premier problème, il est logique de trouver les mêmes valeurs optimales.

Les valeurs L^*, K^* et G^* obtenues en c) sont appelées « **fonctions de demande conditionnelle de facteurs** » ou « fonctions de demande dérivée de facteurs ». Elles fournissent les quantités de chaque facteur nécessaire à l'entreprise souhaitant fabriquer, de la façon la moins coûteuse possible, un volume donné de produits. Elles se distinguent donc des **fonctions de demande de facteurs** obtenues lors de la maximisation de la fonction de production, pour un coût donné.

TD5 Comportement du producteur et coûts de production

L'essentiel du cours

*Dans le TD 4, nous nous sommes surtout préoccupés de la maximisation de la quantité produite, à **coût de production donné.** La connaissance du rapport optimal K/L représente déjà une information importante pour le producteur. Mais cela n'est pas suffisant. En effet, le producteur cherche le plus souvent à **maximiser son profit** et non la quantité produite. Or, le profit correspond à la différence entre les recettes totales et les charges totales. La prise en compte de ces deux éléments suppose qu'ils ne soient plus considérés comme des contraintes, mais qu'ils soient intégrés directement dans le raisonnement initial. De plus, il est nécessaire de distinguer le court terme du long terme.*

1. Les coûts de production en courte période

Le producteur choisit le niveau de production lui offrant le profit le plus fort, le prix des facteurs étant donné par le marché, indépendamment de l'entreprise. Or, le producteur rationnel ne peut retenir qu'une combinaison se situant sur le sentier d'expansion. Ainsi, pour chaque combinaison optimale, le producteur calcule le coût de production et la quantité produite. Finalement, pour chaque point du sentier d'expansion, le producteur établit une liaison entre la quantité produite et son coût de fabrication. Cette liaison définit la fonction de **coût total**.

En courte période, on considère qu'il y a fixité d'un certain nombre d'éléments participant à la production : équipements, bâtiments, terre... La capacité maximale de production est une donnée et les coûts associés à ces facteurs doivent être supportés par le producteur quelle que soit la quantité produite. C'est pourquoi ils sont appelés **coûts fixes**.

1.1 Les coûts fixes

Si le facteur K est le facteur fixe à court terme, son coût, noté par convention CF, est fixe quel que soit le niveau de production. Il est possible de définir le coût fixe

© Dunod. La photocopie non autorisée est un délit.

moyen noté CF_M, encore appelé **coût fixe unitaire** : il est décroissant car plus le producteur utilise ses facteurs fixes, plus il en réduit le coût unitaire.

1.2 Les coûts variables

Un coût de production **proportionnel** aux quantités produites est un « **coût variable** ». Ce dernier est une **fonction croissante** des quantités produites. On le notera $CV(q)$. À partir du coût variable, sous-entendu « total », on peut définir :

– le coût variable moyen : $CV_M(q) = \dfrac{CV(q)}{q}$

– le coût variable marginal : $CV_m(q) = \dfrac{\partial CV(q)}{\partial q}$

1.3 Coût total

Le coût total, noté $CT(q)$, est défini comme la somme du coût fixe et du coût variable. On définit aussi :

– le coût total moyen : $C_M(q) = \dfrac{CV(q)}{q} + \dfrac{CF}{q} = \dfrac{CT(q)}{q}$

– le coût total marginal : $C_m(q) = \dfrac{\partial[CV(q) + CF]}{\partial q} = \dfrac{\partial CV(q)}{\partial q} = CV_m(q)$

2. Maximisation du profit et fonction d'offre en courte période

Nous continuerons de supposer que le cadre de référence est la **courte période** et que le prix des facteurs et le prix de vente sont des données exogènes, qui s'imposent à l'entreprise.

2.1 La maximisation du profit

Soit le profit de l'entreprise, noté π, fonction de la quantité produite : $\pi(q) = Pq - CT(q)$ où P est le prix de vente du produit fabriqué par l'entreprise. Pour que le profit admette un extremum, il faut que la condition nécessaire du 1er ordre soit respectée :

$$\frac{\partial \pi(q)}{\partial q} = 0 \qquad \text{c'est-à-dire :} \quad P - \frac{\partial CT(q)}{\partial q} = 0 \Leftrightarrow P = C_m$$

Ainsi, la quantité optimale est celle pour laquelle le coût marginal est égal au prix de vente. Pour que cet extremum soit effectivement un maximum, il suffit que la dérivée seconde de la fonction de profit soit strictement inférieure à zéro :

$$\frac{\partial^2 \pi(q)}{\partial q^2} < 0 \qquad \text{c'est-à-dire :} \quad -\frac{\partial^2 CT(q)}{\partial q^2} < 0 \Leftrightarrow C'_m(q) > 0$$

Ainsi, pour que la fonction de profit admette un maximum, **il suffit que le coût marginal soit croissant**. Si l'égalité du prix de vente et du coût marginal est vérifiée pour plusieurs niveaux de production, seule la solution située dans la partie croissante de la courbe de coût marginal est à retenir.

Graphiquement, si le prix de vente est P_0, le niveau de production qui maximise le profit est égal q^*. Le profit total est matérialisé par la surface rectangulaire $ABCD$. Tant que la quantité produite est inférieure à q^* (c'est-à-dire tant que le coût marginal est inférieur au prix de vente), produire une unité est avantageux puisqu'elle rapporte plus qu'elle ne coûte. Dès que la quantité devient supérieure à q^*, produire une unité coûte plus qu'elle ne rapporte. La firme va donc « pousser » sa production jusqu'au point limite où il y a encore un profit à réaliser, c'est-à-dire jusqu'au point q^*. À partir de ce point, le profit total va se mettre à baisser.

2.2 Seuil de fermeture et seuil de rentabilité

Le seuil de rentabilité q_1 correspond à la quantité pour laquelle le prix de vente est égal au minimum du coût moyen. Si le prix de vente est supérieur à P_1, la firme dégagera un profit. Si le prix de vente est compris entre P_1 et P_2 (minimum du coût variable moyen), elle subira une perte. Cependant, dans ce cas, la production d'une quantité strictement positive permet de **minimiser cette perte**, chaque unité produite apportant une marge sur coût variable positive. Ne rien produire conduirait à une perte maximale égale à la valeur des coûts fixes.

Lorsque le prix de vente est inférieur à P_2, la fabrication de chaque unité provoque un alourdissement des pertes, la marge unitaire sur coût variable étant négative. Le montant des pertes en valeur absolue est donc supérieur au montant des coûts fixes. Il est donc préférable pour l'entreprise d'arrêter de produire ; ainsi, elle limitera ses pertes aux seuls coûts fixes. C'est pourquoi, la quantité q_2 qui correspond au minimum du coût variable moyen est appelée seuil de fermeture.

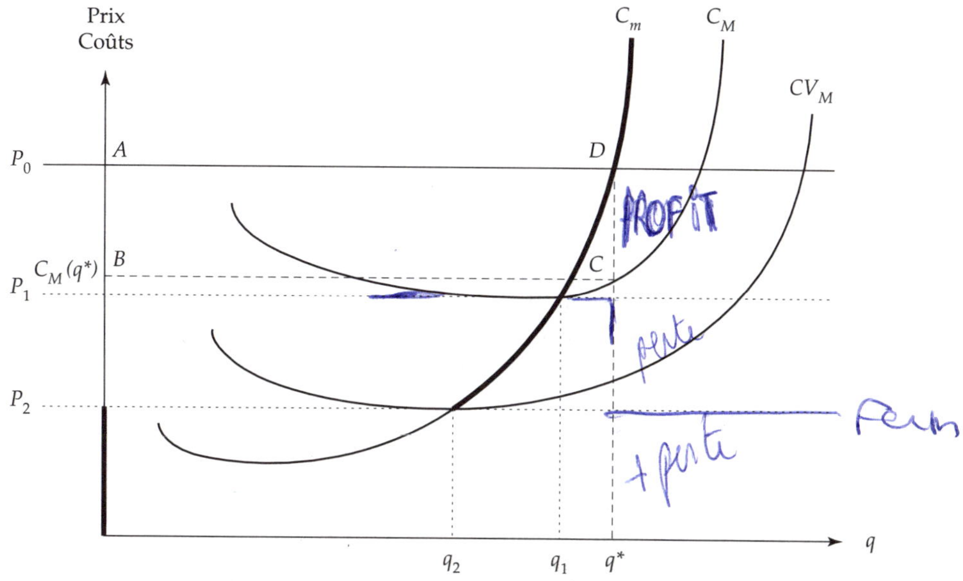

Figure 5.1

© Dunod. La photocopie non autorisée est un délit.

2.3 La courbe d'offre de l'entreprise

La fonction d'offre individuelle d'une entreprise établit une relation entre le prix d'un produit et la quantité offerte. Ainsi, la quantité offerte par l'entreprise est donnée par le coût marginal de l'entreprise du fait même de la condition permettant d'avoir un maximum. La fonction d'offre (en trait épais sur le graphique 5.1) se confond donc avec la partie de la courbe de coût marginal, partie croissante et supérieure au minimum du coût variable moyen. Lorsque le prix de vente est inférieur à cette valeur, l'offre de la firme est nulle, c'est pourquoi la courbe d'offre se poursuit sur l'axe des ordonnées.

3. Les coûts de production en longue période

En longue période, l'échelle de production peut être modifiée suite à des investissements permettant d'accroître le stock d'équipements, la surface de l'usine, ou la superficie des terres... Si bien qu'en longue période, il n'y a plus que des coûts variables.

3.1 La courbe de coût total de longue période (notée CT_{LP})

Appelons K la capacité de production installée, c'est-à-dire la capacité maximale que l'entreprise peut mobiliser. Or, les coûts fixes dépendent de cette capacité K. Plus elle est importante, plus les coûts fixes seront élevés. La capacité de production ne peut évoluer qu'à long terme. Le producteur peut décider d'investir afin d'accroître cette capacité. C'est pourquoi on dit qu'à long terme, le montant des coûts fixes est une fonction croissante (notée g) de la capacité de production.

Si : $$CF - g(K)$$

alors : $$CT(q) = f(q) + CF = f(q) + g(K)$$

Ainsi, le coût total est fonction du volume de la production (noté q) et de la capacité de production (notée K). À chaque valeur de K est associée une valeur pour CF. Considérons les trois fonctions ci-dessous :

$$CT_1(q) = f(q) + CF_1 \qquad CT_2(q) = f(q) + CF_2 \qquad CT_3(q) = f(q) + CF_3$$

Pour chaque taille d'usine, on a une courbe de coût total de courte période. Ainsi, chaque niveau de production peut être obtenu de différentes manières : avec une petite usine, une moyenne... une grande, mais avec des niveaux de coûts différents (*cf.* figure 5.2).

Par souci de simplicité, nous considérerons qu'un industriel a le choix entre trois tailles pour une usine future. Dans ce cas, on retiendra la partie inférieure de chaque courbe, selon la valeur de q. Si le producteur envisage de ne jamais produire plus de q_1, il choisira la taille n° 1. S'il pense que sa production se situera entre q_1 et q_2, il choisira la taille n° 2. Enfin, s'il est convaincu que la demande sera forte et supérieure à q_3, il choisira la taille n° 3. Ainsi, la courbe de CT_{LP} est constituée par les trois portions de courbe en trait épais (graphique de gauche).

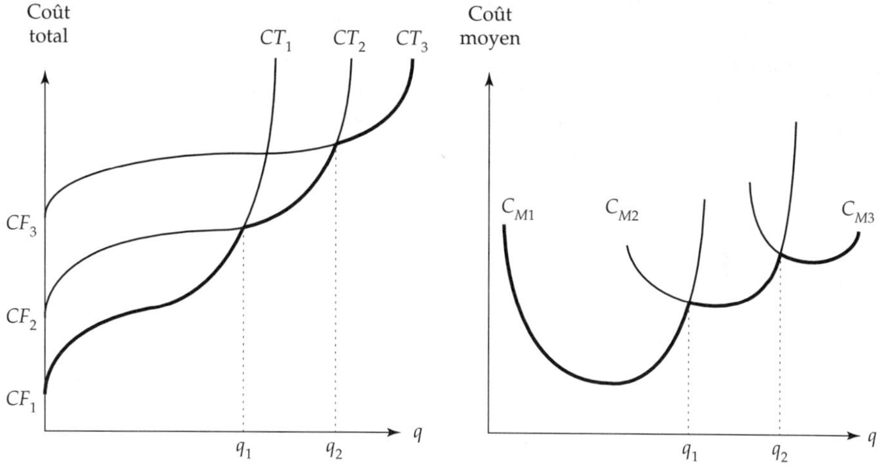

Figure 5.2

Lorsqu'il y a une infinité de tailles possibles pour les équipements, il existe donc une infinité de courbes de coût total de courte période. La courbe de coût total de longue période est alors **l'enveloppe inférieure** des courbes de coût total de courte période.

3.2 Les courbes de coût moyen et de coût marginal de longue période

Si l'entreprise prévoit de toujours produire une quantité supérieure à q_2, elle devra choisir l'équipement n° 3 lui procurant des coûts moyens C_{M3}. En revanche, si elle pense que la production oscillera toujours entre q_1 et q_2, elle choisira l'équipement n° 2. Enfin, si la demande est faible et inférieure à q_1, l'équipement n° 1 sera retenu. Ainsi, la courbe de CM_{LP} correspond à la réunion des portions en trait épais (graphique de droite).

Lorsqu'il y a une infinité d'équipements possibles, la courbe CM_{LP} sera la courbe enveloppe des courbes CM_{CP}. Il s'agit de tracer la courbe de longue période de façon à ce qu'elle soit tangente à toutes les courbes de courte période.

Pour chaque taille, il existe une courbe de coût moyen et une courbe de coût marginal. Comme la courbe de CM_{LP} est tangente en un point à chaque courbe de CM_{CP}, cela permet de déterminer la valeur du coût marginal associé. On répète cette opération autant de fois qu'il y a de courbes de courte période. Il suffit ensuite de relier ces points pour obtenir la courbe de Cm_{LP}. Cette dernière coupe en son minimum la courbe de coût moyen de longue période.

3.3 La maximisation du profit en longue période

Elle s'obtient de la même façon qu'en courte période, mais en considérant les fonctions de coût de longue période. Ainsi, le profit sera maximum lorsque le

© Dunod. La photocopie non autorisée est un délit.

producteur égalisera son coût marginal de longue période au prix de vente (donnée exogène). Comme en courte période, cette égalisation doit s'effectuer dans la partie croissante du coût marginal. La quantité pour laquelle il y a égalité correspond donc au volume de production optimal ; le producteur est ensuite en mesure de déterminer la **capacité de production** optimale.

Q.C.M.

	Vrai	Faux
1. Lorsque le coût total augmentant à taux décroissant passe par un point d'inflexion, alors :		
a) le coût moyen est maximum.	☐	☐
b) le coût marginal est minimum.	☐	☐
c) le coût marginal est supérieur au coût moyen.	☐	☐
2. Lorsque les courbes de coût moyen de courte période ont une forme en U, les courbes de coût moyen de longue période :		
a) ont forcément une forme en U.	☐	☐
b) peuvent avoir une forme en U.	☐	☐
c) peuvent avoir pour équation $C_M(q) = c$ (c : constante)	☐	☐
3. Lorsque la courbe de coût moyen de long terme se présente sous la forme d'un U, on peut en conclure que les rendements d'échelle sont :		
a) croissants.	☐	☐
b) constants.	☐	☐
c) décroissants, constants, puis croissants.	☐	☐
d) croissants, constants puis décroissants.	☐	☐
4. Les économies d'échelle s'expliquent par :		
a) de fréquentes indivisibilités des équipements.	☐	☐
b) une meilleure combinaison productive à long terme.	☐	☐
c) une spécialisation plus efficace lorsque la taille augmente.	☐	☐
d) la forme en U de la courbe de coût moyen de long terme.	☐	☐

5*. Une grande usine connaît des rendements d'échelle décroissants pour tout volume produit. Le dirigeant décide de scinder cette usine en deux établissements plus petits mais de même taille. Par rapport aux profits réalisés précédemment, la somme des profits obtenus par les deux usines est :

	Vrai	Faux
a) identique.	☐	☐
b) supérieure.	☐	☐
c) inférieure.	☐	☐

6. Une entreprise utilise une technologie caractérisée par des rendements d'échelle constants. Grâce à une campagne publicitaire réussie, elle multiplie ses ventes par 2,5, toutes choses égales par ailleurs. Dans cette situation, le profit :

a) est exactement multiplié par 2,5.	☐	☐
b) baisse légèrement.	☐	☐
c) augmente significativement.	☐	☐

7*. Lorsque le prix de vente d'un produit augmente, l'accroissement du surplus du producteur est :

a) inversement proportionnel à la pente de la courbe d'offre.	☐	☐
b) proportionnel à l'élasticité-prix de l'offre.	☐	☐
c) d'autant plus grand que le prix des facteurs est élevé.	☐	☐

8. Le coût marginal de court terme :

a) est égal au coût moyen quand ce dernier est en son minimum.	☐	☐
b) est en partie fonction des coûts fixes.	☐	☐
c) n'est pas affecté par des modifications des prix des facteurs.	☐	☐
d) est croissant en raison de la loi des rendements marginaux décroissants.	☐	☐

9. En courte période, la quantité produite par l'entreprise s'établit :

a) au minimum du coût moyen.	☐	☐
b) à l'intersection entre le coût moyen et le coût marginal.	☐	☐
c) lorsque le coût marginal devient égal au prix de vente du produit.	☐	☐

10. Un producteur a le choix entre deux équipements (machines outils à commande numérique), appelés A et B. Les courbes de coût moyen de A et B ont une forme classique en U et sont minimales pour une quantité produite identique q^*. Mais la courbe de A est beaucoup plus aplatie que la courbe de B et le minimum de A est supérieur au minimum de B.

a) si la demande est très stable et proche de q^*, le producteur a intérêt à choisir l'équipement B.	☐	☐
b) si la demande est fluctuante (parfois très faible, parfois très forte), le producteur devra s'orienter plutôt vers A.	☐	☐
c) si la demande est légèrement fluctuante autour de q^*, le producteur a intérêt à choisir l'équipement A.	☐	☐

© Dunod. La photocopie non autorisée est un délit.

REFLEXION

11. Montrer algébriquement que le coût marginal coupe le coût moyen en son minimum. Expliquer la position relative des deux courbes.

12*. À l'aide de l'élasticité-prix de l'offre, indiquer quelles seront les conséquences pour l'entreprise d'une courbe de coût marginal faiblement inclinée (on ne considérera que la partie de la courbe supérieure au coût variable moyen).

13*. Démontrer algébriquement qu'une production soumise à des rendements d'échelle décroissants connaît des déséconomies d'échelle.

14. Expliquer pourquoi l'entreprise a intérêt à produire lorsque le prix de vente s'établit entre le minimum du coût variable moyen et le minimum du coût moyen. Cette analyse est-elle valable à long terme ?

15. Soit une courbe de coût moyen de longue période successivement décroissante, constante entre Q_A et Q_B, puis croissante, définie par :

$$\begin{array}{lll} C_M(Q) = C_{M1}(Q) & \text{si} & 0 \leqslant Q < Q_A \\ C_M(Q) = C_{M2}(Q) & \text{si} & Q_A \leqslant Q \leqslant Q_B \\ C_M(Q) = C_{M3}(Q) & \text{si} & Q > Q_B \end{array}$$

a) Déterminer l'équation de $C_{M2}(Q)$. En déduire celles de $C_{T2}(Q)$ et $C_{m2}(Q)$ (où C_{T2} et C_{m2} sont respectivement le coût total et le coût marginal, en longue période, lorsque $Q_A \leqslant Q \leqslant Q_B$).

b) Quelle est la « taille minimale optimale » ?

c) Le fait d'avoir un segment horizontal $[Q_A \; ; Q_B]$ très long favorise-t-il l'entreprise ?

ENTRAÎNEMENT

16*. Soit une usine dont la fonction de production est du type Cobb Douglas : $Q(K,L) = 2 \cdot K^{0,5} \cdot L^{0,5}$

K et L représentent les quantités de facteurs. Le prix du facteur capital est égal à p_K et le prix du facteur travail est égal à p_L.

a) Déterminer la fonction de coût total de courte période.

CD LILLE 2

b) En déduire la fonction de coût moyen de courte période. En effectuer l'étude succincte et la représentation graphique, lorsque les prix des facteurs sont égaux à : $p_L = 8$ et $p_K = 2$.

c) En déduire les fonctions de coût total, de coût moyen et de coût marginal lorsque la quantité de facteur K est égale à 10.

d) Déterminer la fonction de coût total de longue période.

e) Quelle est la nature des rendements d'échelle? Tracer la courbe du coût moyen de longue période sur le graphique précédent.

f) Déterminer le profit maximum réalisé par le producteur en fonction du prix du marché.

Analyse de l'énoncé et conseils. La détermination du coût total, en courte période, nécessite impérativement de poser une hypothèse concernant la valeur prise par l'un des deux facteurs. À partir de la question d), cette hypothèse sera relâchée.

17. L'entreprise Lenchanteur-Merlin, pour la fabrication d'un bien X, possède une usine à **Paris**, dont le coût de production total a été très sérieusement estimé à :

$$CT(q) = \frac{2}{3}q^3 - 5q^2 + 18q$$

où q représente la quantité de biens X fabriqués.

a) Étudier et représenter le coût marginal, le coût moyen et le coût variable moyen.

b) En déduire l'équation de la courbe d'offre de l'entreprise et la tracer sur le graphique précédent.

c) Si le prix de vente du bien X est de 18, quelle est la quantité optimale. En déduire la valeur du profit.

d) Déterminer le surplus du producteur, après en avoir donné une définition.

Analyse de l'énoncé et conseils. La notion de surplus du producteur n'a pas été définie dans le cours ; il serait souhaitable que vous puissiez avoir une idée de sa définition par référence au surplus du consommateur.

18.** Lenchanteur-Merlin a fait construire une nouvelle usine à **Lille**. Le responsable de la fabrication souhaite répartir la production du bien X de façon à ce qu'elle soit la moins coûteuse possible pour l'entreprise. Des études statistiques sérieuses pour chacune des deux usines fournissent les fonctions de coût total :

– pour Paris : $$CT_P(q_P) = \frac{2}{3}q_P^3 - 5q_P^2 + 18q_P$$

– pour Lille : $$CT_L(q_L) = 3q_L^2 - 4q_L + 10$$

a) Ces deux fonctions de coût sont-elles comparables ?

© Dunod. La photocopie non autorisée est un délit.

b) Pour quel(s) niveau(x) de production l'usine de Paris est-elle la moins intéressante?

c) En faisant appel à votre bon sens, pensez-vous que l'usine de Paris fabriquerait des produits si le responsable de l'entreprise souhaitait disposer de 200 produits.

d) Déterminer les productions q_P^* et q_L^* qui permettent de fabriquer au moindre coût ces 200 produits.

e) Si on imaginait que les deux usines possédaient les mêmes coûts de production, déduire des raisonnements précédents les quantités q_P et q_L fabriquées par les deux usines.

Analyse de l'énoncé et conseils. Cet exercice peut être traité indépendemment de l'exercice 17. Avant toutes choses, il serait intéressant de calculer le CT_P et le CT_L pour une quinzaine de valeurs de q. Pour c), l'observation attentive et prudente des calculs précédents est vivement conseillée. La question d) est une généralisation de la méthode empirique trouvée plus haut. La résolution algébrique passe par la minimisation d'une fonction de deux variables sous contrainte.

19. Un entrepreneur s'interroge sur la taille de sa future usine. Des études lui ont permis de retenir 4 tailles différentes. Le tableau suivant fournit les valeurs du coût moyen de court terme (en K€) en fonction des quantités, pour chaque projet :

Quantité	Taille 1 CM_{CP1}	Taille 2 CM_{CP2}	Taille 3 CM_{CP3}	Taille 4 CM_{CP4}
100	12			
200	10			
300	9	13		
400	10	11		
500	12	9		
600		7		
700		6	13	
800		7	11	
900		9	9	
1 000		11	7	
1 100		13	6	10
1 200			7	9
1 300			9	
1 400			11	8
1 500				
1 600				9
1 700				10

a) Sur un même graphique, représenter les 4 courbes de coût moyen de court terme.

b) Déterminer la courbe de coût moyen de long terme dans l'hypothèse où seules les quatre tailles évoquées sont techniquement possibles.

c) L'entrepreneur a fait réaliser une étude du marché. Cette dernière conclut que la probabilité de réaliser des ventes :

– de 500 unités est de 10 % ;

– de 900 unités est de 50 % ;

– de 1000 unités est de 40 %.

Quelle taille l'entrepreneur devrait-il choisir en ayant une vision de long terme, sur la base de l'espérance mathématique des ventes ?

d) L'entrepreneur se décide finalement pour la taille 2 et lance le programme de construction. L'usine est terminée lorsqu'il apprend l'entrée d'un concurrent étranger sur le marché. Cette concurrence accrue provoque une baisse sensible de la demande chez les entreprises en place. Pensez-vous que l'entrepreneur ait eu raison de choisir la taille 2 ?

e) Dans l'hypothèse où l'entrepreneur a le choix parmi un très grand nombre de tailles, définir puis tracer la courbe de coût moyen de longue période. En déduire le niveau de production optimal.

Analyse de l'énoncé et conseils. Pour la représentation, on imaginera que les quelques points définissant une courbe de coût se trouvent sur une parabole parfaitement symétrique par rapport à l'axe vertical qui passe en son minimum. On rappelle que l'espérance mathématique se calcule de la même façon qu'une moyenne pondérée. La réponse à la question d) suppose simplement une réflexion logique.

SOLUTIONS

1 ▸ b – **2** ▸ b, c – **3** ▸ d – **4** ▸ a, c – **5** ▸ b – **6** ▸ a – **7** ▸ a, b – **8** ▸ a, d – **9** ▸ c – **10** ▸ a, b

11 ▸ La courbe de coût marginal coupe les courbes de coût moyen et de coût variable moyen en leur point minimum. Intéressons-nous par exemple, au minimum du coût variable moyen.

Le coût variable moyen est défini par : $CV_M(q) = \dfrac{CV(q)}{q}$

Le coût variable moyen est minimal pour q^* tel que : $\dfrac{\partial CV_M(q^*)}{\partial q} = 0$

© Dunod. La photocopie non autorisée est un délit.

Ainsi :

$$\frac{\left[\frac{\partial CV(q^*)}{\partial q}\right] \cdot q^* - CV(q^*)}{(q^*)^2} = 0$$

$$\Leftrightarrow \left[\frac{\partial CV(q^*)}{\partial q}\right] \cdot q^* = CV(q^*)$$

$$\Leftrightarrow C_m(q^*) \cdot q^* = CV(q^*) \rightarrow C_m(q^*) = CV_M(q^*)$$

Lorsque le coût marginal est inférieur au coût moyen, la courbe de coût moyen est décroissante ; lorsque le coût marginal devient supérieur au coût moyen, la courbe de coût moyen devient croissante. Dans le premier cas (quand $C_m < C_M$) : le supplément de coût engendré par la production d'une unité en plus est inférieur à la moyenne du coût des unités déjà produites. Ainsi, la production de cette unité fera baisser le coût par unité produite. Dans le second cas, le raisonnement est symétrique : produire une unité en plus, lorsque celle-ci a un coût supérieur au coût moyen des unités existantes, provoque une hausse inévitable du coût par unité produite. Il est possible de mener le même raisonnement pour le coût variable moyen.

12 ▸ Nous savons que l'offre d'un bien est fonction du prix auquel la firme peut vendre ce bien. L'élasticité-prix de l'offre mesure la sensibilité de la quantité offerte suite à une variation du prix de vente.

Il s'agit du rapport : $$e_0 = \frac{\frac{dq}{q}}{\frac{dP}{P}}$$

Cette élasticité peut aussi s'écrire : $$\frac{1}{e_0} = \frac{\frac{dP}{P}}{\frac{dq}{q}} = \frac{\frac{dC_m}{C_m}}{\frac{dq}{q}}$$

Ainsi, on constate que l'élasticité-prix de l'offre est égale à l'inverse de l'élasticité-quantité du coût marginal. L'offre d'un bien est d'autant plus élastique qu'il est possible d'accroître la production sans provoquer une augmentation significative du coût marginal.

L'allure de la fonction d'offre est déterminante :

– si la fonction d'offre est verticale, l'élasticité-prix de l'offre est nulle (la quantité offerte est fixe : elle ne dépend pas du niveau des prix) ;

– plus la courbe de coût marginal sera faiblement inclinée, plus l'élasticité-prix de l'offre sera forte et donc, plus une hausse exogène du prix de vente permettra au producteur d'augmenter fortement sa production.

13 ▸ Montrons la proximité des notions d'économies d'échelle et de rendements d'échelle : en effet, une fonction de production qui connaît des rendements d'échelle croissants aboutit toujours à la présence d'économies d'échelle.

Inversement, lorsque la fonction de production est à rendements d'échelle décroissants, elle conduit à la présence de déséconomies d'échelle.

Soit une fonction de production : $f(K, L)$

Dire que les rendements d'échelle sont décroissants permet d'écrire :

$$f(\alpha K, \alpha L) = \lambda \cdot f(K, L) \quad \text{avec :} \quad \alpha > \lambda$$

Coût total initial : $CT_1 = p_K \cdot K + p_L \cdot L$

Coût moyen initial : $CM_1 = \dfrac{CT_1}{f(K, L)}$

Coût total final : $CT_2 = \alpha \cdot (p_K \cdot K + p_L \cdot L) = \alpha \cdot CT_1$

Coût moyen final : $CM_2 = \dfrac{CT_2}{f(\alpha K + \alpha L)} = \dfrac{\alpha \cdot CT_1}{\lambda \cdot f(K, L)} = \dfrac{\alpha}{\lambda} CM_1$

Or, nous savons que : $\alpha > \lambda$

D'où : $CM_2 > CM_1$

Ainsi, lorsque les rendements sont décroissants, le coût moyen de longue période est croissant ; cela correspond bien au phénomène de déséconomies d'échelle.

14 ▸ Le coût total est égal à : $CT(q) = CV(q) + CF$

Le profit s'écrit donc : $\pi(q) = Pq - [CV(q) + CF] = Pq - CV(q) - CF$

Ainsi, lorsque : $Pq - CV(q) > 0$

C'est-à-dire, quand : $P > \dfrac{CV(q)}{q} \Leftrightarrow P > CV_M(q)$

On aura : $\pi(q) > -CF$

Chaque unité produite dégage une marge sur coût variable positive et permet de couvrir une partie des coûts fixes.

En revanche, lorsque : $P < CV_M(q)$

On aura : $\pi(q) < -CF$

Chaque unité produite dégage une marge sur coût variable négative et contribue à augmenter les pertes (qui deviennent supérieures, en valeur absolue, aux coûts fixes).

À long terme, il n'est pas envisageable que l'entreprise fasse des pertes répétées, c'est pourquoi le raisonnement précédent n'est valable que sur la courte période.

15 ▸ Cette situation fait référence à une entreprise connaissant successivement des rendements d'échelle croissants, constants (entre Q_A et Q_B) puis décroissants.

a) Sur la portion qui nous intéresse, le coût moyen de longue période est une droite horizontale puisque les rendements d'échelle sont constants ; l'équation du coût moyen s'écrit donc :

© Dunod. La photocopie non autorisée est un délit.

$$CM_2(Q) = \alpha \quad \text{avec} \quad \alpha > 0$$

D'où :
$$C_{T2}(Q) = \alpha Q \quad \text{et} \quad C_{m2}(Q) = \alpha$$

b) La taille minimale optimale (TMO), comme son nom l'indique, correspond à la taille la plus petite pouvant être réalisée au coût moyen de long terme le plus faible. Ici, le coût moyen en question est stable à partir de la quantité Q_A. La TMO est donc égale à Q_A (*cf.* figure 5.3).

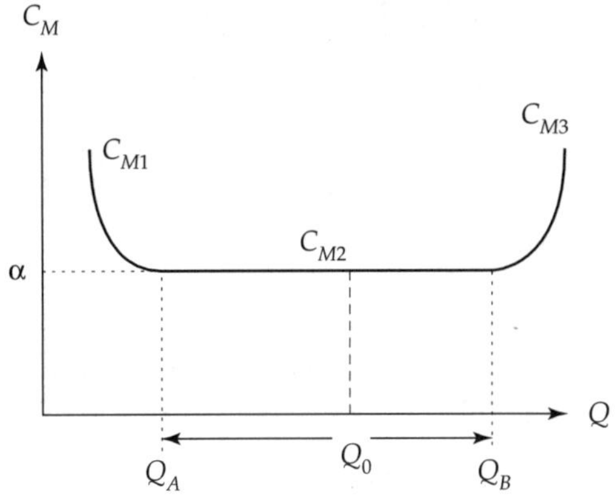

Figure 5.3

c) Plus la partie horizontale de la courbe de coût moyen de long terme est importante, plus l'entreprise peut produire et vendre beaucoup, et ainsi, accroître son chiffre d'affaires (si le marché le permet) et généralement son profit.

Une telle courbe permet aussi à l'entreprise de ne pas subir les inconvénients liés aux fluctuations de l'activité. Imaginons que l'entreprise se situe en Q_0. Une baisse de l'activité (vers Q_A), ou une hausse (vers Q_B), ne provoquera aucune augmentation du coût moyen : l'entreprise maintiendra donc ses marges ou pourra même les réduire afin de lutter plus efficacement contre ses concurrents. Ainsi, face à une telle courbe de coût moyen de long terme, l'entrepreneur pourra décider sans trop de crainte d'une capacité de production permettant de fabriquer Q_0.

16 ▸ a) À court terme, le facteur K est considéré comme un facteur fixe ; il est donc nécessaire de poser :

$$K = K_0 \tag{1}$$

où K_0 est une constante qui matérialise une certaine capacité de production.

Ainsi, la fonction de production devient une fonction à une variable et s'écrit :

$$Q(L) = 2 \cdot K_0^{1/2} \cdot L^{1/2} \tag{2}$$

Or, le coût total, par définition, est égal à la somme des dépenses en facteurs, c'est-à-dire :

$$CT = p_K \cdot K + p_L \cdot L \tag{3}$$

De l'égalité (2), il est possible d'obtenir :

$$L = \left[\frac{Q}{2 \cdot K_0^{1/2}}\right]^2 = \frac{Q^2}{4K_0} \qquad (4)$$

Ainsi, en utilisant (1) et (4), l'égalité (3) peut s'écrire :

$$CT(Q) = p_K \cdot K_0 + p_L \cdot \frac{Q^2}{4K_0}$$

La fonction $CT(Q)$ représente la fonction de coût total de courte période : elle fournit le coût d'une production donnée, pour un niveau donné de facteur fixe et pour des prix de facteurs donnés et constants.

b) Si $p_K = 2$ et $p_L = 8$, alors, le coût moyen de courte période s'écrit :

$$C_M(Q) = \frac{CT(Q)}{Q} = \frac{2K_0}{Q} + \frac{2Q}{K_0}$$

Étude succincte du coût moyen :

$$\frac{\partial C_M}{\partial Q}(Q) = -\frac{2K_0}{Q^2} + \frac{2}{K_0}$$

$$\frac{\partial C_M}{\partial Q}(Q) = 0 \Leftrightarrow Q = K_0 \quad \text{(la solution négative est bien sûr rejetée)}$$

Calculons : $C_M(K_0) = 4$

Ainsi, le point de coordonnées (K_0 ; 4) est le minimum de la courbe C_M

$$\lim_{Q \to 0^+} C_M = +\infty \qquad \text{et} \qquad \lim_{Q \to +\infty} C_M = +\infty$$

Le coût moyen décroît de $Q = 0^+$ à $Q = K_0$, puis croît de $Q = K_0$ jusqu'à l'infini.

La représentation du coût moyen de courte période (traits fins) pour différentes valeurs du facteur fixe K est la suivante :

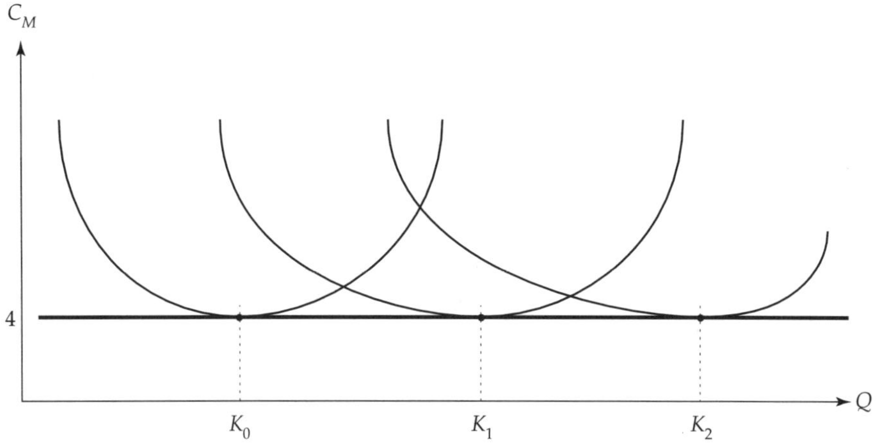

Figure 5.4

© Dunod. La photocopie non autorisée est un délit.

c) Lorsque $K_0 = 10$ les fonctions de coût sont à court terme les suivantes :

– coût total : $CT(Q) = 20 + \frac{Q^2}{5}$

– coût marginal : $C_m(Q) = \frac{2}{5}Q$

– coût moyen : $C_M(Q) = \frac{20}{Q} + \frac{Q}{5}$

d) Déterminons maintenant la fonction de coût total de longue période. Une méthode classique de résolution consiste à minimiser le coût sous contrainte d'un certain niveau de production :

Minimiser : $CT = p_K \cdot K + p_L \cdot L$

sous la contrainte : $Q_0 = Q$

Le lagrangien s'écrit :

$$\mathcal{L}(K, L, \lambda) = p_K \cdot K + p_L \cdot L + \lambda \cdot [Q_0 - 2 \cdot K^{1/2} \cdot L^{1/2}]$$

Les conditions du 1er ordre sont les suivantes :

$$\begin{cases} \frac{\partial \mathcal{L}}{\partial K}(K, L, \lambda) = 0 \\ \frac{\partial \mathcal{L}}{\partial L}(K, L, \lambda) = 0 \\ \frac{\partial \mathcal{L}}{\partial \lambda}(K, L, \lambda) = 0 \end{cases} \Leftrightarrow \begin{cases} p_K - \lambda \cdot K^{-1/2} \cdot L^{1/2} = 0 \Leftrightarrow \lambda = p_K \cdot \left[\frac{K}{L}\right]^{1/2} & (1) \\ p_L - \lambda \cdot K^{1/2} \cdot L^{-1/2} = 0 \Leftrightarrow \lambda = p_L \cdot \left[\frac{L}{K}\right]^{1/2} & (2) \\ Q_0 = 2 \cdot K^{1/2} \cdot L^{1/2} & (3) \end{cases}$$

Des équations (1) et (2), nous obtenons l'égalité suivante : $\frac{K}{L} = \frac{p_L}{p_K}$

D'où :

$$K = \frac{p_L \cdot L}{p_K} \qquad (4)$$

Remarque. Nous retrouvons un résultat classique ; à l'optimum, le rapport des prix est égal au rapport des productivités marginales des facteurs. En effet, on peut vérifier que :

$$\frac{p_m^L}{p_m^K} = \frac{\frac{\partial Q}{\partial L}}{\frac{\partial Q}{\partial K}} = \frac{\frac{1}{2} \cdot 2 \cdot K^{1/2} \cdot L^{-1/2}}{\frac{1}{2} \cdot 2 \cdot K^{-1/2} \cdot L^{1/2}} = \frac{K}{L}$$

L'égalité (4) correspond à l'équation du sentier d'expansion de la firme. Dans le chapitre précédent, nous avions obtenu cette expression en maximisant la fonction de production sous la contrainte de budget.

En utilisant (4) dans l'équation (3), on obtient :

$$Q_0 = 2 \cdot \left[\frac{p_L \cdot L}{p_K}\right]^{1/2} \cdot L^{1/2} = 2 \cdot \left[\frac{p_L}{p_K}\right]^{1/2} \cdot L$$

D'où :

$$L^* = \left[\frac{p_K}{4p_L}\right]^{1/2} \cdot Q_0 \quad \text{et} \quad K^* = \frac{p_L \cdot \left[\left[\frac{p_K}{4p_L}\right]^{1/2} \cdot Q_0\right]}{p_K} = \left[\frac{p_L}{4p_K}\right]^{1/2} \cdot Q_0$$

Nous venons d'obtenir les coordonnées optimales : les valeurs L^* et K^* correspondent donc aux quantités de facteurs L et K qui minimisent le coût total de fabrication, pour une quantité Q_0 donnée.

Grâce à L^* et à K^*, il est facile de « reconstituer » le coût total ; en effet, il suffit de remplacer L et K par L^* et K^* dans la fonction de coût initiale : $CT = p_K \cdot K + p_L \cdot L$

Ainsi, on a : $CT^* = p_K \cdot \left[\left[\frac{p_L}{4p_K}\right]^{1/2} \cdot Q_0\right] + p_L \cdot \left[\left[\frac{p_K}{4p_L}\right]^{1/2} \cdot Q_0\right]$

La valeur CT^* ci-dessus indique le coût total optimal pour une production Q_0 donnée. Or, la fonction de coût total, par définition, nous donne le coût total optimal pour une infinité de niveaux de production. De ce fait, pour obtenir le coût total de longue période, il suffit d'exprimer CT^* en fonction de Q ; après simplification, on obtient :

$$CT(Q) = Q \cdot [p_L \cdot p_K]^{1/2}$$

Nous avons donc bien établi une liaison entre toutes les possibilités de production optimales, situées sur le sentier d'expansion, et le coût de fabrication de toutes ces productions optimales. Il n'est donc pas nécessaire de faire figurer l'étoile * lorsque l'on écrit CT, dans la mesure où elle est sous-entendue par la définition micro-économique du coût total.

e) La fonction de coût total de longue période est une droite passant par l'origine et d'équation :

$$CT(Q) = \alpha \cdot Q \text{ avec } \alpha = [p_L \cdot p_K]^{1/2} > 0.$$

Ainsi, l'accroissement du coût est proportionnel à l'accroissement de la production. Cette usine ne connaît ni économies, ni déséconomies d'échelle : on dit qu'elle connaît des rendements d'échelle constants. Ce résultat est dû à la forme particulière de la fonction de production (type Cobb-Douglas, homogène de degré 1). À long terme, l'accroissement de la production est parfaitement proportionnel à l'accroissement du volume des facteurs.

Les fonctions de coût moyen et coût marginal, de longue période, s'obtiennent facilement (en trait épais sur la figure 5.4) :

$$C_m(Q) = C_M(Q) = \alpha$$

Lorsque les prix des facteurs sont $p_K = 2$ et $p_L = 8$, on a :

$$C_m(Q) = C_M(Q) = 4$$

© Dunod. La photocopie non autorisée est un délit.

On retrouve la valeur minimale prise par toutes les courbes de coût moyen de courte période (*cf.* graphique). Ainsi, la courbe de coût moyen de longue période est bien tangente aux courbes de coût moyen de courte période.

f) Le producteur rationnel qui souhaite maximiser son profit va produire une quantité Q^* telle que l'égalité suivante soit vérifiée : $C_m(Q^*)$ = Prix du marché.

Or, nous venons de constater que le coût marginal est une constante. La difficulté vient du fait que le prix est une donnée pour l'entreprise. En effet, en régime de concurrence pure et parfaite, le prix s'impose aux producteurs, qui ne sont pas assez nombreux et puissants pour avoir une influence sur le prix. Ainsi, sauf hasard, ces deux constantes que sont le prix et le coût marginal, ne seront pas égales. Il est donc possible d'envisager 3 solutions :

– le prix du marché est supérieur au coût marginal : le producteur bénéficie d'une marge positive sur chaque unité vendue. Son objectif sera donc de vendre le plus possible. Mathématiquement, il n'y a pas de profit maximum. Sur le plan pratique, en revanche, les acheteurs étant généralement limités en nombre, le profit sera maximum lorsque le producteur se sera accaparé la totalité du marché ;

– le prix du marché est égal au coût marginal : le profit est nul quel que soit le volume produit ;

– le prix du marché est inférieur au coût marginal : le producteur subit une marge négative sur chaque unité vendue. Le profit maximum sera obtenu pour une production nulle.

17 ▸ **a)** Déterminons et étudions sommairement les fonctions de coût marginal et de coût moyen (le coût variable moyen est en effet égal au coût moyen puisque les coûts fixes sont nuls) :

$Cm(q) = 2q^2 - 10q + 18$

$$\frac{\partial Cm}{\partial q}(q) = 0 \Leftrightarrow 4q - 10 = 0 \Leftrightarrow q = \frac{5}{2}$$

$CM(q) = \frac{2}{3}q^2 - 5q + 18$

$$\frac{\partial CM}{\partial q}(q) = 0 \Leftrightarrow \frac{4}{3}q - 5 = 0 \Leftrightarrow q = \frac{15}{4}$$

Calculons quelques valeurs :

q	0	1	2	5/2	3	15/4	4	5
Cm	18	10	6	5,5	6	8,625	10	18
CM	18	13,7	10,7	9,7	9	8,625	8,7	9,7

b) La courbe d'offre est égale à la courbe de coût marginal, soit dans la partie où elle est supérieure à la courbe de coût moyen (dans une analyse de longue période), soit dans la partie où elle supérieure à la courbe de coût variable moyen (dans une analyse de courte période). Coût moyen et coût variable moyen étant égaux, on retiendra comme courbe d'offre la portion de la courbe de coût marginal située au-dessus du point A de coordonnées (3,75 ; 8,625). La courbe d'offre est tracée en trait épais.

c) Le profit se détermine grâce à l'égalité : Cm = Prix

Le tableau précédent nous évite tout calcul puisqu'il indique qu'un prix de 18, égal au coût marginal, correspond à une quantité optimale de 5 unités. Rappelons que l'optimum ne peut se situer que dans la partie croissante de la courbe de coût marginal (*cf.* la condition du second ordre de la maximisation), ce qui exclut la solution où q est nul. La résolution de l'équation $Cm(q) = 18$ aurait très rapidement conduit au même résultat.

Le profit unitaire est donc égal à : $18 - 9,67 = 8,33$

Le profit total : $8,33 \times 5 = 41,67$

d) Par analogie avec le surplus de consommateur, on appelle surplus du producteur la surface située au-dessus de la courbe d'offre, limitée par le prix. Il y a « surplus » car le producteur vend le bien à un prix supérieur à celui qu'il aurait accepté de pratiquer pour toutes les situations qui précèdent l'équilibre.

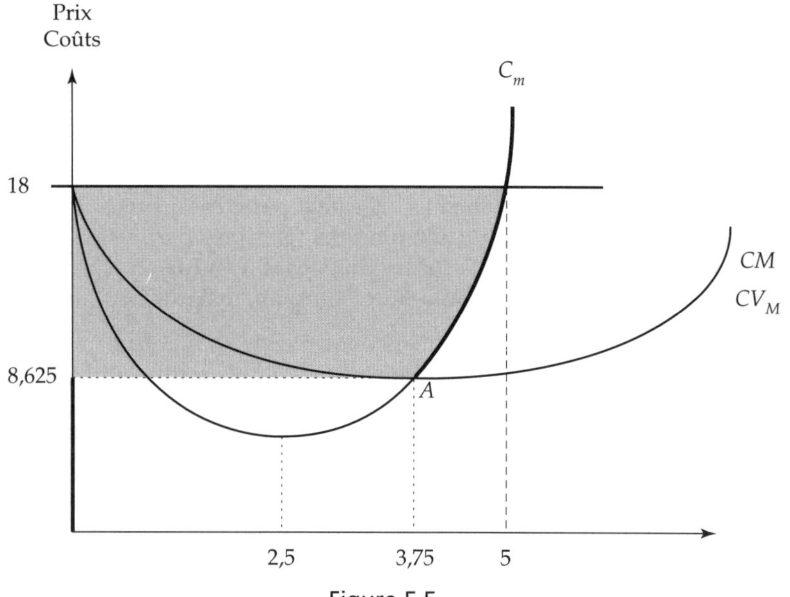

Figure 5.5

Il existe plusieurs façons de mesurer le surplus du producteur. La plus classique consiste à calculer l'aire de la surface grisée (*cf.* graphique précédent) : il s'agit bien de la surface située au-dessus de la courbe d'offre et au-dessous du prix de vente.

$$S = [3,75 \cdot (18 - 8,625)] + \int_{3,75}^{5} [18 - Cm(q)] \cdot dq$$

$$S = 35,156 + \left[-\frac{2}{3}q^3 + 5q^2\right]_{3,75}^{5} = 41,67$$

© Dunod. La photocopie non autorisée est un délit.

La méthode la plus simple consiste à assimiler le surplus au profit. Le calcul est ainsi bien plus rapide. On peut vérifier que le profit calculé en c) est bien égal au surplus.

18 ▸ On s'intéresse à la répartition d'une production totale entre deux usines d'une même entreprise ; l'objectif final étant de déterminer une clé de répartition optimale.

a) En dehors du fait que l'une est un polynôme de degré deux et l'autre un polynôme de degré trois, ces deux fonctions se distinguent surtout par la présence de coûts fixes (usine de Lille) et l'absence de coûts fixes (usine de Paris).

b) Le tableau suivant fournit quelques valeurs :

q	1	2	3	4	5	6	7	8	9	10	11
CT_P	14	21	27	**35**	**48**	**72**	**110**	**165**	243	347	480
CT_L	**9**	**14**	**25**	42	65	94	125	170	**217**	**270**	**329**
Cm_P	14	7	6	8	13	24	38	55	78	104	133
Cm_L	9	5	9	17	23	29	31	45	47	53	59

On constate que l'usine de Paris possède le coût total le plus élevé lorsque la quantité est égale à 1, 2 ou 3, puis lorsqu'elle est supérieure ou égale à 9.

c) La réponse est affirmative, même si elle peut paraître surprenante au premier abord ; en effet, le coût total de 200 produits fabriqués par l'usine de Paris est 43 fois supérieur au coût total de 200 produits par l'usine de Lille. Le tableau précédent va nous permettre de comprendre pourquoi, malgré cela, l'usine de Paris va fabriquer des produits.

Dans un premier temps, imaginons que le responsable souhaite fabriquer **8 produits** au total. Comment répartir la production au moindre coût ? La comparaison des **coûts marginaux** entre les deux usines nous permettra de choisir l'usine qui doit produire. Le premier produit doit être fabriqué par Lille $(9 < 14)$. Le second aussi car le supplément de coût nécessaire à sa réalisation est inférieur à la réalisation d'un produit supplémentaire par Paris $(5 < 14)$. Ceci est encore vrai pour le troisième $(9 < 14)$. En revanche, fabriquer le quatrième produit dans l'usine de Lille coûterait plus cher que de le faire à Paris $(14 < 17)$, c'est pourquoi l'usine de Paris fabrique le quatrième produit. Cette usine réalise aussi le cinquième $(7 < 17)$, le sixième $(6 < 17)$, le septième $(8 < 17)$ et le huitième $(13 < 17)$. Conclusion : Paris fabrique cinq produits et Lille en fabrique trois.

Si, dès le départ, le responsable avait fixé une quantité de 9 produits, le raisonnement aurait été identique. Il aurait simplement fallu préciser que le neuvième produit est fabriqué par Lille car son coût marginal est plus faible à Lille qu'à Paris $(17 < 24)$. Conclusion : Paris fabrique cinq produits et Lille en fabrique quatre.

À partir du raisonnement précédent, il est possible de calculer, pour chaque unité supplémentaire fabriquée, **le coût marginal de l'entreprise**, sur la base des coûts marginaux des usines :

q	1	2	3	4	5	6	7	8	9	10	11
Cm_P	14	7	6	8	13	24					
Cm_L	9	5	9	17	23						
Cm	9	5	9	14	7	6	8	13	17	23	24

Lorsque le responsable décide de fabriquer 200 produits, la logique précédente conduit donc à affirmer qu'un **certain nombre de produits** seront en effet fabriqués par l'usine de Paris. On ne peut en connaître le nombre exact pour l'instant, mais on sait que l'usine de Paris en fabriquera au moins 5, puisqu'elle en fabriquait déjà 5 quand le responsable souhaitait 9 produits.

d) Nous allons montrer que : **les productions qui permettent de fabriquer au moindre coût sont celles qui assurent l'égalité des coûts marginaux des deux usines**.

Le problème consiste à **minimiser le coût total de production** (CT), en considérant que le produit est fabriqué indifféremment par l'une ou l'autre des deux usines, sous la contrainte de **produire globalement la quantité** q_0 **demandée**. Dans le cas général, on aura à résoudre le problème suivant :

Minimiser : $CT = \sum_{k=1}^{k=n} CT_k(q_k)$ lorsqu'il y a n usines

sous la contrainte : $q = \sum_{k=1}^{k=n} q_k$

Pour l'exercice, il faut donc résoudre :

Minimiser : $CT(q_P, q_L) = CT_P(q_P) + CT_L(q_L)$

sous la contrainte : $200 = q_P + q_L$

Déterminons le lagrangien :

$$\mathcal{L}(q_P, q_L, \lambda) = CT_P(q_P) + CT_L(q_L) + \lambda \cdot [200 - q_P - q_L]$$

Conditions du 1er ordre :

$$\begin{cases} \dfrac{\partial \mathcal{L}}{\partial q_P}(q_P, q_L, \lambda) = 0 \\ \dfrac{\partial \mathcal{L}}{\partial q_L}(q_P, q_L, \lambda) = 0 \\ \dfrac{\partial \mathcal{L}}{\partial \lambda}(q_P, q_L, \lambda) = 0 \end{cases} \Leftrightarrow \begin{cases} Cm_P(q_P) - \lambda = 0 \Leftrightarrow \lambda = Cm_P(q_P) & (1) \\ Cm_L(q_L) - \lambda = 0 \Leftrightarrow \lambda = Cm_L(q_L) & (2) \\ 200 - q_P - q_L = 0 & (3) \end{cases}$$

Des équations (1) et (2), on tire une égalité remarquable, que l'on retrouvera en d'autres occasions :

$$Cm_P(q_P) = Cm_L(q_L)$$

© Dunod. La photocopie non autorisée est un délit.

Ainsi, les productions qui conduisent à produire au moindre coût sont celles qui assurent l'égalité des coûts marginaux des deux usines. Il reste maintenant à mettre en pratique cette égalité :

$$\begin{aligned} &Cm_P(q_P) = Cm_L(q_L) \\ &\Leftrightarrow 2q_P^2 - 10q_P + 18 = 6q_L - 4 \\ &\Leftrightarrow 6q_L = 2q_P^2 - 10q_P + 22 \\ &\Leftrightarrow q_L = \frac{1}{3}\left[q_P^2 - 5q_P + 11\right] \end{aligned}$$

On utilise l'équation (3) pour arriver au résultat :

$$\begin{aligned} &200 - q_P - q_L = 0 \\ &\Leftrightarrow 200 - q_P - \left[\frac{1}{3}\left[q_P^2 - 5q_P + 11\right]\right] = 0 \\ &\Leftrightarrow q_P^2 - 2q_P - 589 = 0 \end{aligned}$$

On trouve deux racines : l'une est négative et n'a donc pas de signification ; l'autre est positive et fournit la quantité optimale que l'usine de Paris doit produire. On trouve :

$$q_P^* = 1 + \sqrt{590} \approx 25,3$$

On en déduit la production optimale de l'usine de Lille :

$$q_L^* = 200 - 1 - \sqrt{590} \approx 174,7$$

En considérant ces résultats (non entiers), le coût de production total s'établit à :

$$8\,040,60 + 90\,882 = 98\,922,60$$

C'est le coût de production le plus faible pour une quantité demandée de 200 articles.

e) Si les deux usines possèdent les mêmes coûts de production, cela signifie que pour une valeur q_0 quelconque, on a toujours : $CT_P(q_0) = CT_L(q_0)$. Ainsi, la condition de minimisation $Cm_P(q_P) = Cm_L(q_L)$ n'est vérifiée que lorsque : $q_P = q_L$.

Par conséquent, les deux usines se partagent équitablement la production totale, quel que soit le niveau de cette dernière.

19 ▸ **a)** La représentation graphique des 4 courbes de coût moyen de court terme est la suivante (voir page de droite).

b) La courbe de coût moyen de longue période, **lorsque le nombre de tailles possibles est limité** à quatre (ou plus généralement à un petit nombre), est matérialisée en gras: il s'agit d'une succession de portions de courbe où on retient toujours la partie qui conduit au coût le plus faible.

c) Il existe deux façons de répondre à cette question :

1) Le décideur détermine la quantité moyenne prévue (notée *QMP*), puis examine quelle est la taille qui convient pour cette quantité :

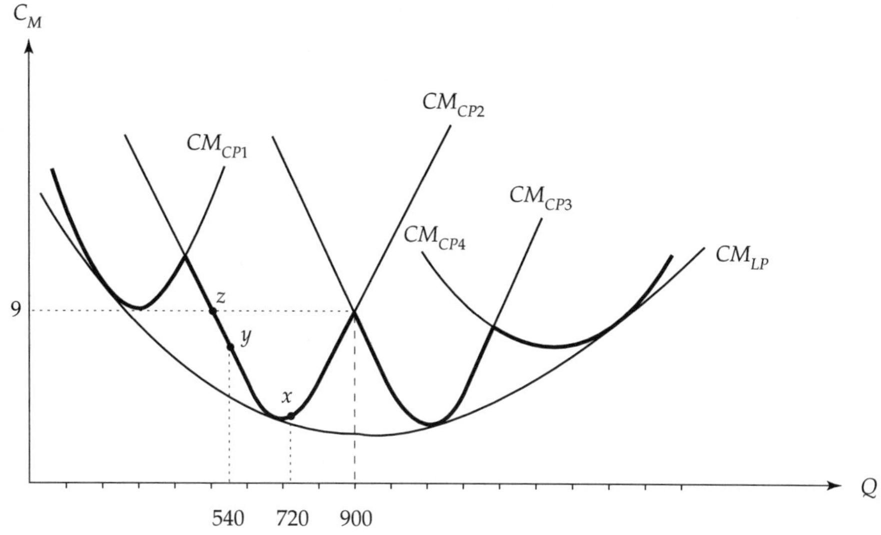

Figure 5.6

$$QMP = 500 \times 10\,\% + 900 \times 50\,\% + 1\,000 \times 40\,\% = 900$$

Pour 900, le choix est indifférent entre la taille 2 et la taille 3.

2) Le décideur choisit d'être optimiste et néglige le cas le plus défavorable : 500 pour 10 %.

Ensuite, il examine successivement les deux situations envisagées par l'étude de marché :

– si le marché achète 900 unités, le décideur peut choisir la taille 2 ou la taille 3 ;

– si le marché achète 1 000 unités, le décideur choisit la taille 3.

La taille 3 sera donc le choix d'un décideur optimiste, ainsi que le choix d'un décideur qui applique à la lettre des raisonnements probabilistes.

d) Le fait que le décideur ait choisi la taille 2 marque déjà une certaine prudence face aux possibles évolutions du marché. La réponse à la question posée dépend largement de l'ampleur de la baisse de la demande chez les firmes installées, c'est-à-dire, entre autre, chez « notre » entrepreneur.

Si par rapport à la QMP de 900 unités, la baisse est :

– de 20 %, alors, l'entreprise se situera au point X à un niveau de coût plus faible que précédemment (la situation s'améliore : l'usine est presque à son coût moyen le plus bas !) ;

– de 40 %, alors, l'entreprise se situera au point Y à un niveau de coût à peu près équivalent à celui qu'elle aurait dû connaître si le concurrent étranger n'était pas entré ;

– supérieure à 45 %, alors, l'entreprise se situe au-dessus du point Z sur la courbe CM_{CP2} à un niveau de coût plus élevé.

Finalement, le choix de l'entrepreneur semble être le bon; en effet :

– si la baisse est inférieure à 45 % (ce qui est déjà très important, et plus que « sensible »), la taille 2 reste une taille optimale en termes de coût moyen ;

– si la baisse est supérieure à 45 %, la taille 2 devient, certes, moins avantageuse que la taille 1, mais le choix de cette dernière n'était cependant pas rationnel du fait des informations dont disposait le responsable ;

– si la baisse n'avait pas eu lieu, rappelons que la taille 2 était un choix tout à fait rationnel.

Dans le monde des affaires, la prise de risque est un élément essentiel : le choix de la taille 1 aurait été le choix d'un individu timoré et malthusien. En effet, dans le cadre prévu par l'étude de marché, la taille 1 conduit à un coût très largement supérieur à la taille 2, sauf à limiter arbitrairement la production, afin qu'elle ne dépasse pas, par exemple, 400 unités.

e) **Si l'entreprise a le choix parmi un très grand nombre de tailles**, la courbe de coût moyen de longue période (notée CM_{LP}) devient la courbe enveloppe, tangente à toutes les courbes de coût moyen de courte période (*cf.* graphique). Le niveau de production optimal se situe au minimum de la courbe enveloppe, c'est-à-dire pour 900 unités.

TD6 La concurrence pure et parfaite

L'ESSENTIEL DU COURS

La concurrence pure et parfaite se rencontre rarement dans la réalité. Son étude est néanmoins essentielle à la compréhension de la formation des prix sur les marchés, ainsi qu'à la compréhension d'autres structures de marché, telles que l'oligopole ou le monopole. On admettra que les hypothèses du modèle de concurrence pure et parfaite sont connues (atomicité, homogénéité, libre entrée, parfaite transparence du marché et parfaite mobilité des facteurs).

1. La loi de l'offre et de la demande

1.1 Les courbes d'offre et de demande du marché

Toutes choses égales par ailleurs, la **fonction de demande** d'un bien définit une relation décroissante entre la quantité que les consommateurs souhaitent acheter et le prix auquel ils souhaitent acheter cette quantité. La forme de la fonction de demande individuelle s'établit par rapport aux préférences du consommateur (*cf.* TD 2). **Toutes choses égales par ailleurs**, la **fonction d'offre** d'un bien définit une relation croissante entre la quantité que les producteurs souhaitent vendre et le prix auquel ils souhaitent vendre cette quantité. La forme de la fonction d'offre individuelle s'établit par rapport aux préférences du producteur (*cf.* TD 5).

Il est essentiel de préciser « toutes choses égales par ailleurs » à cause des nombreux autres facteurs qui peuvent influencer l'offre (le progrès technique, le prix des facteurs de production, etc.) et la demande (le revenu du consommateur, la publicité, les caractéristiques des produits substituables et complémentaires, etc.). Ces éléments expliquent que les courbes d'offre et de demande puissent se déplacer vers la droite ou vers la gauche : on parle par exemple d'un accroissement de la demande, **à prix donné**. C'est pourquoi il ne faut pas confondre les mouvements le long d'une courbe avec les mouvements d'une courbe elle-même.

© Dunod. La photocopie non autorisée est un délit.

1.2 L'équilibre entre l'offre et la demande

L'intersection entre les courbes de demande et d'offre définit le **point d'équilibre** du marché (Q^*, P^*). Il s'obtient rarement sans tâtonnement. Ainsi, dans une perspective dynamique, des périodes plus ou moins longues de déséquilibre peuvent exister. On peut voir apparaître un **excès d'offre** lorsque les vendeurs produisent une quantité trop importante par rapport à la demande (le prix P_2 est trop élevé : le segment $[CD]$ mesure l'excès d'offre) ou un **excès de demande** dans le cas contraire (segment $[AB]$).

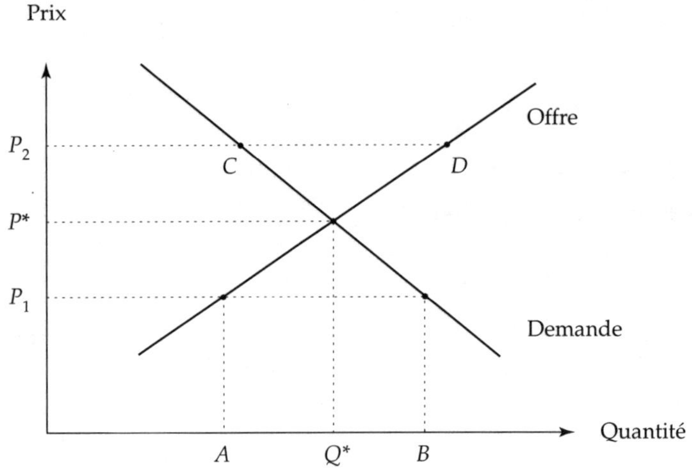

Figure 6.1

2. La détermination du prix d'équilibre de courte période

La théorie micro-économique fait intervenir ce qu'il est convenu d'appeler le « **commissaire priseur** ». Son intervention est une condition nécessaire au fonctionnement du marché (et au fonctionnement du modèle théorique de concurrence pure et parfaite). Le mécanisme que nous allons décrire est souvent appelé « **tâtonnement walrasien** ».

2.1 Équilibre dynamique avec adaptation instantanée

Les vendeurs peuvent produire très rapidement les quantités demandées : le processus d'ajustement est considéré comme très rapide, quasiment instantané.

Chaque vendeur indique la quantité qu'il **souhaiterait** vendre et à quel prix et chaque acheteur indique la quantité qu'il **souhaiterait** acheter et à quel prix. Il est rare d'aboutir à l'équilibre dès les premiers souhaits de chacun. Le déséquilibre est fréquent : par exemple, toute l'offre **potentielle** ne trouve pas preneur. Pour aboutir à une situation meilleure pour tous, le commissaire priseur, se basant sur les premières informations fournies par le marché, va proposer un prix plus faible. Ce faisant, il espère que les demandes seront plus fortes. À ce prix, les offreurs ne proposent pas assez pour satisfaire les demandeurs. Le prix est suffisamment bas pour décourager certains producteurs. Le commissaire priseur continuera à proposer des prix en tenant compte des informations qui ressortent des propositions précédentes. Lorsque l'équilibre est atteint, le commissaire priseur arrête les négociations. Ce n'est qu'à partir de ce moment-là que les **contrats réels** peuvent avoir lieu. Les échanges se déroulent donc normalement sur la base du prix d'équilibre et des quantités préalablement définies.

2.2 Équilibre dynamique avec adaptation retardée

Pour un grand nombre de biens, la production ne peut pas être instantanée et demande un certain délai. C'est pourquoi les producteurs sont souvent obligés de « construire » leurs plans de production par rapport aux informations de la période précédente. Dans ce cas, le processus d'ajustement correspond à une suite de périodes de durée variable où les échanges se réalisent, avant même que l'équilibre n'ait été atteint. Le processus forme une toile d'araignée, autour de la position d'équilibre ; c'est pourquoi on parle de toile d'araignée, de « **cobweb** » ou encore de « **modèle arachnéen** ».

2.3 La stabilité de l'équilibre de courte période

On dit qu'un équilibre est **stable** si une perturbation est suivie d'un retour à une situation d'équilibre, identique ou non à la situation d'équilibre initiale. Le rétablissement de l'équilibre peut être obtenu soit par une variation du prix, soit par une variation des quantités. La stabilité de l'équilibre dépend des pentes respectives des droites de demande et d'offre.

3. L'équilibre de la firme et du marché

Nous savons maintenant comment le prix se forme. On ne peut donc plus dire que le prix est une variable exogène, contrairement à ce que nous avions indiqué dans le TD 5. Le prix d'équilibre, variable endogène, va s'imposer à chaque producteur comme une donnée, une fois qu'il est établi par tous.

3.1 Le comportement du producteur

Lorsque le prix est fixé, la firme choisit donc son volume de production par rapport à son coût marginal. Ceci est valable à court terme, pour un stock de capital donné, ainsi que sur une période plus longue, car on sait que l'entreprise peut faire varier son stock de capital de telle façon à profiter de coûts plus faibles.

3.2 L'entrée des concurrents dans la branche

La présence d'un surprofit attire des entreprises dans la branche dont la rentabilité est supérieure à la moyenne. L'offre totale sur le marché s'accroît et entraîne

© Dunod. La photocopie non autorisée est un délit.

une baisse du prix d'équilibre de P_I à P_F. Le surprofit de chaque firme se réduit. Tant qu'il y a un surprofit à réaliser, des firmes extérieures vont continuer d'entrer dans la branche. Lorsque le prix sera tombé au minimum du **coût moyen de longue période**, cette branche n'attirera plus les entreprises. La situation d'équilibre de longue période sera atteinte. À long terme, le surprofit est nul ; cela ne signifie pas que le bénéfice comptable est nul. Cela signifie que tous les facteurs, même le capital, sont payés à leur « prix du marché », c'est-à-dire à un prix identique à celui qu'ils pourraient recevoir ailleurs. En longue période, la concurrence détermine un nombre important de variables :

– le prix d'équilibre : P_F ;

– la quantité d'équilibre au niveau de la branche : Q_F ;

– la quantité d'équilibre pour chaque firme : q_F ;

– le nombre d'entreprises dans la branche : $N_F = Q_F/q_F$.

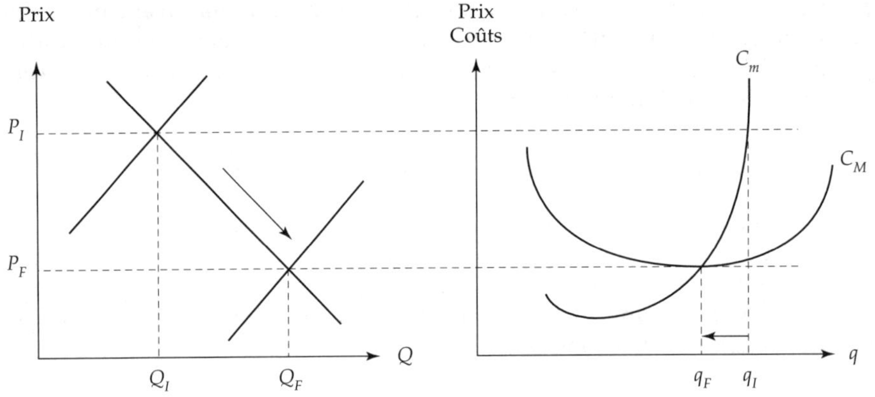

Figure 6.2

Q.C.M.

1. Lorsqu'un marché n'est pas en équilibre et que la demande est supérieure à l'offre, on dit que :

	Vrai	Faux
a) les entreprises sont rationnées.	☐	☐
b) les ménages sont rationnés.	☐	☐
c) le marché est instable.	☐	☐

2. On dit qu'un marché est stable, au sens de Walras si : **Vrai Faux**

a) une augmentation du prix conduit à réduire l'excès de demande. ☐ ☐

b) une diminution du prix permet de réduire l'excès d'offre. ☐ ☐

c) une augmentation du prix conduit à réduire l'excès d'offre. ☐ ☐

3*. Dans le cas d'un équilibre avec adaptation retardée, lorsque la pente de la droite de demande, en valeur absolue, est supérieure à la pente de droite d'offre,

a) les oscillations sont amorties et l'équilibre est stable. ☐ ☐

b) les oscillations sont amorties et l'équilibre est instable. ☐ ☐

c) les oscillations sont explosives et l'équilibre est instable. ☐ ☐

4. On dit que l'équilibre de concurrence pure et parfaite est optimal car

a) le surplus global est maximal. ☐ ☐

b) le coût moyen est à son minimum. ☐ ☐

c) le prix est égal au coût marginal. ☐ ☐

5. Les entreprises d'une branche en situation de concurrence pure et parfaite se voient imposer par les pouvoirs publics une taxe forfaitaire sur leur coût de production. À court terme, on observe, suite à la taxe

a) un prix de vente en augmentation. ☐ ☐

b) un prix de vente identique (à celui qui prévalait avant la taxe). ☐ ☐

c) une quantité d'équilibre sur le marché identique. ☐ ☐

d) un profit par entreprise en diminution. ☐ ☐

6*. À long terme, sur un marché de concurrence pure et parfaite, la hausse des coûts de production de toutes les entreprises provoque

a) une baisse de la production globale et une hausse du prix. ☐ ☐

b) aucune modification par rapport à l'équilibre qui prévalait antérieurement. ☐ ☐

c) une augmentation de la production globale afin de compenser la diminution du profit. ☐ ☐

7. Lorsque les pouvoirs publics décident de fixer un prix maximum pour la vente d'un bien, on constate

a) que les consommateurs sont gagnants dans tous les cas. ☐ ☐

b) que cette décision n'aura d'effet positif pour les consommateurs que si le prix maximum est inférieur au prix d'équilibre qui prévalait antérieurement. ☐ ☐

© Dunod. La photocopie non autorisée est un délit.

	Vrai	Faux
c) que si le prix maximum est inférieur au prix d'équilibre, l'apparition d'une pénurie sur ce bien est probable.	☐	☐

8. Lorsque les courbes d'offre et de demande ne se coupent pas dans l'orthant positif, cela signifie que le bien

a) est un bien libre.	☐	☐
b) ne sera certainement pas produit.	☐	☐
c) est de qualité très médiocre.	☐	☐

9. La courbe d'offre :

a) exprime la relation entre le prix et la quantité offerte par les vendeurs, toutes choses égales par ailleurs.	☐	☐
b) est la résultante de la confrontation entre le prix et la demande.	☐	☐
c) exprime la relation entre le prix et la quantité auxquels les consommateurs sont prêts à effectuer des transactions, *ceteris paribus*.	☐	☐

10. Un marché est qualifié de « *concurrentiel* » lorsque :

a) de nombreuses entreprises s'affrontent pour vendre à une multitude de clients des produits identiques.	☐	☐
b) les barrières à l'entrée sont fortes.	☐	☐
c) quelques grandes entreprises s'affrontent pour vendre à de nombreux clients des produits identiques à un prix très proche du minimum de leur coût moyen.	☐	☐

REFLEXION

11. Pourquoi résume-t-on souvent le fonctionnement du marché en situation de concurrence pure et parfaite par l'expression « *c'est le côté court du marché qui l'emporte* » ?

12*. Que se passe-t-il si **une** entreprise, appartenant à une branche en situation de concurrence pure et parfaite, décide de fixer son prix à un niveau différent du prix du marché ?

13. Déterminer l'équation des courbes de demande et de recette (totale, moyenne et marginale) pour une entreprise appartenant à une branche en situation du concurrence pure et parfaite.

14. À quelle(s) condition(s) un prix plafond est-il efficace ? Même question avec un prix plancher. Est-il possible d'analyser le SMIC en termes de prix plafond ou de prix plancher ?

15*. Analyser l'équilibre de longue période en concurrence pure et parfaite, lorsqu'au départ, le marché est composé de deux types d'entreprises aux coûts de production différents.

ENTRAÎNEMENT

Les mécanismes de bases concernant le fonctionnement d'un marché de concurrence pure et parfaite seront complétés par des mécanismes plus complexes, visant à mieux traduire les réalités du «jeu concurrentiel». Ainsi, seront par exemple traités les cas où toutes les entreprises n'ont pas les mêmes coûts de production et les cas où les pouvoirs publics jouent un rôle important à travers taxes, subventions et autres interventions.

16. Un nombre important (noté n_A) de producteurs fabriquent un bien homogène, le wiz ; on estime qu'ils subissent tous les mêmes coûts. On fera l'hypothèse qu'il s'agit d'un marché de concurrence pure et parfaite. La demande synthétique pour ce produit est définie par :

$$Q_D^A(p_A) = 6\,075 - 90p_A$$

Le coût total de longue période, en euro, valable pour chaque entreprise est égal à :

$$CT_{LP}(q) = \frac{1}{10}q^3 - 3q^2 + 40q$$

a) Sur ce marché, quel est le nombre optimal d'entreprises ? Est-ce vraiment un marché de concurrence pure et parfaite ?

b) Déterminer le taux d'accroissement en pourcentage du nombre optimal d'entreprises dans l'hypothèse où les pouvoirs publics versent une subvention de α euro par unité produite.

c) Qui profite d'une telle subvention ?

Analyse de l'énoncé et conseils. La détermination du nombre optimal d'entreprises suppose la détermination de l'équilibre de chaque entreprise, sur la longue période. En effet, il faut raisonner sur le long terme pour que le nombre d'entreprises d'une branche fonctionnant en concurrence pure et parfaite soit stabilisé. L'hypothèse préalable à toute résolution est que les entreprises se répartissent égalitairement la production globale.

© Dunod. La photocopie non autorisée est un délit.

Il s'agit d'une subvention dite « unitaire » par opposition à la subvention forfaitaire. La subvention unitaire réduit le coût total de long terme d'un montant égal à la valeur de la subvention multipliée par la quantité produite.

17*. Dans un pays en développement, sur un marché en situation de concurrence pure et parfaite, 120 entreprises produisent un bien alimentaire de première nécessité. Ces entreprises ont la même structure de coût ; le coût total de courte période est le suivant : $CT(q) = 4q^2 - q + 36$.

Partie A

On estime la demande totale sur ce marché à : $DT_1(p) = 180 + \dfrac{9\,300}{p}$

a) Établir la fonction d'offre individuelle.

b) En déduire le prix, la quantité, le profit et le nombre d'entreprises, lorsque le marché est en équilibre.

Partie B

Une crise politique fait craindre à la population une période de pénurie pour le bien étudié. La fonction de demande totale se modifie subitement sous l'effet de la crise et s'écrit : $DT_2(p) = 180 + \dfrac{21\,780}{p}$.

Les entreprises ont déjà fabriqué la quantité d'équilibre calculée en b) et ne peuvent trouver rapidement les matières premières afin de produire davantage pour répondre aux très nombreux achats de précaution.

c) Évaluer les conséquences de la crise.

d) Si l'offre s'ajuste à court terme grâce à de nouvelles possibilités d'approvisionnement (sans supplément de coût), quelles seront les nouvelles valeurs d'équilibre ?

Partie C

e) Déterminer les valeurs caractéristiques de l'équilibre de longue période, sachant que la courbe de coût moyen de court terme fournit une bonne approximation de la courbe de coût moyen de long terme.

f) Devant le faible niveau du prix d'équilibre de longue période, les pouvoirs publics décident d'instaurer une taxe forfaitaire sur la production de telle sorte que le prix de vente du bien soit égal à 30. Quelle est la valeur de la taxe forfaitaire ? Quelle est la valeur de la taxe globale perçue par les pouvoirs publics ?

Analyse de l'énoncé et conseils. Bien que le graphique ne soit pas demandé et ne soit pas indispensable, il vous fournira une aide précieuse. Il s'agira d'effectuer une double représentation afin de visualiser en parallèle le marché et la firme représentative. Par souci de simplicité, on considérera que la fonction d'offre individuelle est définie pour tout prix supérieur au minimum du coût moyen, et non du coût variable moyen, comme l'indique la théorie.

18. Sur le marché d'un produit agricole, la quantité demandée, notée DEM, vérifie à la date n la relation :

$$\text{DEM}_n = \alpha p_n + \beta$$

avec : $\alpha < 0$ et $\beta > 0$ où p_n est le prix du produit à la date n.

Sur ce marché, les entreprises calculent la quantité à offrir à la date $n + 1$, notée OFF, en fonction du prix qui prévalait à la date n :

$$\text{OFF}_{n+1} = ap_n + b \text{ avec : } a > 0 \text{ et } b > 0$$

a) Établir la relation liant p_{n+1} et p_n sous l'hypothèse d'un marché en équilibre, c'est-à-dire lorsque l'offre est égale à la demande, par exemple à la date $n + 1$.

b) Déterminer le point d'équilibre, noté p^*, de la suite (p_n).

c) Montrer que la suite (V_n) définie par $V_n = p_n - p^*$ est une suite géométrique, dont on précisera le premier terme, la raison et le terme général.

d) En déduire l'expression de p_n en fonction de n.

e) Lorsque le marché fonctionne sur une très longue période, à quelle(s) condition(s) le prix tendra-t-il vers la valeur d'équilibre p^* ?

f) Posons : $a = 2$; $b = 5$ et $\alpha = -4$; $\beta = 23$.

Sachant que la demande à la date $n = 0$ est égale à 3, calculer p^* puis de deux manières p_0, p_1, p_2 et p_3. Le marché va-t-il tendre progressivement vers une situation d'équilibre ?

Analyse de l'énoncé et conseils. La relation liant p_{n+1} à p_n correspond à ce que l'on appelle en mathématique une équation de récurrence linéaire d'ordre un. Pour qu'une constante p^* soit un équilibre de la suite (p_n), p^* doit être solution de l'équation de récurrence. Plus concrètement, il s'agit de trouver un prix p^* tel que si on remplace p_{n+1} et p_n par p^*, l'égalité entre l'offre et la demande soit vérifiée en $n + 1$. On rappelle qu'une suite géométrique (v_n) est définie par la relation $v_{n+1} = q \cdot v_n$ et que le terme général s'écrit : $v_n = v_0 \cdot q^n$ où v_0 est le premier terme et q la raison.

19*. Le marché du Benzolithol, produit chimique dangereux et polluant commercialisé par 240 entreprises, est en situation de concurrence pure et parfaite. La demande totale est connue avec précision :

$$Q_d(p) = -60p + 3\,000$$

Les prix et les coûts sont exprimés en milliers d'euro ; les quantités le sont en tonnes.

Partie A

Dans un premier temps, on admettra que toutes les entreprises ont la même structure de coût ; ainsi, le coût total de longue période d'une entreprise de cette branche est égal à : $CT(q) = 2q^3 - 3q^2 + 6q$

a) Les pouvoirs publics, soucieux de protéger l'environnement, **interdisent toute entrée** dans cette branche. Déterminer la fonction d'offre individuelle de chaque

© Dunod. La photocopie non autorisée est un délit.

firme, la fonction d'offre totale et les valeurs caractéristiques lorsque le marché est à l'équilibre.

b) Une étude commandée par le ministère de l'Environnement à un groupe d'économistes analyse les conséquences prévisibles de la suppression de l'interdiction d'entrer dans la branche. Par rapport aux préoccupations écologiques du gouvernement, cette décision vous semble-t-elle raisonnable ?

Partie B

Une autre étude montre que les 240 entreprises de la branche n'ont pas toutes la même structure de coût. En réalité, on remarque qu'elles se divisent en **deux** groupes, dont voici les caractéristiques :

	Entreprises du Nord	Entreprises du Sud
Nombre de firmes	96	144
Coût total de longue période	$CT_N(q) = 4q^3 - 2q^2 + q$	$CT_S(q) = 2q^3 - 3q^2 + 6q$

c) Décrire avec précision ce que serait l'évolution théorique du marché, en longue période, dans l'hypothèse où la branche serait ouverte à la concurrence.

d) Suite aux différentes études dont il dispose, le gouvernement s'est fixé deux objectifs : d'une part éviter une production exagérée du benzolithol, et d'autre part, conserver la répartition géographique des entreprises (40 % pour le Nord et 60 % pour le Sud). Il décide donc autoritairement de fixer le prix de ce produit à un niveau P_0 et de ne pas ouvrir la branche à la concurrence. Déterminer la valeur de P_0.

Analyse de l'énoncé et conseils. Il faudra être attentif aux conditions susceptibles d'intervenir lors de la détermination des fonctions d'offre. Le processus d'entrées et de sorties, dans une perspective de longue période, lorsque les firmes n'ont pas toutes les mêmes coûts, est très proche de celui décrit dans le paragraphe **3-b)** des rappels de cours. Le reste suppose de la rigueur et de la réflexion.

SOLUTIONS

1 ▸ b – **2** ▸ a, b – **3** ▸ a – **4** ▸ a, b, c – **5** ▸ b, c, d – **6** ▸ a – **7** ▸ b, c – **8** ▸ a, b – **9** ▸ a – **10** ▸ a, c

11 ▸ Il est important de distinguer les **échanges désirés** des **échanges effectivement réalisés** par les agents économiques. Classiquement, l'équilibre se trouve en (q^* ; p^*) ; cependant, rien ne permet de dire que la réalité sera conforme aux souhaits des agents. Il suffit que les producteurs fixent un prix différent de p^* pendant quelques périodes pour que les transactions ne coïncident pas avec q^*.

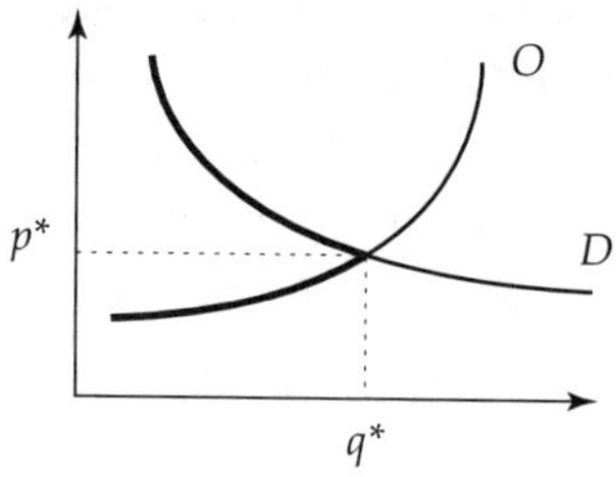

Figure 6.3

Or, si le prix effectif est inférieur à p^*, l'offre sera inférieure à la demande : le volume des transactions ne peut logiquement dépasser le volume de l'offre. Si le prix effectif est supérieur à p^*, la demande sera inférieure à l'offre : le volume des échanges sera donc déterminé par la demande. Cela permet de tracer la **courbe des transactions** (en trait épais). Pour résumer, on dit que les transactions effectives s'établissent **au minimum** de l'offre ou de la demande : c'est donc **le côté court du marché qui l'emporte**.

12 ▸ La réponse à cette question est moins évidente qu'il n'y paraît au premier abord. Il faut distinguer deux cas.

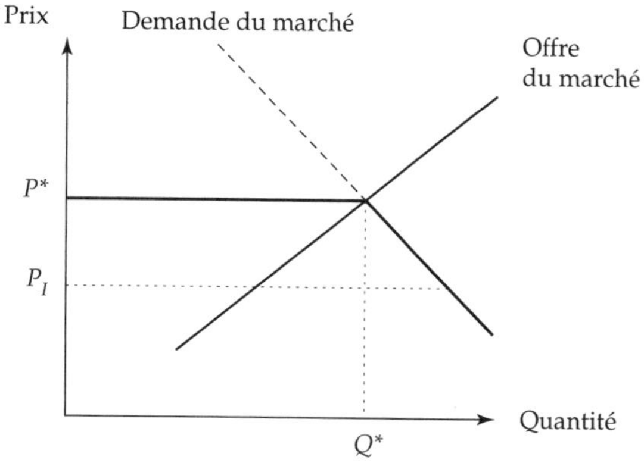

Figure 6.4

– L'entreprise fixe son prix à un niveau P_S supérieur au prix d'équilibre (ou prix du marché) P^* : ses ventes seront nulles car les consommateurs trouveront le même produit (homogénéité) moins cher ailleurs (atomicité et transparence).

– L'entreprise fixe son prix à un niveau P_I inférieur au prix d'équilibre P^* : tous les consommateurs se serviront chez elle. Ainsi, il y aura identité entre sa propre courbe de demande et la courbe de demande du marché (cas du monopole). Au prix P_I, un excès de demande apparaîtra et sera suivi mécaniquement par une augmentation du prix de vente, et ce jusqu'au prix du marché.

La courbe de demande d'une entreprise est donc bien horizontale.

13 ▸ La production d'une entreprise est très faible par rapport à la production totale de la branche, c'est pourquoi la firme ne peut influencer le prix. Ainsi, quelle que soit la quantité vendue, l'entreprise obtiendra toujours le prix d'équilibre (et uniquement ce prix). Nous avons vu que le volume optimal pour la firme

© Dunod. La photocopie non autorisée est un délit.

dépend de ses coûts de production. La courbe de demande qui s'adresse à la firme est donc une droite horizontale, parfaitement élastique au prix. Ainsi, la recette totale s'écrit :

$RT(Q) = p \cdot Q$ avec p fixe quel que soit le volume Q.

Donc : $R_M(Q) = RT/Q = p$

$R_m = RT'(Q) = p$

14 ▸ Un **prix plafond** (ou prix maximum) n'est efficace que si les pouvoirs publics le fixent à un niveau inférieur au prix du marché, afin de favoriser les consommateurs ayant de faibles ressources. Moins intéressés, les producteurs offriront une quantité moindre, alors que les consommateurs demanderont davantage. Cela peut rapidement déboucher sur une pénurie et finalement pénaliser les populations pour lesquelles la décision avait été prise. C'est pourquoi les pouvoirs publics ont parfois eux-mêmes fourni les quantités manquantes.

Un **prix plancher** (ou prix minimum) n'est efficace que si les pouvoirs publics le fixent à un niveau supérieur au prix du marché. Cela provoque une réduction de la demande et un accroissement de l'offre, donc un excès d'offre.

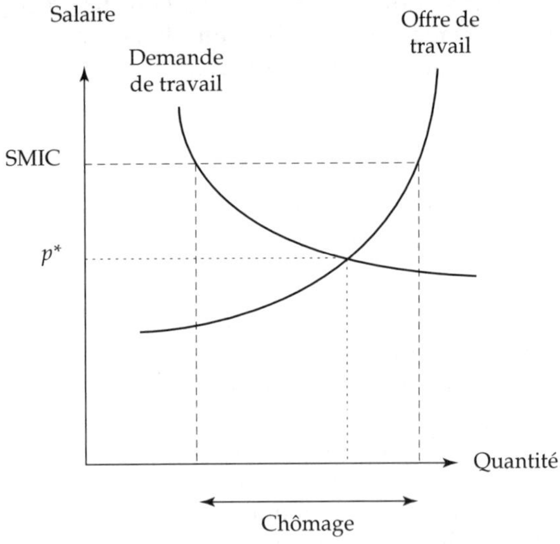

Figure 6.5

Le SMIC, prix minimum du travail, est un prix plancher. Quelles que soient l'offre et la demande de travail, l'employeur devra au minimum offrir le SMIC. Cela conduit beaucoup d'entreprises à réduire leur demande de travail, par rapport à l'équilibre du marché du travail. Sur le plan politique, il semble qu'il y ait un consensus pour réduire le coût du travail pour les employeurs, par des diminutions de charges sociales sur les bas salaires. Il s'agit donc d'un moyen « détourné » visant à faire baisser le niveau du prix plancher, afin de réduire l'excès d'offre de travail ([AB]), donc en vue de réduire le chômage.

15 ▸ Les entreprises ont rarement les mêmes coûts de production lorsqu'une branche est dans les premières phases de sa vie. Supposons pour simplifier qu'il y ait deux types d'entreprises : celles appartenant au type A et les autres au type B, plus rentables.

Dans un premier temps, si le prix qui s'impose aux producteurs est supérieur au minimum de $CM(A)$, alors toutes les entreprises de cette branche feront des surprofits. Si le prix baisse, suite aux entrées dans la branche, et devient inférieur au minimum de $CM(A)$, alors, seules les entreprises de type B resteront sur le marché ; les autres ne sont plus rentables. Finalement, il ne restera sur le marché que les entreprises ayant un coût de longue période de type B. On retrouve l'hypothèse classique des courbes de coût identiques. Il ne s'agit plus d'une hypothèse, mais d'une conséquence du processus concurrentiel.

16 ▸ **a)** L'équilibre de longue période, en concurrence pure et parfaite, est défini lorsque l'entreprise opère au minimum de son coût moyen de longue période. Ce dernier est obtenu à partir du coût total de longue période :

$$CM_{LP}(q) = \frac{1}{10}q^2 - 3q + 40$$

Condition du 1er ordre :

$$\frac{\partial CM_{LP}(q)}{\partial q} = 0 \Leftrightarrow \frac{1}{5}q - 3 = 0 \qquad \rightarrow q^* = 15$$

Ainsi, chaque entreprise produit 15 biens. Le prix de vente est obtenu à l'aide de la fonction de coût moyen :

$$CM_{LP}(15) = \frac{1}{10}15^2 - (3 \times 15) + 40 = 17,5 \qquad \rightarrow p_A^* = 17,5$$

La demande totale s'exprimant sur ce marché se calcule en reportant le prix de vente dans la fonction de demande synthétique :

$$Q_D^A(17,5) = 6\,075 - (90 \times 17,5) = 4\,500$$

Comme nous savons que chaque entreprise produit 15 biens, il est facile d'en déduire le nombre d'entreprises :

$$n_A = \frac{4\,500}{15} = 300$$

Ces éléments confirment bien qu'il s'agit d'un marché de concurrence pure et parfaite ; en effet, nous savons que :

– chaque entreprise produit une faible fraction de la production totale (0,33 %),

– le nombre d'entreprises est relativement élevé (300 producteurs),

– l'énoncé nous a précisé que le wiz est un bien homogène.

b) La subvention unitaire modifie les coûts de longue période (total, marginal et moyen) :

$$CT_{LP}^{Sub.}(q) = \frac{1}{10}q^3 - 3q^2 + 40q - \alpha q$$

$$CM_{LP}^{Sub.}(q) = \frac{1}{10}q^2 - 3q + 40 - \alpha$$

On constate cependant que la subvention ne modifie pas la valeur du minimum du coût moyen ; en effet, la dérivée du *CM* avec subvention unitaire est identique à la dérivée du *CM* sans subvention. Ainsi, chaque entreprise produit 15 biens. Le prix de vente est obtenu à l'aide de la fonction de coût moyen :

$$CM_{LP}^{Sub.}(15) = 17,5 - \alpha$$

$$\rightarrow p_A^* = 17,5 - \alpha$$

© Dunod. La photocopie non autorisée est un délit.

La demande totale s'exprimant sur ce marché se calcule en reportant le prix de vente dans la fonction de demande synthétique :

$$Q_D^A(17,5 - \alpha) = 4\,500 + 90\alpha$$

Comme nous savons que chaque entreprise produit 15 biens, il est facile d'en déduire le nombre d'entreprises :

$$n_A^{\text{Sub.}} = \frac{4\,500 + 90\alpha}{15} = 300 + 6\alpha$$

Il est facile de calculer l'accroissement en pourcentage du nombre optimal d'entreprises en longue période, lorsque la subvention unitaire est égale à α :

$$\Delta n = \frac{300 + 6\alpha - 300}{300} \times 100 = 2\alpha\ \%$$

Ainsi, lorsque les pouvoirs publics accordent une subvention de 1 euro par unité produite, cela conduit à une augmentation de la taille du marché de 2 % (soit 306 entreprises). Cela s'explique par le fait que certaines firmes, non rentables sans subvention, deviennent rentables grâce à l'aide de l'État, et entrent dans la branche, augmentant le nombre total d'entreprises.

c) Comme on vient de le préciser, certaines entreprises profitent de la subvention pour entrer dans la branche et faire des sur-profits à court terme, pendant une certaine période. Les entreprises déjà dans la branche sont aussi favorisées. Enfin, les consommateurs perçoivent un double effet positif :

– les quantités disponibles augmentent du fait du plus grand nombre de firmes dans la branche ;

– le prix unitaire du produit diminue par rapport à la situation sans subvention.

17 ▸ Partie A

a) En courte période, la fonction d'offre individuelle correspond à la partie de la courbe de coût marginal située au-dessus du minimum du coût moyen. Rigoureusement, il faudrait s'intéresser au minimum du coût variable moyen. Cependant, même à court terme, la plupart des entreprises sont intéressées par la réalisation de profits positifs. De plus, on pourra vérifier que cela n'a pas grand intérêt du fait des fonctions de coût choisies ici.

À l'équilibre, on doit avoir : $C_m = p$ et $p \geqslant \text{Min}[C_{M1}]$

Or :

$$C_m(q) = 8q - 1$$

$$C_{M1}(q) = 4q - 1 + \frac{36}{q}$$

$$\frac{\partial C_{M1}(q)}{\partial q} = 0 \Leftrightarrow 4 - \frac{36}{q^2} = 0 \rightarrow q = 3 \qquad \text{(solution négative rejetée)}$$

D'où :

$$C_{M1}(3) = 23$$

Il vient donc :

$$8q - 1 = p \quad \text{et} \quad p \geqslant 23$$

Ainsi :

$$q = \frac{p + 1}{8} \quad \text{avec} \quad p \geqslant 23$$

On écrira classiquement la fonction d'offre individuelle (*OI* en gras sur le graphique) de la manière suivante :

$$OI(p) = \frac{p+1}{8} \quad \text{avec} \quad p \geqslant 23$$

b) Pour que le marché soit en équilibre, il faut que l'offre totale soit égale à la demande totale. Le prix d'équilibre qui découlera de cette égalité s'imposera à tous les producteurs.

L'offre totale (*OT*) correspond à la sommation horizontale des 120 offres individuelles. Comme ces dernières sont identiques, il suffit de multiplier l'offre individuelle par 120 :

$$OT_1(p) = 120\frac{p+1}{8} = 15(p+1)$$

Nous avons donc à résoudre :

$$DT_1(p) = OT_1(p) \Leftrightarrow 180 + \frac{9\,300}{p} = 15(p+1)$$

$$\Leftrightarrow 15p^2 - 165p - 9\,300 = 0$$

On obtient un résultat négatif que l'on élimine ; il reste finalement : $p^* = 31$.

À partir de cette valeur, il est possible de déterminer toutes les informations manquantes :

- la quantité totale d'équilibre : $Q^* = 480$ (obtenue grâce à DT_1 ou OT)
- la quantité individuelle d'équilibre : $q^* = 4$ (480/120 entreprises)
- le coût marginal : $C_m(4) = 31$ (évident !)
- le coût moyen : $C_{M1}(4) = 24$
- le profit individuel : $\pi_I = 28$ $(4 \times (31 - 24))$
- le profit total de la branche : $\pi_T = 3\,360$ (28×120)

Sur le graphique, l'équilibre du marché se situe en A et l'équilibre de la firme représentative en A'.

Partie B

c) Les hypothèses de l'énoncé font de l'offre une donnée (dans le très court terme). L'offre est donc rigide en période dite « infra-courte » ; elle est représentée par une droite verticale : $OT_2(p) = 480$. La détermination du prix d'équilibre s'effectue toujours de la même façon :

$$OT_2(p) = DT_2(p) \Leftrightarrow 480 = 180 + \frac{21\,780}{p} \rightarrow p^* = 72,60$$

L'accroissement de la demande, face à la rigidité de l'offre, conduit les entreprises à considérablement augmenter leur prix de vente ; pour les mêmes quantités vendues, elles bénéficient d'une forte hausse de leur profit :

- profit individuel : $\pi_I = 4 \times (72,60 - 24) = 194,40$
- profit de la branche : $\pi_T = 23\,328$

Sur le graphique, l'équilibre du marché se situe en B et l'équilibre de la firme représentative en B'.

© Dunod. La photocopie non autorisée est un délit.

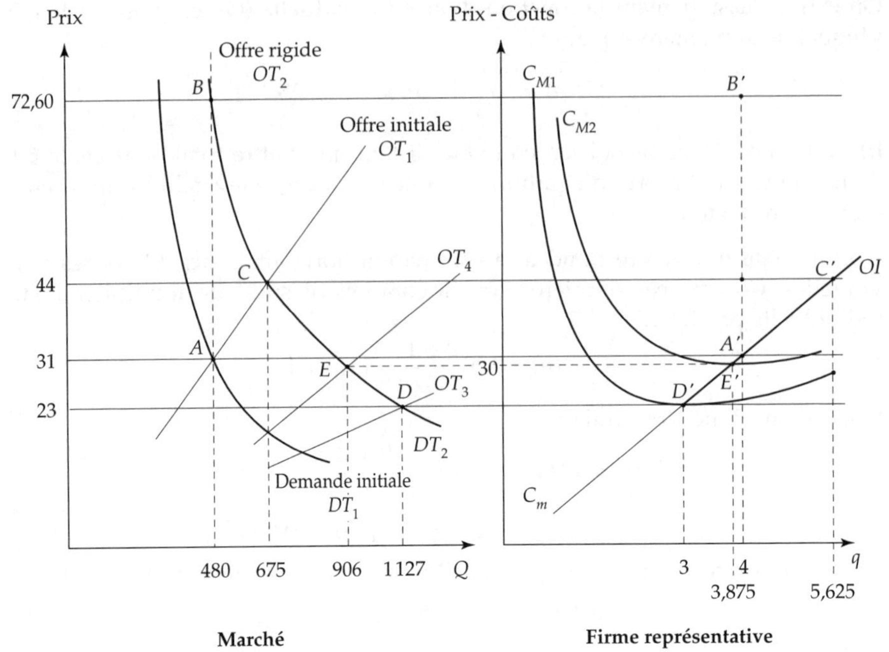

Figure 6.6

d) Dans le cadre de la courte période, l'offre peut s'ajuster aux variations de la demande. Pour déterminer le nouvel équilibre, il suffit de poser l'égalité entre l'offre totale, en ne la considérant plus comme rigide, et la demande totale. Nous devons donc résoudre :

$$DT_2(p) = OT_1(p) \Leftrightarrow 180 + \frac{21\,780}{p} = 15(p+1)$$

$$\Leftrightarrow 15p^2 - 165p - 21\,780 = 0$$

Seule la valeur positive est retenue : $p^* = 44$

On détermine ensuite toutes les informations manquantes :

- la quantité totale d'équilibre : $Q^* = 675$ (obtenue grâce à DT_2 ou OT_1)
- la quantité individuelle d'équilibre : $q^* = 5,625$ (675/120 entreprises)
- le coût marginal : $C_m(5,625) = 44$ (évident !)
- le coût moyen : $C_{M1}(5,625) = 27,90$
- le profit individuel : $\pi_I = 90,5625$ $(5,625 \times (44 - 27,90))$
- le profit total de la branche : $\pi_T = 10\,867,50$ $(90,5625 \times 120)$

La situation des entreprises s'est améliorée : le changement de la demande totale a permis, après une phase très courte de transition, de faire évoluer le marché vers un équilibre plus avantageux pour les producteurs. Sur le graphique, l'équilibre du marché se situe en C et l'équilibre de la firme représentative en C'.

Partie C

e) Sur la longue période, si on admet que la fonction de coût total de long terme est égale à la fonction $CT(q)$, alors l'équilibre s'établira au minimum du coût moyen, c'est-à-dire au point de coordonnées :

$$q^* = 3 \quad \text{et} \quad p^* = 23$$

En ce point, les entreprises ne font plus aucun profit. Aucune entreprise extérieure à la branche n'est incitée à entrer. Pour ce prix, la demande totale est à peu près égale à : 1 127 $(180 + 21\,780/23)$. Comme chaque entreprise fabrique 3 unités, cela signifie que la branche compte maintenant environ 376 entreprises. Sur le graphique, l'offre totale se déplace de OT_1 à OT_3 ; l'équilibre du marché se situe en D et l'équilibre de la firme représentative en D'.

f) On se situe toujours à long terme : les entreprises vont donc répercuter la totalité de la taxe sur les consommateurs. Ainsi, le coût moyen de long terme avec la taxe forfaitaire T, noté C_{M2} s'écrit :

$$C_{M2}(q) = 4q - 1 + \frac{36}{q} + \frac{T}{q}$$

Nous cherchons le minimum de cette nouvelle courbe :

$$\frac{\partial C_{M2}}{\partial q} = 0 \Leftrightarrow 4 - \frac{36+T}{q^2} = 0 \rightarrow q^* = \frac{\sqrt{36+T}}{2}$$

Pour cette quantité, le prix d'équilibre, en longue période, est égal à :

$$p^* = C_m\left(\frac{\sqrt{36+T}}{2}\right) = 8 \cdot \left[\frac{\sqrt{36+T}}{2}\right] - 1 = 4\sqrt{36+T} - 1$$

Or les pouvoirs publics ont décidé que le prix serait égal à 30 ; le montant de la taxe par entreprise peut donc être facilement calculé :

$$4 \cdot \sqrt{36+T} - 1 = 30 \rightarrow T = 24,0625$$

La demande totale sur l'ensemble de la branche :

$$DT_2(30) = 906$$

La demande qui s'adresse à chaque firme :

$$q^* = \frac{\sqrt{36 + 24,0625}}{2} = 3,875$$

Le nombre d'entreprises dans la branche passe donc de 376 à 906/3,875 = 234. Cette baisse s'explique par le fait que certaines entreprises, une fois la taxe appliquée, ont des coûts de production trop élevés. Ces entreprises non rentables sortent alors de la branche.

Sur le graphique, l'offre totale se déplace de OT_3 à OT_4 ; l'équilibre du marché se situe en E et l'équilibre de la firme représentative en E'. Les pouvoirs publics récoltent donc une recette totale de 5 616, puisqu'environ 234 entreprises paient une taxe de 24.

© Dunod. La photocopie non autorisée est un délit.

18 ▸ **a)** Afin d'exprimer l'égalité entre l'offre et la demande à la date $n+1$, il est nécessaire de déterminer la quantité demandée en $n+1$:

$$\text{DEM}_{n+1} = \alpha p_{n+1} + \beta$$

Posons maintenant l'égalité indiquant que le marché est en équilibre :

$$\text{DEM}_{n+1} = \text{OFF}_{n+1} \Leftrightarrow \alpha p_{n+1} + \beta = a p_n + b$$

On obtient facilement p_{n+1} en fonction de p_n :

$$p_{n+1} = \frac{a}{\alpha} p_n + \frac{b-\beta}{\alpha} \tag{0}$$

b) Comme nous le précisions dans l'analyse de l'énoncé, p^* doit être solution de l'équation de récurrence ci-dessus. Cela revient à trouver un prix de vente, identique en n et $n+1$, tel que l'offre et la demande à la date $n+1$ soient égales. Ainsi, p^* vérifie :

$$p^* = \frac{a}{\alpha} p^* + \frac{b-\beta}{\alpha} \Leftrightarrow p^*\left[1 - \frac{a}{\alpha}\right] = \frac{b-\beta}{\alpha} \tag{1}$$

Comme : $a > 0$ et $\alpha < 0$, on peut écrire : $p^* = \dfrac{b-\beta}{\alpha - a}$

c) Si :
$$V_n = p_n - p^* \tag{2}$$

Alors :
$$V_{n+1} = p_{n+1} - p^* \tag{3}$$

À l'aide de (0) : (3) $\Leftrightarrow V_{n+1} = \dfrac{a}{\alpha} p_n + \dfrac{b-\beta}{\alpha} - p^*$

Puis, avec (1) : $V_{n+1} = \dfrac{a}{\alpha} p_n + \dfrac{b-\beta}{\alpha} - \dfrac{a}{\alpha} p^* - \dfrac{b-\beta}{\alpha} = \dfrac{a}{\alpha} \cdot [p_n - p^*]$

Or, selon (2) :
$$V_{n+1} = \frac{a}{\alpha} \cdot V_n$$

On reconnaît là une suite géométrique de raison égale à $\dfrac{a}{\alpha}$ et de premier terme $V_0 = p_0 - p^*$.

D'après la définition du terme général, on peut écrire : $V_n = \left[\dfrac{a}{\alpha}\right]^n \cdot [p_0 - p^*]$

d) L'expression demandée est évidente lorsque l'on dispose de la réponse précédente car on sait, par définition que $V_n = p_n - p^*$, donc que : $p_n = V_n + p^*$

Ainsi, on obtient le terme général de la suite (p_n), c'est-à-dire la valeur du prix à la date n, en fonction de n et de la valeur initiale du prix :

$$p_n = \left[\frac{a}{\alpha}\right]^n \cdot [p_0 - p^*] + p^* \tag{4}$$

e) L'observation de p_n permet de constater que :

$$\lim_{n\to\infty} \left[\frac{a}{\alpha}\right]^n \cdot [p_0 - p^*] = 0 \qquad \text{pour : } \quad |a| < |\alpha|$$

Donc, dans ce cas, on a bien : $\lim\limits_{n\to\infty} p_n = p^*$

Ainsi, lorsque la pente de la fonction d'offre est inférieure à la pente de la fonction de demande, en valeur absolue, la suite converge vers la valeur d'équilibre p^*, en décrivant des oscillations de plus en plus faibles (on dit « amorties ») autour de p^*. On parle dans ce cas d'équilibre stable. Une éventuelle perturbation n'a d'incidence qu'à court terme ; progressivement, offre et demande se rapprocheront et finiront par être égales.

Remarques

– Si : $|a| = |\alpha|$ on a : $\lim_{n\to\infty} p_n = p_0$ si n est pair ; $\lim_{n\to\infty} p_n = 2p^* - p_0$ si n est impair

– Si : $|a| > |\alpha|$ on a : $\lim_{n\to\infty} p_n = \pm\infty$ car : $\lim_{n\to\infty} \left[\frac{a}{\alpha}\right]^n = \pm\infty$

Finalement, dans les deux cas, le prix, à l'issue d'une longue période de fonctionnement du marché, ne rejoint jamais le prix d'équilibre p^*. On dit que **l'équilibre est instable** lorsque le fonctionnement du marché ne permet pas d'aboutir à l'équilibre, que l'on ait été ou non au départ en équilibre.

f) Pour calculer le prix aux différentes périodes, il est possible d'utiliser l'offre et la demande (dans ce cas, on procède pas à pas, en passant de l'une à l'autre) ou les résultats précédents (dans ce cas, on dispose de la suite (p_n)). Si $\text{DEM}_0 = 3$ alors $p_0 = 5$

Le résultat de la question **b)** nous donne rapidement : $p^* = 3$

Ainsi, grâce à (4), on peut écrire : $p_n = 2 \cdot \left[-\frac{1}{2}\right]^n + 3$

Les prix demandés sont donc les suivants : $p_1 = 2 \quad p_2 = 7/2 \quad p_3 = 11/4$

19 ▸ Partie A

a) L'offre individuelle d'une entreprise correspond à toutes les situations, où, pour un prix donné, l'entreprise fixe une quantité qui maximise son profit. Le profit s'écrit :

$$\pi(q) = pq - CT(q) = pq - [2q^3 - 3q^2 + 6q]$$

Pour obtenir un maximum, vérifions les deux conditions suivantes :

$$\frac{\partial \pi(q)}{\partial q} = 0 \Leftrightarrow p - C_m(q) = 0 \Leftrightarrow p - [6q^2 - 6q + 6] = 0 \quad (1)$$

$$\frac{\partial^2 \pi(q)}{\partial q^2} < 0 \Leftrightarrow -12q + 6 < 0 \Leftrightarrow q > \frac{1}{2} \quad (2)$$

En effet, le maximum ne peut se situer que sur la partie croissante du coût marginal. Calculons la quantité optimale q^* en fonction du prix p :

$$(1) \Leftrightarrow 6q^2 - 6q + 6 - p = 0 \Leftrightarrow q^2 - q + \left[1 - \frac{1}{6}p\right] = 0$$

À l'aide du discriminant, nous aurons les solutions suivantes :

$$\Delta = 1 - 4 \cdot \left[1 - \frac{1}{6}p\right] = \frac{2}{3}p - 3$$

© Dunod. La photocopie non autorisée est un délit.

Pour que cette équation admette une solution, Δ doit être positif ou nul.

On doit avoir : $p > 9/2$

On obtient deux valeurs pour q :

$$q_1^* = \frac{1 + \sqrt{\frac{2}{3}p - 3}}{2} > \frac{1}{2} \qquad q_1^* = \frac{1 - \sqrt{\frac{2}{3}p - 3}}{2} < \frac{1}{2}$$

Solution correcte : *cf.* condition (2) Solution à rejeter : *cf.* condition (2)

Ainsi, pour un prix p supérieur à $9/2$, la quantité optimale qui maximise le profit, c'est-à-dire la quantité que l'entreprise va offrir, est donnée par la relation suivante :

$$q_o(p) = \frac{1 + \sqrt{\frac{2}{3}p - 3}}{2}$$

Précisons qu'à long terme, seule la partie de la courbe de coût marginal supérieure au minimum de la courbe de coût moyen définit la courbe d'offre. C'est pourquoi, il reste à chercher ce minimum :

$$CM(q) = \frac{CT(q)}{q} = 2q^2 - 3q + 6$$

$$\frac{\partial CM(q)}{\partial q} = 0 \Leftrightarrow 4q - 3 = 0 \rightarrow q = \frac{3}{4}$$

$$CM\left(\frac{3}{4}\right) = \frac{39}{8} = 4,875$$

La fonction d'offre individuelle est donc celle précisée ci-dessus avec $p \geqslant 39/8$.

On détermine aisément la fonction d'offre totale à partir de la fonction d'offre individuelle :

$$Q_o(p) = 120 \cdot \left[1 + \sqrt{\frac{2}{3}p - 3}\right] \qquad \text{avec } p \geqslant 39/8$$

À l'équilibre, l'offre total doit être égale à la demande totale :

$$Q_o(p) = Q_d(p) \Leftrightarrow 120 \cdot \left[1 + \sqrt{\frac{2}{3}p - 3}\right] = -60p + 3\,000$$

Après quelques simplifications, on obtient l'équation du second degré :

$$3p^2 - 296p + 6\,948 = 0 \qquad \Delta = 4\,240$$

D'où deux solutions distinctes :

$$p_1^* = \frac{296 - \sqrt{4\,240}}{6} \approx 38,5 \qquad p_2^* = \frac{296\sqrt{4\,240}}{6} \approx 60,2$$

solution acceptée et $Q_o(p_1^*) = Q_d(p_1^*) \approx 690$

solution rejetée car $Q_o(p_2^*) = Q_d(p_2^*) < 0$

Ainsi, sur le marché, l'équilibre est atteint lorsque le prix est égal à 38 500 euros et les quantités échangées égales à 690 tonnes. Chaque firme produit donc $690/240 = 2,875$ tonnes de benzolithol. Pour cette quantité, le coût moyen s'établit à 13 906,25 euros. Le sur-profit de chaque firme est donc égal à : $2,875 \times (38\,500 - 13\,906,25) = 70\,707$ euros.

b) Admettons que la branche s'ouvre à la concurrence ; étudions les conséquences de cette éventualité. Le sur-profit réalisé par chaque entreprise suscite la convoitise ! Des firmes vont entrer dans la branche, faisant augmenter l'offre totale et baisser le prix d'équilibre. Les entreprises cesseront d'entrer lorsque le prix s'établira au minimum du coût moyen de longue période. Les calculs ont donc déjà été effectués : $p^* = 4\,875$ euros et $q_o^* = 0,75$ tonnes.

La quantité totale échangée à ce prix serait égale à : $Q_o^* = Q_d^* = 2\,707,50$ tonnes.

Le nombre d'entreprises dans la branche serait de : $2\,707,50/0,75 = 3\,610$ firmes.

On constate que ce processus concurrentiel pourrait provoquer une très forte baisse du prix et un grand nombre d'entrées. Les quantités produites seraient multipliées par 4 environ ; le produit étant dangereux et polluant, la levée de l'interdiction d'entrer dans la branche ne va pas dans le sens des préoccupations écologiques des pouvoirs publics.

Partie B

c) Il est intéressant de calculer le seuil de rentabilité (noté SR) des entreprises du Nord. Pour cela on cherche le minimum de la fonction de coût moyen de long terme des entreprises du Nord. Après calculs, on trouve :

$SR_{\text{nord}} = 0,25$ avec un coût associé égal à $Cm_{\text{nord}}(0,25) = CM_{\text{nord}}(0,25) = 3,75$

Rappelons que le seuil de rentabilité des entreprises du Sud est égal à :

$SR_{\text{sud}} = 0,75$ avec un coût associé égal à $Cm_{\text{sud}}(0,75) = CM_{\text{sud}}(0,75) = 4,875$

Voici le scénario théorique probable en cas de branche ouverte.

Dans un premier temps, lorsque le prix est élevé, les 240 entreprises, qu'elles soient du Nord ou du Sud, réalisent des sur-profits. Ces derniers attirent dans la branche un certain nombre de nouvelles firmes. L'offre augmente et le prix d'équilibre baisse. Lorsque le prix deviendra inférieur au minimum du coût moyen des entreprises du Sud, ces dernières quitteront la branche car elles ne seront plus rentables. De ce fait, l'offre totale va diminuer et le prix d'équilibre va s'élever. Ensuite, seules des entreprises ayant des coûts de production comparables à ceux des firmes du Nord entreront alors dans la branche, jusqu'à ce que le prix égalise le minimum du coût moyen. À long terme, il ne restera donc dans la branche que des entreprises du Nord.

Dans ce cas, l'équilibre de longue période seraient caractérisé par les valeurs :

$p^* = 3\,750$ euros	$q_s^* = 0,25$ tonnes
$Q_s^* = Q_d^* = 2\,775$ tonnes	nombre de firmes : $2\,775/0,25 = 11\,100$

d) Les études précédentes montrent que l'ouverture de la branche à la concurrence provoquerait un très fort accroissement des quantités produites, la dispari-

© Dunod. La photocopie non autorisée est un délit.

tion des entreprises du Sud de la France, ainsi que la concentration d'un nombre important de firmes dans le Nord. Pour éviter cette situation, les pouvoirs publics fixent le prix du benzolithol. Pour le prix P_0, on doit respecter :

– l'égalité entre la demande totale et l'offre totale ;

– la répartition géographique.

L'offre totale est égale à la somme des offres individuelles. Il est donc nécessaire de déterminer l'offre individuelle des entreprises du Nord. Nous procéderons de la même manière qu'à la question **a)** ; ainsi, après quelques lignes de calculs, nous trouvons :

$$q_o^{\text{Nord}}(p) = \frac{1+\sqrt{3p-11}}{6} \qquad \text{avec } p \geqslant 3,75$$

Le prix qui assure l'égalité entre l'offre totale et la demande totale doit respecter l'équilibre géographique ; on peut donc poser :

$$Q_o(p) = Q_d(p) \Leftrightarrow Q_o^{\text{Nord}}(p) + Q_o^{\text{Sud}}(p) = Q_d(p) \qquad \text{avec } p \geqslant 4,875$$

$$\Leftrightarrow 96 \cdot q_o^{\text{Nord}}(p) + 144 \cdot q_o^{\text{Sud}}(p) = Q_d(p)$$

$$\Leftrightarrow 96\frac{1+\sqrt{3p-11}}{6} + 144\frac{1+\sqrt{\frac{2}{3}p-3}}{2} = -60p + 3\,000$$

$$\Leftrightarrow \sqrt{3p-11} + 4,5 \cdot \sqrt{\frac{2}{3}p-3} + 3,75p - 182 = 0 \qquad \text{avec } p \geqslant 4,875$$

Il s'agit visiblement d'une fonction strictement croissante : le tâtonnement ne devrait pas être très long. Après quelques essais, on trouve : $P_0 = 39,92$. Pour ce prix :

– les quantités globales échangées sont égales à : $Q_o = Q_d = 605$

– la quantité produite par une entreprise du Sud est égale à : $q_o^{\text{Sud}} = 2,93$

– la quantité produite par une entreprise du Nord est égale à : $q_o^{\text{Nord}} = 1,91$

En fixant autoritairement le prix à 39 920 euros et en n'autorisant pas l'ouverture de la branche à la concurrence, les pouvoirs publics ont bien respecté leurs objectifs : éviter une pollution au benzolithol trop importante et respecter la répartition géographique initiale de la production. Il faut espérer que les utilisateurs de ce produit (les demandeurs), faute de pouvoir acheter davantage aux producteurs français sous tutelle, ne trouvent pas de produits de substitution encore plus polluants ou de marchés étrangers moins contrôlés sur lesquels ils pourront s'approvisionner sans difficulté.

TD 7 Monopole et concurrence monopolistique

L'essentiel du cours

Comme la concurrence pure et parfaite, le monopole est une situation extrême, que l'on rencontre assez peu, à l'état brut, dans le monde des affaires. Cependant, les cas « dénaturés » sont fréquents : une entreprise peut être en situation de monopole dans une zone géographique bien déterminée, une autre pendant une certaine période de temps (protégée par des brevets). C'est pourquoi l'étude du monopole est indispensable. De plus, les politiques actuelles de déréglementation concernent souvent, et notamment en France, des entreprises en situation de monopole. Le traité de Maastricht propose ainsi d'ouvrir le maximum de secteurs à la concurrence. L'étude de certaines stratégies mises en oeuvre par les monopoles (publics ou non, naturels ou non) permettra de mieux comprendre pourquoi, dans un souci d'efficience économique, il est souvent souhaitable de favoriser la libre concurrence.

1. Le monopole pur

Une entreprise est un monopole lorsqu'elle est ***la seule*** à produire un bien ou un service ***homogène*** pour lequel il n'existe ***pas de substitut***. Ainsi, la demande qui s'adresse à l'entreprise en situation de monopole ***se confond*** avec la demande du marché. Or, pour une très grande majorité de produits, cette dernière est décroissante. Le monopoleur dispose donc de deux stratégies : soit il fixe la quantité qu'il désire vendre et laisse les acheteurs fixer le prix d'achat ; soit il fixe le prix et laisse aux consommateurs le soin de déterminer la quantité achetée. Dans les deux cas, c'est ***la courbe de demande*** qui définit le niveau de l'élément que le monopoleur n'a pas choisi de fixer. Il ne peut pas décider du prix ***et*** de la quantité de façon simultanée et indépendante.

L'objectif habituel d'un monopole est ***la maximisation de ses profits***. Elle est obtenue lorsque la production d'une unité supplémentaire ne procure plus aucun

© Dunod. La photocopie non autorisée est un délit.

bénéfice supplémentaire à l'entreprise, c'est-à-dire lorsque **le coût marginal est égal à la recette marginale**. On retrouve la condition fondamentale qui est ainsi toujours valable en monopole. Il faut cependant remarquer **qu'il n'est plus possible** d'écrire : $Cm = Rm =$ Prix comme en situation de concurrence pure et parfaite.

À l'optimum, et dans le cas général, le prix du marché est supérieur au coût marginal. La différence qui en résulte est une expression du ***pouvoir de monopole***, c'est-à-dire de la possibilité qu'une entreprise puisse influencer le prix de ses produits. ***L'indice de Lerner*** est une mesure célèbre du pouvoir de monopole :

$$\frac{p - C_m}{p} = \frac{1}{|e|}$$

Nous constatons donc que ***le taux de marge***, appelé *markup* ou *price-cost margin*, est inversement proportionnel à ***l'élasticité-prix de la demande*** (en valeur absolue, car cette élasticité est négative pour des produits normaux). Plus cette dernière est faible, plus le prix excédera le coût marginal. Ceci est un résultat essentiel, qui fera l'objet de plusieurs exercices.

2. Le monopole naturel

On dit qu'il y a **monopole naturel** sur un marché, si toute quantité Q peut être produite à un coût moindre par une seule firme que par plusieurs. Dans le cas général, pour n firmes ayant une structure de coûts identique, cette définition se traduit mathématiquement par la propriété suivante :

$$C(Q) < \sum_{i=1}^{n} C(Q_i) \qquad \text{avec : } \sum_{i=1}^{n} Q_i = Q$$

On dit alors que la fonction de coût est **sous-additive**. Une fonction de coût sous-additive se traduit par une courbe de coût moyen de long terme décroissante, donc par la présence d'économies d'échelle. Lorsque le coût moyen est décroissant, le coût marginal lui est inférieur.

Dans le cas où le critère de gestion est la maximisation du profit, l'optimum d'un monopole naturel se construit comme dans un monopole pur, exception faite de la forme des courbes de coût. En revanche, quand il s'agit de monopole naturel public, le critère de la maximisation du profit est souvent abandonné afin de ne pas pénaliser les consommateurs. Deux solutions peuvent être envisagées. La solution la plus rationnelle est celle qui consiste à adopter la tarification au coût marginal, dans le but de maximiser le bien-être collectif. Cette solution est appelée « ***optimum de premier rang*** ». Mais, pour un monopole naturel, cela conduit ***inévitablement*** à une perte puisque le coût moyen est toujours supérieur au coût marginal. L'État serait donc obligé de subventionner le monopole chroniquement déficitaire. Devant ce problème, les pouvoirs publics peuvent souhaiter adopter la ***gestion à l'équilibre***. Il s'agit d'une solution de moindre mal qui conduit à « ***un optimum de second rang*** ».

3. La concurrence monopolistique

Un marché est en concurrence monopolistique lorsqu'il comprend un ***grand nombre de vendeurs*** dont les produits sont ***différenciés*** et qu'il y a ***libre entrée***. Pour des raisons liées à la qualité des produits, à la publicité, ou encore à la localisation, la firme détient une clientèle captive : elle possède un certain pouvoir de monopole. Par conséquent, la demande qui s'adresse à la firme est plus ou moins décroissante ; elle n'est donc plus égale, comme en monopole pur, à la demande du marché. La concurrence monopolistique rassemble des éléments de concurrence pure et parfaite (qui existent surtout en longue période) et des éléments de monopole (qui existent surtout en courte période).

– En courte période : la détermination de l'équilibre est identique à celle du monopole. Mais il s'agit d'une situation provisoire, dans la mesure où l'entrée dans la branche est possible.

– En longue période : les profits réalisés par les firmes en courte période attirent de nouvelles entreprises dans la branche. Ces dernières fabriquent des produits différenciés mais substituables avec les produits fabriqués par les firmes en place. Les nouvelles firmes arrivent ainsi à s'attacher une demande propre. De ce fait, l'entrée de nouvelles firmes dans la branche va provoquer une réduction de la demande pour les firmes en place. Pour chaque niveau de prix, la demande est plus faible.

Le déplacement de la courbe de demande (translation parallèle à elle-même vers la gauche) se prolongera tant que des profits continueront d'exister dans la branche. À partir du moment où les profits seront nuls, il n'y aura plus aucune incitation pour des nouvelles entreprises à entrer. Ces dernières, ayant des coûts identiques, savent en effet que leur entrée conduirait toutes les entreprises (elles y compris) à faire des pertes.

C'est pourquoi la ***position optimale*** correspond au point où il y a tangence entre la courbe de coût moyen et la courbe de demande : en ce point, il y a donc égalité entre le prix de vente et le coût moyen de production. Tout déplacement de la courbe de demande vers la gauche, suite à une entrée supplémentaire, conduirait l'entreprise à faire des pertes. Au niveau de production optimal on constate que l'égalité fondamentale entre la recette marginale et le coût marginal est vérifiée.

© Dunod. La photocopie non autorisée est un délit.

Q.C.M.

	Vrai	Faux
1. En monopole, lorsque l'élasticité de la demande est unitaire, la recette marginale est :		
a) négative	☐	☐
b) nulle	☐	☐

	Vrai	Faux
2. La concurrence monopolistique, sur la longue période, permet de maximiser le surplus :		
a) des producteurs	☐	☐
b) des consommateurs	☐	☐
c) des deux à la fois	☐	☐
3. Le surplus des consommateurs est maximisé lorsqu'un monopole :		
a) opère avec de très faibles coûts de production	☐	☐
b) est naturel	☐	☐
c) se voit imposé un prix égal au coût marginal de production	☐	☐
d) adopte une stratégie de discrimination du 1er degré	☐	☐
e) est taxé par la puissance publique	☐	☐
4. Sur la longue période, la théorie indique qu'un monopole réalise des profits purs. Est-ce parce que :		
a) le prix de vente est fixé à un niveau élevé ?	☐	☐
b) le coût moyen, du fait des quantités importantes, est faible ?	☐	☐
c) l'entrée dans la branche est supposée bloquée ?	☐	☐
5*. Une courbe de demande à élasticité-prix constante est de la forme :		
a) $Q_D(p) = A \cdot p^{-\alpha}$ avec : $A > 0$; $\alpha > 0$	☐	☐
b) $Q_D(p) = \dfrac{A-p}{p}$ avec : $A > 0$	☐	☐
c) $Q_D(p) = e^{\ln A - \alpha \ln p}$ avec : $A > 0$; $\alpha > 0$	☐	☐
d) $Q_D(p) = ap + b$ avec : $b > 0$; $a < 0$	☐	☐
6*. Sur le long terme, le monopole qui maximise son profit produit toujours :		
a) au minimum du coût moyen de long terme	☐	☐
b) au point où : $R_m = C_{m_{LT}}$	☐	☐
c) au minimum d'un coût moyen de court terme	☐	☐
7. Lorsque l'État impose au monopole une taxe à l'unité d'un montant t, cela provoque un accroissement du prix de vente		
a) inférieur à t.	☐	☐
b) égal à t.	☐	☐
c) inférieur, égal ou supérieur à t, suivants les cas.	☐	☐

8. En monopole naturel :	**Vrai**	**Faux**
a) le coût marginal est toujours supérieur au coût moyen.	☐	☐
b) le coût marginal est inférieur au coût moyen.	☐	☐
c) le coût moyen est décroissant.	☐	☐

9. Dans quelle situation a-t-on le plus de chance de trouver un monopole naturel ?		
a) une branche où les coûts fixes sont très élevés.	☐	☐
b) une branche où les coûts fixes sont assez faibles.	☐	☐
c) une branche où les coûts marginaux sont élevés et croissants.	☐	☐

10. Le monopole est une structure de marché dans laquelle l'entreprise :		
a) décide à la fois, mais de façon indépendante, des quantités qu'elle va mettre sur le marché et du prix de vente.	☐	☐
b) décide du prix, puis fixe les quantités par rapport au prix retenu.	☐	☐
c) décide des quantités, puis fixe le prix par rapport aux quantités.	☐	☐

REFLEXION

11*. En monopole, existe-t-il, comme en concurrence pure et parfaite, une courbe d'offre indépendante des conditions de demande ?

12*. À l'aide des définitions algébriques de l'élasticité-prix de la demande et de la recette marginale,

a) démontrer que la relation suivante est vérifiée à l'optimum :

$$C_m = p\left[1 - \frac{1}{|e|}\right]$$

b) En déduire l'indice de Lerner.

13*. Indiquer de quel pourcentage le prix de vente est supérieur au coût marginal, à l'équilibre, lorsque le monopole connaît une fonction de demande dont :

a) l'élasticité-prix est constante et égale à -3 ;

b) même question lorsque l'élasticité-prix est constante et égale à -2.

14. Donner un exemple concret de discrimination par les prix de degré 3.

© Dunod. La photocopie non autorisée est un délit.

15.** Démontrer l'égalité caractérisant l'optimum en régime de monopole discriminant de 3e degré, c'est-à-dire :

$$R_{m_F}(q_F) = R_{m_I}(q_I) = C_m(q_F + q_I)$$

16.** Un monopole pratique la discrimination par les prix de 3e degré sur deux marchés F et I parfaitement cloisonnés. Montrer algébriquement que, pour les quantités qui maximisent le profit, lorsque l'élasticité-prix (en valeur absolue) de la demande sur le marché F est supérieure à l'élasticité-prix (en valeur absolue) de la demande sur le marché I, alors le prix de vente sur le marché I est supérieur au prix de vente sur le marché F. [Utiliser les résultats des exercices n° 12 et n° 15.]

ENTRAÎNEMENT

Les exercices qui suivent s'appuient souvent sur les résultats obtenus dans la partie « Questions de réflexion ». Les quatre premiers exercices sont des « variations » autour d'une situation de base; nous suivrons ainsi les préoccupations de l'entreprise Ducharme, monopole pur, puis discriminant, puis à plusieurs établissements et enfin, monopole naturel. L'exercice n° 21 est la suite de l'exercice n° 16 du TD 6. Il s'intéresse à l'équilibre en concurrence monopolistique.

17*. L'entreprise mono-produit Ducharme est en situation de monopole. Plusieurs études ont permis d'estimer avec précision la fonction de demande française, ainsi que la fonction de coût total de l'usine d'Amiens :

$$Q_D(p) = 30 - \frac{1}{2}p \qquad \text{[équation n° 1]}$$

$$CT(q) = \frac{1}{4}q^2 + 15q \qquad \text{[équation n° 2]}$$

a) Déterminer le couple prix-quantité qui permettra à Ducharme de maximiser son profit, que l'on calculera. Quelle est la valeur du surplus social ? Comparer avec un équilibre obtenu en régime de concurrence pure et parfaite.

b) Évaluer les effets d'un contrôle des prix par les pouvoirs publics.

c) Les pouvoirs publics décident finalement de ne pas utiliser le contrôle des prix, mais souhaitent taxer ce monopole. Ils hésitent entre une taxe forfaitaire de 45 unités monétaires et une taxe unitaire de 18 u.m. Justifier leur choix.

Analyse de l'énoncé et conseils. Il est souvent préférable de vérifier graphiquement les résultats algébriques. De plus, la mise en évidence et le calcul du surplus social seront facilités. La réponse à cette dernière question est un préalable indispensable à la question suivante.

Les prix pratiqués par les monopoles sont fréquemment régulés, c'est-à-dire fixés autoritairement par des agences spécialisées travaillant sous la tutelle plus ou moins directe de l'État (par exemple, au Royaume-Uni, on trouve l'*Office of Electricity Regulation*, qui décide des prix de l'électricité). Selon le niveau auquel le prix est fixé, les conséquences seront différentes, pour le monopole, mais aussi pour les consommateurs. Avant tout, il est essentiel de réfléchir à la forme de la courbe de demande, lorsque le prix est fixé par un régulateur.

18.** M. Ducharme cherche à connaître les conséquences d'une stratégie de discrimination par les prix sur son activité et sur le bien-être collectif. Les informations initiales (équations n° 1 et n° 2) restent valables.

a) M. Ducharme pense pouvoir opérer une discrimination parfaite du 1er degré. Évaluer les retombées économiques de cette stratégie.

b) Le type précédent de discrimination, aussi intéressant soit-il, ne lui paraît pas concrètement envisageable. En revanche, une étude du marché italien lui permet d'affirmer qu'il serait en situation de monopole en Italie, et que la fonction de demande sur ce marché est donnée par la relation suivante :

$$Q_D^I(p_I) = 30 - p_I$$

On adoptera une écriture identique pour la fonction de demande de Ducharme en France :

$$Q_D^F(p_F) = 30 - \frac{1}{2}p_F$$

Analyser toutes les conséquences de la mise en œuvre d'une stratégie de discrimination par les prix de degré trois par le monopole Ducharme.

c) Justification et intérêt de cette stratégie.

Analyse de l'énoncé et conseils. L'essentiel de la résolution d'un problème de discrimination du 1er degré réside dans la compréhension du mécanisme d'achat au prix de réservation. Une fois que la courbe de demande a été correctement interprétée, la suite est identique à une situation de monopole sans discrimination.

La réponse à la question b) suppose généralement que les coûts de production sont identiques, quel que soit le marché sur lequel le produit est commercialisé. Il s'agit d'une simplification de la réalité. L'existence de populations ayant des attitudes différentes face aux variations de prix justifie cette stratégie.

19*. Malgré le supplément de bénéfices lié à la discrimination, Ducharme décide de pratiquer un prix unique, pour se mettre à l'abri d'éventuelles poursuites anti-concurrentielles. Ducharme redevient donc un monopole pur, opérant exclusivement en France. Pour fabriquer le produit, imaginons maintenant que l'entreprise utilise deux usines en plus de celle d'Amiens, dont les coûts de production sont les suivants :

– usine de Blois : $CT_B(q_B) = \frac{1}{2}q_B^2 + 11q_B$

© Dunod. La photocopie non autorisée est un délit.

– usine de Cahors : $CT_C(q_C) = 2q_C^2$

et toujours :

– usine d'Amiens : $CT_A(q_A) = \frac{1}{4}q_A^2 + 15q_A$

a) Déterminer les quantités q_A^*, q_B^* et q_C^* que chaque usine doit produire afin de maximiser le profit global de l'entreprise.

b) Évaluer les conséquences d'une telle production par rapport à la situation où seule l'usine d'Amiens fonctionnait.

Analyse de l'énoncé et conseils. La résolution d'un tel problème suppose généralement que le bien fabriqué est indivisible : les usines ne peuvent donc produire que des quantités entières. Cela facilite le raisonnement d'arbitrage que l'on doit mener. La clé de répartition se détermine sur un principe très proche de celui utilisé pour le monopole avec discrimination de 3e degré [*cf.* exercice n° **18 b)**]. Il est important de rappeler que le prix de vente du produit ne dépend pas de l'usine qui l'a fabriqué : le prix est unique.

20*. Imaginons maintenant que Ducharme soit un « monopole naturel ». La fonction de demande reste inchangée (équation n° 1, exercice n° **17**) ; seule la fonction de coût total est nouvelle :

$$CT(q) = 10q + 200$$

a) Envisager toutes les tarifications possibles et leurs conséquences économiques.

b) Les pouvoirs publics souhaitent encourager la tarification au coût marginal. Ils proposent d'accorder une subvention à Ducharme, de telle sorte que ce dernier ne subisse plus de perte. Doivent-ils accorder une subvention forfaitaire ou à l'unité ? De quelle valeur ?

c) Finalement, les pouvoirs publics renoncent à subventionner Ducharme, devant le refus de ce dernier d'adopter la tarification souhaitée. En revanche, ils lui suggèrent de mettre en place une stratégie de discrimination du 2e degré. Évaluer les effets de cette stratégie.

Analyse de l'énoncé et conseils. La maximisation du profit n'est pas l'unique objectif d'un monopole. Selon les circonstances, le chef d'entreprise pourra choisir de maximiser le bénéfice, de ne réaliser aucun profit, ou encore de maximiser le surplus social. Chaque stratégie suppose préalablement de réfléchir à la détermination d'un critère simple reflétant l'objectif retenu.

La discrimination du 2e degré implique la vente de «blocs» comprenant plusieurs produits: dans un bloc, tous les produits sont vendus au même prix, et les blocs entre eux, sont vendus à des prix différents. À titre indicatif, on pourra par exemple constituer des blocs de 5 produits.

21. Un petit groupe de producteurs arrivent à différencier le wiz. La demande synthétique qui s'adresse à cet ensemble de vendeurs s'écrit alors :

$$Q_D^B(p_B) = 1\,350 - 45p_B$$

a) Quel est le nombre optimal de producteurs appartenant à ce groupe ?

b) Indiquer les nouvelles conditions de fonctionnement pour les firmes qui n'ont pas différencié le wiz.

Analyse de l'énoncé et conseils. Rappelons que cet exercice correspond à la suite de l'exercice n° 16 du TD 6. L'énoncé n'évoque aucun accroissement de coût suite à la différenciation des produits: nous ferons donc l'hypothèse que le coût de fabrication d'un wiz différencié est égal au coût de production d'un wiz homogène. Là encore, il faudra admettre que les entreprises du groupe se partagent équitablement la production. La demande synthétique qui s'adresse aux entreprises n'ayant pas différencié est égale à la demande synthétique initiale à laquelle on retire la demande synthétique du groupe de producteurs ayant différencié.

SOLUTIONS

1 ▸ b – **2** ▸ aucun – **3** ▸ c – **4** ▸ c – **5** ▸ a, c – **6** ▸ b – **7** ▸ c – **8** ▸ b, c – **9** ▸ a – **10** ▸ b, c

11 ▸ Rappelons que la courbe d'offre d'un marché de concurrence pure et parfaite s'obtient en agrégeant les courbes d'offre individuelles. Ces dernières s'obtiennent à partir des courbes de coût marginal : à chaque prix de vente est associée une quantité. Ainsi, on constate que l'offre globale de la branche se construit sans référence à la courbe de demande du marché.

En revanche, en situation de monopole, la recette marginale n'est plus constante et varie avec le volume de production retenu. En conséquence, il n'est pas possible de préciser quelle sera la quantité produite pour un prix donné, à moins de disposer de la fonction de demande. La réponse à la question est donc négative.

12 ▸ a) Définition de l'élasticité-prix : $e = \frac{\partial q}{\partial p}\frac{p}{q} \quad \rightarrow \quad \frac{\partial p}{\partial q} = \frac{1}{e}\frac{p}{q} \quad (*)$

Définition de la recette marginale : $R_m(q) = \frac{\partial R_T(q)}{\partial q} = \frac{\partial [qp]}{\partial q} = p + \frac{\partial p}{\partial q}q$

En utilisant le résultat (*), on trouve : $R_m(q) = p + \left[\frac{1}{e}\frac{p}{q}\right] q = p\left[1 + \frac{1}{e}\right]$

Or, pour une demande dite « normale » (cas le plus fréquent), l'élasticité-prix est toujours négative, c'est pourquoi il est possible d'écrire : $R_m(q) = p\left[1 - \frac{1}{|e|}\right]$

À l'optimum, on sait que $Rm = Cm$, ce qui nous permet bien de dire que :

$$C_m = p\left[1 - \frac{1}{|e|}\right]$$

b) À partir de l'égalité précédente, on obtient facilement : $\frac{p - C_m}{p} = \frac{1}{|e|}$

13 ▸ À l'équilibre, on sait que l'égalité suivante est vérifiée : $p = \frac{C_m}{1 - \frac{1}{|e|}}$

a) Si $e = -3$ alors : $\frac{1}{1 - \frac{1}{|e|}} = \frac{3}{2}$ donc $p = \frac{3}{2}C_m$

Dans cette situation, le prix est de 50 % supérieur au coût marginal.

b) Dans ce cas, le prix est de 100 % supérieur au coût marginal.

14 ▸ Le prix des places de cinéma. Les cinémas proposent un tarif plus faible aux jeunes et aux étudiants parce qu'ils ont une demande plus élastique par rapport au prix que les personnes plus âgées ayant des revenus. Les deux marchés sont normalement étanches car le personnel du cinéma peut exiger une pièce d'identité pour délivrer tout billet à tarif réduit. L'efficacité économique de cette stratégie de discrimination est positivement corrélée à la sévérité du contrôle des conditions d'accès aux différents tarifs par le personnel.

15 ▸ L'objectif est de trouver une clé de répartition qui assure au monopole un profit optimal. Partons du profit global, réalisé par le monopole sur les deux marchés :

$$\pi(q_F, q_I) = RT_F(q_F) + RT_I(q_I) - CT(q) \quad \text{avec : } q = q_F + q_I$$

Ainsi :

$$\frac{\partial q}{\partial q_F} = \frac{\partial q}{\partial q_I} = 1$$

Donc :

$$\frac{\partial CT}{\partial q_F} = \frac{\partial CT}{\partial q}\frac{\partial q}{\partial q_F} = \frac{\partial CT}{\partial q} \quad \text{et} \quad \frac{\partial CT}{\partial q_I} = \frac{\partial CT}{\partial q}\frac{\partial q}{\partial q_I} = \frac{\partial CT}{\partial q}$$

Ces deux dernières égalités signifient que le coût marginal est unique : en effet, il est identique pour les deux marchés puisque la production est réalisée dans une seule et même usine ; qu'une partie de la production soit vendue en Italie et l'autre partie en France importe peu.

D'où les conditions du 1er ordre :

$$\begin{cases} \frac{\partial \pi(q_F, q_I)}{\partial q_F} = 0 \\ \frac{\partial \pi(q_F, q_I)}{\partial q_I} = 0 \end{cases} \Leftrightarrow \begin{cases} \frac{\partial RT_F}{\partial q_F} - \frac{\partial CT}{\partial q} = 0 \\ \frac{\partial RT_I}{\partial Q_I} - \frac{\partial CT}{\partial q} = 0 \end{cases} \Leftrightarrow \begin{cases} Rm_F(q_F) = C_m(q) \\ Rm_I(q_I) = C_m(q) \end{cases}$$

Ainsi, on doit avoir : $Rm_F(q_F) = RM_I(q_I) = C_m(q)$

L'optimum est atteint lorsque les recettes marginales des deux pays sont égales entre elles et égales au coût marginal du monopole. Si l'une d'elles était supérieure au coût marginal, cela signifierait que le monopole pourrait augmenter son profit en vendant davantage dans le pays où la recette marginale est supérieure.

Lorsque cette triple égalité est respectée, plus aucun arbitrage ne permet d'accroître le profit.

16 ▸ Pour les quantités q_F et q_I qui maximisent le profit, on peut écrire, en utilisant les résultats des exercices n° **12** et n° **15** :

$$C_m(q_F + q_I) = p_F(q_F)\left[1 - \frac{1}{|e_F|}\right] \text{ et } C_m(q_F + q_I) = p_I(q_I)\left[1 - \frac{1}{|e_I|}\right]$$

Donc : $$p_F(q_F)\left[1 - \frac{1}{|e_F|}\right] = p_I(q_I)\left[1 - \frac{1}{|e_I|}\right] \Leftrightarrow \frac{\left[1 - \frac{1}{|e_F|}\right]}{\left[1 - \frac{1}{|e_I|}\right]} = \frac{p_I(q_I)}{p_F(q_F)}$$

Si : $$|e_F| > |e_I| \rightarrow \frac{1}{|e_F|} < \frac{1}{|e_I|} \text{ alors : } \left[1 - \frac{1}{|e_F|}\right] > \left[1 - \frac{1}{|e_I|}\right]$$

Donc : $$\frac{\left[1 - \frac{1}{|e_F|}\right]}{\left[1 - \frac{1}{|e_I|}\right]} = \frac{p_I(q_I)}{p_F(q_F)} > 1$$

D'où : $$p_I(q_I) > p_F(q_F)$$

Ainsi, c'est sur le marché où les clients sont les plus sensibles aux variations de prix que le monopoleur fixera le prix de vente le plus faible.

17 ▸ a) La maximisation du profit suppose l'égalité du coût marginal et de la recette marginale.

$$Q_D(p) = 30 - \frac{1}{2}p \Leftrightarrow p = -2q + 60 \Leftrightarrow R_M(q) = -2q + 60$$

$$\rightarrow RT(q) = -2q^2 + 60q \rightarrow R_m(q) = -4q + 60$$

Le coût moyen et le coût marginal sont obtenus à partir du coût total :

$$CT(q) = \frac{1}{4}q^2 + 15q \rightarrow C_M(q) = \frac{1}{4}q + 15 \text{ et } C_m(q) = \frac{1}{2}q + 15$$

Ainsi, on cherche q tel que : $\frac{1}{2}q + 15 = -4q + 60 \rightarrow q^* = 10$

À partir de cette valeur, on obtient facilement le prix, le coût moyen et le profit pur :

$$p^* = -2q^* + 60 = 40 \text{ et } C_M(q^*) = \frac{35}{2} = 17,5$$

$$\rightarrow \pi(q^*) = 10 \cdot (40 - 17,5) = 225 \text{ (rectangle } ABCD\text{)}$$

- **Surplus social**

– surplus des consommateurs : $SC = \frac{1}{2}[10 \cdot (60 - 40)] = 100$ triangle AHB

– surplus des producteurs : $SP = \frac{1}{2}[10 \cdot (20 + 25)] = 225$ trapèze $ABEF$

Le surplus social est donc égal à 325. Il mesure le bien-être de la société.

© Dunod. La photocopie non autorisée est un délit.

• **Comparaison avec l'équilibre de concurrence pure et parfaite**

Cette comparaison ne peut être menée que sous certaines hypothèses restrictives :

– on se situe dans la longue période ;

– la structure des coûts n'est pas modifiée par le changement de régime concurrentiel ;

– la demande du marché reste celle que connaissait le monopole ;

– la courbe d'offre correspond à la courbe de coût marginal ;

– on se trouve en présence d'une branche à coûts constants : le coût moyen de long terme est égal au coût marginal de long terme.

Sous ces hypothèses, la production optimale, en concurrence pure et parfaite, serait déterminée à l'intersection de l'offre et de la demande du marché, c'est-à-dire au point ($Q_c = 18$; $P_c = 24$). Le surplus du consommateur augmente de la surface $K + Q$ $(160 + 64)$ alors que le surplus du producteur diminue de $K\,(160)$ et augmente de $R\,(16)$. Le surplus social s'est donc accru de $Q + R\,(80)$: il est maintenant égal à $325 + 80 = 405$. Le graphique 7.1 permet de comprendre que le surplus social a atteint ici sa valeur maximale.

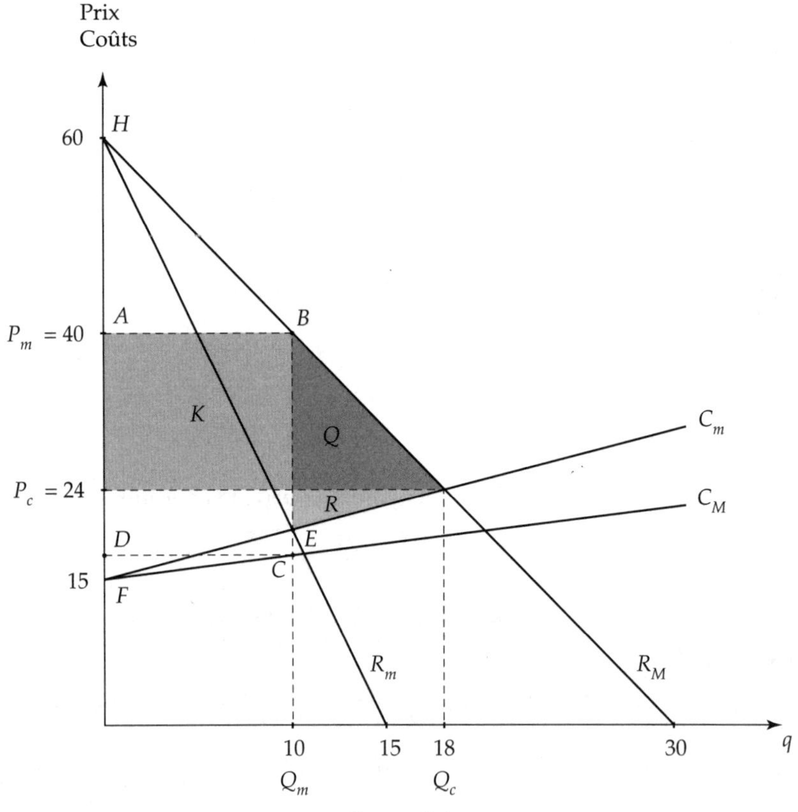

Figure 7.1

On en déduit le ***coût social du monopole*** (ou ***charge morte*** ou *deadweight loss*) qui est égal à $Q + R$. Il mesure la perte d'efficience et la réduction du bien-être consécutive à une déviation par rapport à l'équilibre concurrentiel : le monopole produit une quantité moindre, mais la vend à un prix plus élevé.

b) La régulation des prix par les pouvoirs publics a généralement d'importants effets, tant sur le plan de la redistribution (transfert de richesse du monopole vers les consommateurs, ou inversement), que sur celui de l'efficience économique. Suivant le niveau de prix qui est retenu, la régulation peut s'avérer globalement positive, ou globalement négative.

Lorsqu'un prix maximum est imposé, la courbe de demande se modifie. Elle devient horizontale (car imposée de manière exogène) jusqu'à l'intersection avec la courbe de demande initiale. Ainsi, nous avons représenté en gras la courbe de demande dite « régulée ». Il s'ensuit une nouvelle courbe de recette marginale (en gras). Précisons que dans sa partie horizontale, la courbe de demande régulée est égale à la courbe de recette marginale régulée.

On peut distinguer 4 niveaux possibles de prix (notons P_r le prix maximum imposé par le régulateur et P_m le prix de monopole).

- Si $P_r \geqslant P_m$ (*cf.* Figure 7.2)

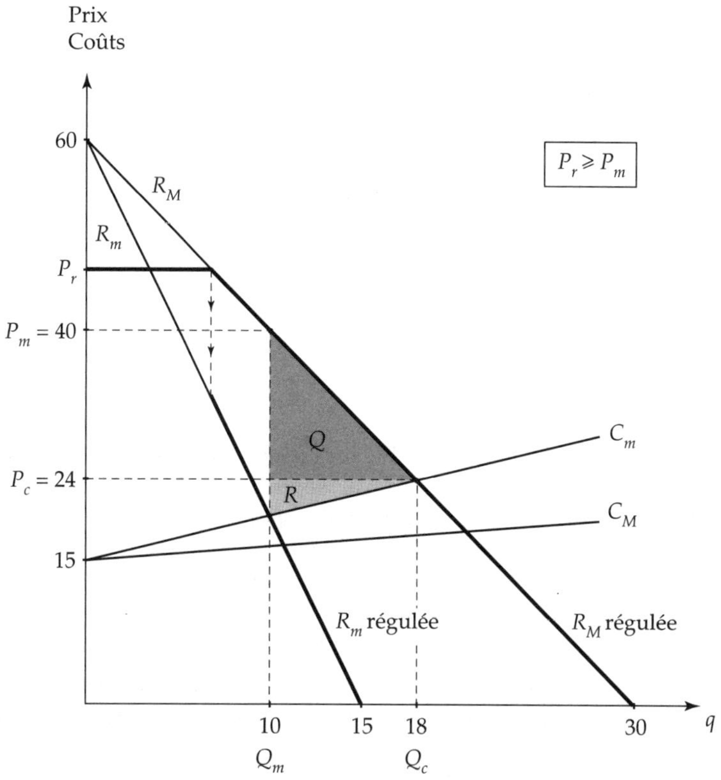

Figure 7.2

© Dunod. La photocopie non autorisée est un délit.

Le monopole choisira de conserver le couple (Q_m, P_m) comme optimum ; en effet, l'intersection entre C_m et R_m n'est pas modifiée. La régulation n'a aucun effet redistributif. La charge morte du monopole ne varie pas (elle est égale à $Q + R$). Le surplus social reste au même niveau (325).

• Si $P_c < P_r < P_m$ (*cf.* Figure 7.3)

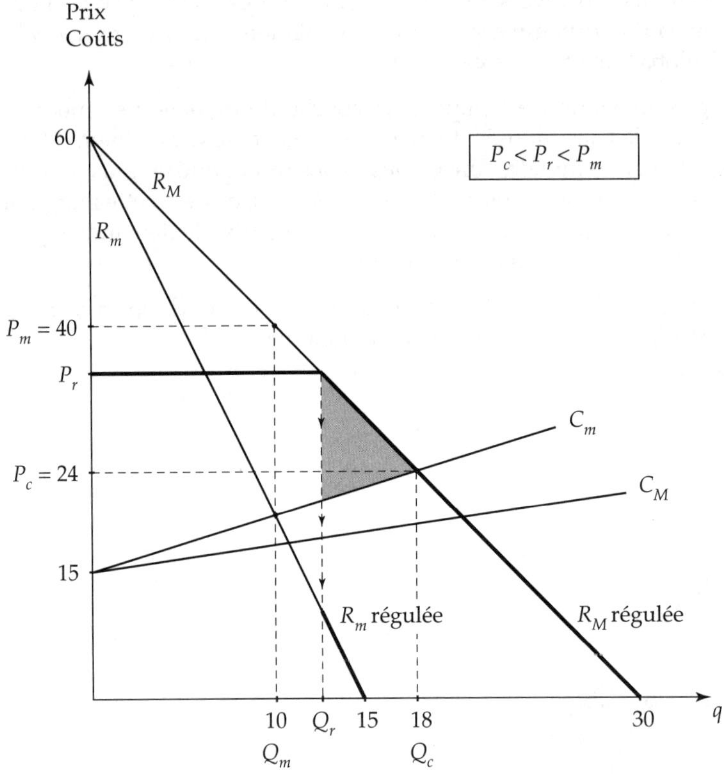

Figure 7.3

Le monopole choisira de fixer le prix à P_r. En ce point, il ne maximise plus son profit car le coût marginal est supérieur à la recette marginale. Cependant, on peut dire que pour ce prix P_r, il maximise son « *profit régulé* ». En effet, il n'est pas autorisé à fixer un prix supérieur à P_r et n'a pas intérêt à le fixer plus bas, car dans ce dernier cas, l'écart entre le coût marginal et la recette marginale s'accroît, ce qui réduirait encore davantage son profit. Pour le prix P_r, les quantités proposées seront donc supérieures à Q_m, mais inférieures à Q_c.

La charge morte du monopole diminue (zone grisée) : la fixation autoritaire du prix provoque un transfert de bien-être du monopole vers les consommateurs.

Le surplus social augmente par rapport aux situations précédentes (par exemple, pour un prix de 30, on aura un surplus social de 393,75, décomposé en 225 de surplus du consommateur et 168,75 de surplus du producteur).

• Si $P_r = P_c$

C'est un scénario très proche du précédent. Ici, la charge morte du monopole disparaît entièrement. En effet, le monopole choisira de fixer le prix au niveau de P_c, prix du régime de concurrence pure et parfaite. La quantité associée sera donc Q_c.

Les consommateurs seront les gagnants d'une telle régulation : ils pourront acheter davantage de produits, à un prix nettement inférieur ($Q_c = 18$; $P_c = 24$). Le surplus social est maximal : 405. C'est donc la solution où l'efficience et le bien-être sont maximisés.

• Si $P_r < P_c$ (*cf.* Figure 7.4)

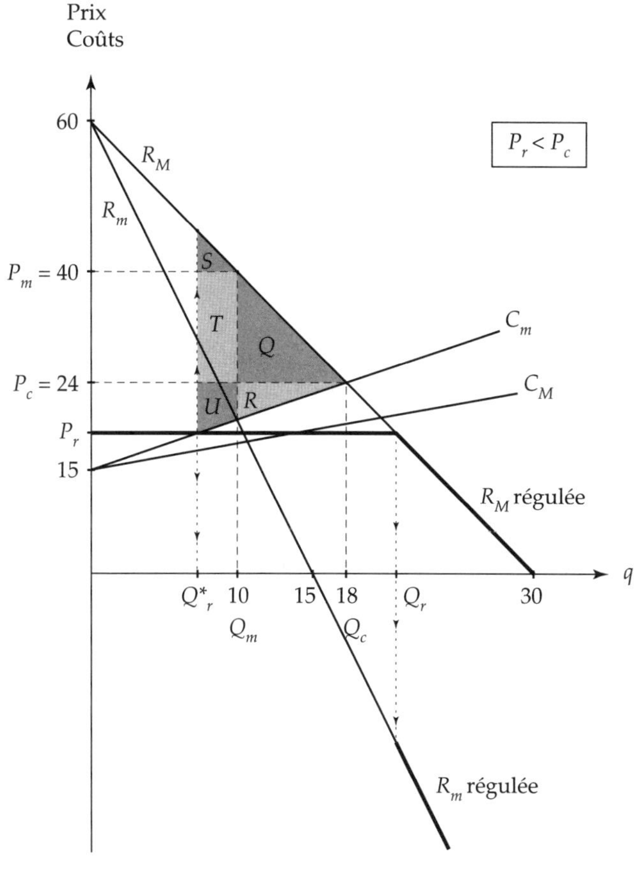

Figure 7.4

Si le prix est fixé à P_r, la demande des consommateurs est normalement de Q_r. Cependant, il n'est pas concevable que le monopole vende Q_r car l'écart entre le coût marginal et la recette marginale est très grand (sur notre schéma, de plus, au prix P_r, le monopole ne couvre pas ses coûts !). Dans ce cas, le monopole choisira la quantité telle que $C_m = R_m$, c'est-à-dire une quantité Q_r^* qui maximise son profit régulé.

© Dunod. La photocopie non autorisée est un délit.

Or la recette marginale est confondue avec la droite de demande, lorsque celle-ci est horizontale. Comme P_r est inférieur à P_c, l'intersection entre la recette marginale régulée et le coût marginal, déterminant Q_r^*, se trouvera forcément dans l'intervalle $[0; Q_c[$. De ce fait, on verra réapparaître une charge morte. Il se peut même, comme sur notre graphique, que le prix P_r soit fixé à un niveau tellement bas, que cela entraîne l'apparition d'une charge morte supérieure à ce qu'elle est en monopole non régulé : $Q + R + S + T + U$.

Le surplus du monopole est très faible ; le surplus des consommateurs est assez élevé. En fait, les consommateurs sont rationnés : seul un petit nombre achète le produit (les premiers arrivés seront par exemple, les premiers servis). Ces consommateurs obtiendront un surplus important, mais tous les autres seront privés du produit.

Si le régulateur fixe le prix à 18, alors $SC = 324$ et $SP = 9$. Le surplus social est de 333. Cette situation est finalement plus intéressante pour les consommateurs que celle où le monopole n'était pas régulé. Le bien-être de la société s'est amélioré par rapport à cette situation.

c) • La taxe forfaitaire

La taxe forfaitaire ne va pas modifier l'équilibre du monopole, qui restera à :

$$Q_m = 10 \quad \text{et} \quad P_m = 40$$

Seul le profit pur du monopole sera réduit d'un montant de 45, soit un profit de 180 u.m. Ainsi, les consommateurs bénéficieront toujours du même montant de surplus. Leur bien-être n'est pas affecté.

• La taxe unitaire

En revanche, la taxe unitaire va provoquer une élévation du prix de vente ; on dit que le monopole fait supporter une partie de la taxe par les consommateurs. Le coût total après l'instauration de la taxe est égal à :

$$CT(q) = \frac{1}{4}q^2 + 15q + 18q \quad \begin{array}{l} \rightarrow C_M(q) = \frac{1}{4}q + 33 \\ \rightarrow C_m(q) = \frac{1}{2}q + 33 \end{array}$$

Ainsi, on cherche q tel que :

$$-4q + 60 = \frac{1}{2}q + 33 \qquad \rightarrow q^* = 6$$

À partir de cette valeur, on obtient facilement le prix, le coût moyen et le profit pur :

$$\rightarrow p^* = 48$$

$$\rightarrow C_M(q^*) = \frac{69}{2} = 34,5$$

$$\rightarrow \pi(q^*) = 6 \cdot (48 - 34,5) = 81$$

Le surplus des consommateurs : $SC = \frac{1}{2}[6 \cdot (60 - 48)] = 36$

Le surplus des producteurs : $SP = \frac{1}{2}[6 \cdot (15 + 12)] = 81$

Ainsi, le surplus total est égal à 117. Il a considérablement baissé. La taxe a ainsi provoqué une forte réduction du bien-être dans la société. Il ne faut cependant pas négliger l'éventualité d'une redistribution du montant de la taxe par le biais des services publics, par exemple.

La comparaison peut être résumée ainsi :

	Taxe forfaitaire	Taxe unitaire
Surplus des consommateurs	100	36
Profit du monopole	180	81
Surplus social	280	117
Montant total de la taxe	45	108 (6 × 18)

Les pouvoirs publics choisiront la taxe forfaitaire s'ils considèrent que la satisfaction immédiate des agents est une priorité ; en revanche, s'ils souhaitent accroître leurs ressources financières, la taxe unitaire est préférable.

18 ▸ a) Nous supposerons donc que M. Ducharme a la possibilité d'exiger un prix différent pour chaque unité vendue : le client ayant le prix de réservation le plus fort achète la première unité, le client effectuant la seconde meilleure enchère obtient la seconde unité... et ainsi de suite. La courbe de demande indique donc le prix de vente de chaque unité. La différence majeure avec le monopole « classique » se situe dans le fait que la baisse du prix, permettant de vendre une unité supplémentaire, ne s'applique pas aux unités déjà vendues. C'est pourquoi la courbe de demande du monopole pur nous fournit la courbe de recette marginale du monopole parfaitement discriminant.

La condition de maximisation du profit pur reste identique : il faut arrêter de vendre dès que le coût de production d'une unité supplémentaire est supérieur à la recette procurée par cette unité. Ainsi, la quantité optimale q^* est solution de l'équation : $R_m^{\text{dis}} = C_m$

La figure 7.5 permet de visualiser aisément la valeur de q^* ($q^* = 18$).

Algébriquement :

puisque : $R_m^{\text{dis}} = R_M$ alors : $R_M = C_m \Leftrightarrow -2q + 60 = \frac{1}{2}q + 15 \rightarrow q^* = 18$

On détermine ensuite le prix, le profit et le surplus : $p^* = -2q^* + 60 = 24$

Attention, 24 est le prix de la dernière unité vendue ; ce n'est pas le prix des 18 unités vendues par l'entreprise ! Ainsi, la recette totale correspond à la sur-

© Dunod. La photocopie non autorisée est un délit.

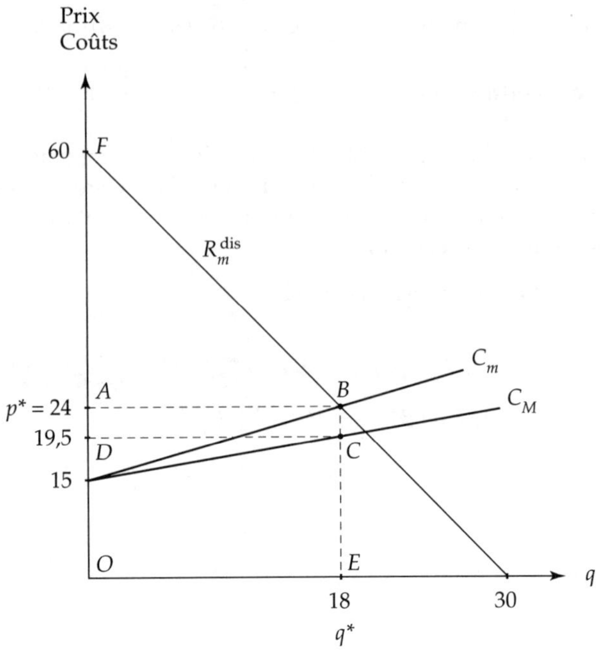

Figure 7.5

face $OFBE$. Le coût total est égal à la surface $ODCE$. Par soustraction, le profit pur correspond à la surface $DFBC$:

$$\pi(18) = \left[\frac{1}{2}((24 - 19,5) + (60 - 19,5))\right] \cdot 18 = 405$$

Le profit a considérablement augmenté par rapport à la situation du monopole sans discrimination. On peut faire observer que le profit est égal au surplus social d'un monopole régulé lorsque le prix de vente est fixé au niveau du coût marginal (*cf.* exercice n° **17**). Dans ce cas, nous avons constaté que le surplus social était maximum : la situation correspond en réalité à un équilibre de concurrence pure et parfaite, efficient au sens de Pareto (la somme des surplus des consommateurs et du monopoleur est maximale).

En monopole discriminant, le surplus des consommateurs est nul puisque chaque acheteur paye le maximum de ce qu'il est disposé à payer ; le surplus social est donc égal au profit pur dégagé par le monopole. Ce dernier arrive à s'approprier la totalité du surplus des consommateurs.

b) Rappelons que les deux marchés doivent être économiquement distincts pour que la discrimination puisse s'avérer une stratégie intéressante. Nous ferons donc l'hypothèse que les consommateurs ne peuvent en aucun cas revendre (plus cher) le produit sur un marché après l'avoir acheté sur l'autre (où il se vend moins cher).

La résolution de ce type de problème suppose une certaine méthode et de la rigueur. Il est préférable de décomposer la solution en 4 phases.

1) Détermination des recettes moyenne et marginale agrégées

Il est nécessaire d'évaluer la fonction de demande agrégée, c'est-à-dire la demande totale émanant des deux pays.

Si $p \geqslant 60$ $\quad Q_D^{\text{Tot}}(p) = 0$

Si $30 \leqslant p < 60$ $\quad Q_D^{\text{Tot}}(p) = Q_D^F(p) = 30 - \frac{1}{2}p$ $\quad \rightarrow RM_{\text{Tot}}(q) = -2q + 60$ $\quad \rightarrow Rm_{\text{Tot}}(q) = -4q + 60$

Si $p < 30$ $\quad Q_D^{\text{Tot}}(p) = Q_D^I(p) + Q_D^F(p) = 30 - p + 30 - \frac{1}{2}p$

$$Q_D^{\text{Tot}}(p) = 60 - \frac{3}{2}p \qquad \begin{array}{l} \rightarrow RM_{\text{Tot}}(q) = -\frac{2}{3}q + 40 \\ \rightarrow Rm_{\text{Tot}}(q) = -\frac{4}{3}q + 40 \end{array}$$

2) Recherche de la quantité optimale

L'égalité entre le coût marginal et la recette marginale agrégée permettra au monopole d'atteindre le profit maximum :

$$Rm_{\text{Tot}}(q) = Cm(q) \Leftrightarrow -\frac{4}{3}q + 40 = \frac{1}{2}q + 15 \rightarrow q^* = \frac{150}{11} \approx 13,64$$

Au total, sur les deux marchés, le monopole vendra une quantité de 13,64.

Attention au choix de la « bonne » fonction de recette marginale agrégée. L'approche graphique fournit une aide précieuse.

3) Répartition des ventes

L'aspect théorique de cette étape a été traité dans les questions de réflexion. Ainsi, on doit avoir :

$$R_{m_F}(q_F) = R_{m_I}(q_I) = C_m(q)$$

Il est aussi possible d'utiliser la clé de répartition sans avoir préalablement déterminé la quantité agrégée q^*, donc sans avoir préalablement construit la fonction de demande agrégée.

On utilise le même principe, mais cette fois, on ignore la valeur du coût marginal :

$$\begin{cases} R_{m_F}(q_F) = C_m(q_F + q_I) \\ R_{m_I}(q_I) = C_m(q_F + q_I) \end{cases} \Leftrightarrow \begin{cases} -4q_F + 60 = \frac{1}{2}(q_F + q_I) + 15 \\ -2q_I + 30 = \frac{1}{2}(q_F + q_I) + 15 \end{cases} \Leftrightarrow \begin{cases} q_F + 5q_I = 30 \\ 9q_F + q_I = 90 \end{cases}$$

$$\rightarrow q_F^* = \frac{105}{11} \approx 9,54 \quad \text{et} \quad \rightarrow q_I^* = \frac{45}{11} \approx 4,1$$

© Dunod. La photocopie non autorisée est un délit.

4) Détermination des prix de vente et du profit

Le prix sur le marché F (respectivement I) sera déterminé en reportant la quantité optimale q_F^* (respectivement q_I^*) dans la fonction de demande du marché F (resp. I) :

$$p_F = R_{M_F}\left(\frac{105}{11}\right) = -2\frac{105}{11} + 60 = \frac{450}{11} \approx 40,91$$

$$P_I = R_{M_I}\left(\frac{45}{11}\right) = -\frac{45}{11} + 30 = \frac{285}{11} \approx 25,91$$

La différence de prix est particulièrement flagrante. La pratique consistant à vendre moins cher le même bien sur un marché étranger est qualifiée de ***dumping***. Lorsque la firme étrangère fixe un prix de vente très bas, par exemple inférieur au coût moyen des firmes nationales, on parle même de *dumping* « prédateur ».

Il est possible de présenter graphiquement tous les raisonnements et les résultats précédents, en distinguant le marché français, le marché italien et le marché global (agrégé) du monopole :

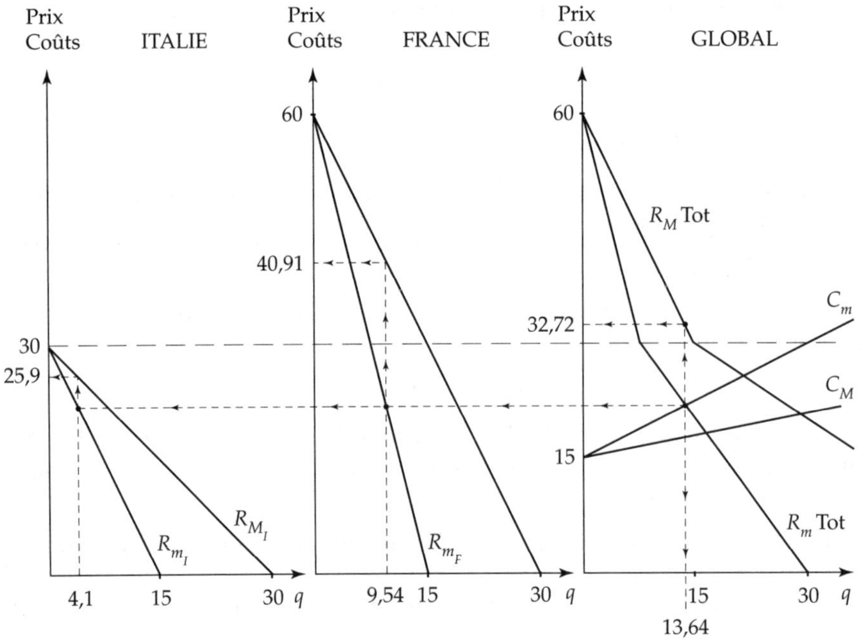

Figure 7.6

Le profit s'obtient en sommant les recettes totales réalisées sur les deux marchés, diminuées du coût total de production :

$$+ \text{ recette totale en France : } RT_F = \frac{105}{11} \times \frac{450}{11} = \frac{47\,250}{121}$$

$$+ \text{ recette totale en Italie : } RT_I = \frac{45}{11} \times \frac{285}{11} = \frac{12\,825}{121}$$

$$= \text{ recette totale du monopole discriminant : } RT = \frac{60\,075}{121}$$

$$- \text{ coût total du monopole discriminant : } CT = \frac{150}{11} \times \frac{405}{22} = \frac{30\,375}{121}$$

$$= \text{ profit du monopole discriminant : } \pi = \frac{29\,700}{121} \approx 245,45$$

c) • Justification

La mise en place d'une stratégie de discrimination par les prix s'explique par l'existence d'élasticités-prix différentes selon les marchés. Un prix plus faible sera fixé sur le marché où la demande est plus élastique ; un prix plus élevé sera fixé sur le marché où la demande est plutôt rigide. La discrimination par les prix permet donc d'adapter le prix à la sensibilité des consommateurs face au prix (*cf.* exercice n° **16**).

À titre d'exemple, l'élasticité-prix de la demande sur le marché français est égale à :

$$e^F_{q/p} = \frac{\partial [Q^F_D(p_F)]}{\partial p_F} \frac{p_F}{Q^F_D(p_F)} = -\frac{1}{2} \cdot \left[\frac{p_F}{30 - \frac{1}{2}p_F} \right] = \frac{p_F}{p_F - 60}$$

On peut ainsi vérifier que pour les prix de vente discriminatoires retenus par le monopole (c'est-à-dire : $p_F = 40,91$ et $p_I = 25,91$), l'élasticité-prix (en valeur absolue) de la demande italienne est supérieure à celle de la demande française :

$$e^F_{q/p} = -\frac{15}{7} \approx -2,14 \qquad e^I_{q/p} = -\frac{19}{3} \approx -6,33$$

• Intérêt de la discrimination

La discrimination par les prix aura permis au monopole d'accroître son profit. Imaginons que le monopole ne puisse pas pratiquer le dumping et soit contraint de fixer un prix unique dans les deux pays (*cf.* raisons évoquées dans l'exercice n° **19**) : $p = p_F = p_I$

Deux situations peuvent se présenter.

– Soit $0 \leqslant p \leqslant 30$

La demande correspond alors à : $Q^F_D(p) + Q^I_D(p)$

Le profit maximal s'obtient lorsque : $R_m \text{ Tot} = C_m$

Cela conduit aux résultats suivants : $q^* = 13,64$

$p^* = 32,72$

© Dunod. La photocopie non autorisée est un délit.

Cette solution ne peut pas être retenue car le prix optimal n'appartient pas à l'intervalle de prix posé comme hypothèse de départ.

– Soit : $30 < p \leqslant 60$

La demande correspond alors à : $Q_D^F(p)$

Le monopole ne vend plus que dans un seul pays : la France (marché initial). Cette situation a été traitée dans l'exercice n° **17**- question **a)**.

Cela conduisait aux résultats suivants : $q_F^* = 10 \quad p_F^* = 40 \quad \pi_F = 225$

Le profit en monopole pur est bien inférieur à celui trouvé en monopole discriminant (245,45). Cette stratégie est donc avantageuse.

On notera cependant une évolution contrastée sur le plan des surplus ; le tableau comparatif suivant permet de tirer quelques enseignements :

	Fixation d'un prix unique	Discrimination
q_F	10,00	9,54
p_F	40,00	40,91
q_I	0,00	4,10
p_I	0,00	25,91
π	225,00	245,45
SC_F	100,00	91,12
SC_I	0,00	8,37
$SC_{\text{onso.}}$	100,00	99,49
$SP_{\text{prod.}}$	225,00	245,45
Surplus Total	325,00	344,94

L'évolution du surplus global des consommateurs est en fait la résultante de deux mouvements :

– les consommateurs français voient leur bien-être diminué (quantité moindre et hausse du prix) ;

– les consommateurs italiens voient leur bien-être fortement accru.

Ainsi, par rapport à l'exemple choisi (que l'on ne doit pas considérer comme un cas général), les agents qui tirent bénéfice de la discrimination sont les consommateurs italiens, qui accèdent à la consommation du produit, et le monopole, qui augmente ses profits. Finalement, le surplus social a augmenté.

19 ▸ a) La résolution d'un tel problème s'effectue en deux étapes.

1re étape : la détermination de la quantité optimale suppose, de façon classique, l'égalité entre la recette marginale et le coût marginal du monopole :

$$R_m(q) = C_m(q)$$

La difficulté du problème réside dans la détermination du coût marginal d'un monopole multi-établissements. Il faut procéder à un examen attentif de la situation. Indiquons d'abord les coûts marginaux des trois usines :

– usine d'Amiens : $C_{m_A}(q_A) = \frac{1}{2}q_A + 15$

– usine de Blois : $C_{m_B}(q_B) = q_B + 11$

– usine de Cahors : $C_{m_C}(q_C) = 4q_C$

Le coût marginal du monopole s'obtient grâce au raisonnement suivant :

– on commence par fabriquer le plus d'unités possible dans l'usine qui possède le coût marginal le plus faible ;

– dès qu'une unité supplémentaire peut être fabriquée à un coût marginal plus faible que l'unité précédente, dans une autre usine, on change alors de fonction de coût marginal (donc on change d'usine).

Il s'agit d'un processus d'arbitrage continuel. À partir du coût marginal du monopole, on pourra alors retrouver le coût total, puis le coût moyen. Rappelons que les quantités produites ne peuvent être qu'entières.

	Coûts marginaux des usines			Monopole	
q	Usine A	Usine B	Usine C	C_m	Usine retenue
1	**15,5**	**12,0**	**4,0**	4,0	C
2	**16,0**	**13,0**	**8,0**	8,0	C
3	16,5	**14,0**	**12,0**	12,0	C
4	17,0	**15,0**	**16,0**	12,0	B
5	17,5	**16,0**	20,0	13,0	B
6	18,0	17,0	24,0	14,0	B
7	18,5	18,0	28,0	15,0	B
8	19,0	19,0	32,0	15,5	A
9	19,5	20,0	36,0	16,0	A
10	20,0	21,0	40,0	16,0	B
11	20,5	22,0	44,0	16,0	C
12	21,0	23,0	48,0	16,5	A

© Dunod. La photocopie non autorisée est un délit.

La fabrication des 3 premières unités doit se faire dans l'usine C puisque les coûts marginaux y sont les plus faibles. Où produire la quatrième unité ? Dans l'usine où la production d'une unité est la moins coûteuse : il s'agit de l'usine B. L'usine B peut donc fournir 4 unités avant que sa production devienne plus onéreuse que celle de l'usine A ..., etc.

On constate sur la figure 7.7 (*a*) que la courbe de coût marginal coupe la courbe de recette marginale au point de coordonnées (11 ; 16). L'optimum est atteint en ce point.

On peut vérifier que : $R_m(11) = -4 \cdot (11) + 60 = 16$

Le prix de vente du produit sera donc fixé à 38 (lecture sur la droite de demande).

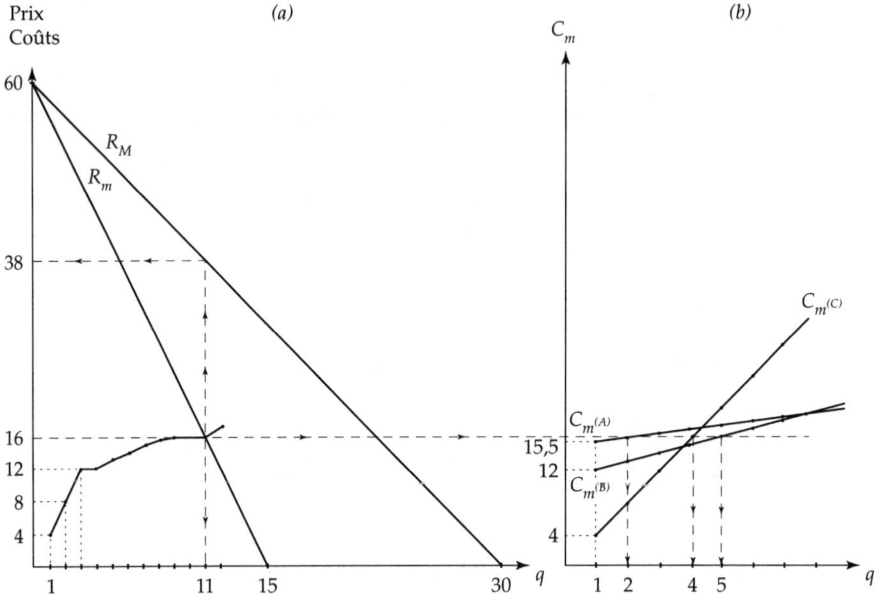

Figure 7.7

2e étape : l'objectif est ensuite de trouver la clé de répartition qui assure au monopole un profit optimal. Partons du profit global, réalisé par le monopole, en considérant que la production peut être assurée par ses trois usines :

$$\pi(q_A, q_B, q_C) = RT(q) - [CT_A(q_A) + CT_B(q_B) + CT_C(q_C)]$$

avec : $q = q_A + q_B + q_C$

Ainsi : $\dfrac{\partial q}{\partial q_A} = \dfrac{\partial q}{\partial q_B} = \dfrac{\partial q}{\partial q_C} = 1$

Donc : $\dfrac{\partial RT}{\partial q_i} = \dfrac{\partial RT}{\partial q}\dfrac{\partial q}{\partial q_i} = \dfrac{\partial RT}{\partial q}$ pour $i = A, B$ et C

Cette égalité signifie que la recette marginale est unique : que le bien soit produit dans l'usine A, l'usine B ou l'usine C, il sera toujours vendu au même prix. Par conséquent, la vente d'une unité supplémentaire rapportera toutjours la même valeur (R_m), quelle que soit l'usine qui fournit cette unité.

D'où les conditions de maximisation du 1er ordre :

$$\begin{cases} \dfrac{\partial\pi(q_A, q_B, q_c)}{\partial q_A} = 0 \\ \dfrac{\partial\pi(q_A, q_B, q_C)}{\partial q_B} = 0 \\ \dfrac{\partial\pi(q_A, q_B, q_c)}{\partial q_C} = 0 \end{cases} \Leftrightarrow \begin{cases} \dfrac{\partial RT}{\partial q} - \dfrac{\partial CT_A}{\partial q_A} = 0 \\ \dfrac{\partial RT}{\partial q} - \dfrac{\partial CT_B}{\partial q_B} = 0 \\ \dfrac{\partial RT}{\partial q} - \dfrac{\partial CT_C}{\partial q_C} = 0 \end{cases} \Leftrightarrow \begin{cases} R_m(q) = C_{m_A}(q_A) \\ R_m(q) = C_{m_B}(q_B) \\ R_m(q) = C_{m_C}(q_C) \end{cases}$$

Ainsi, on doit avoir : $C_{m_A}(q_A) = C_{m_B}(q_B) = C_{m_C}(q_C) = R_m(q)$

Or, comme a l'optimum, nous avons : $R_m(q) = C_m(q)$

On peut donc dire que la répartition optimale sera celle qui vérifiera l'égalité suivante :

$$C_{m_A}(q_A) = C_{m_B}(q_B) = C_{m_C}(q_C) = C_m(q)$$

Les productions optimales sont donc égales à :

$$\begin{aligned} C_{m_A}(q_A) &= \frac{1}{2}q_A + 15 = 16 && \rightarrow q_A^* = 2 \\ C_{m_B}(q_B) &= q_B + 11 = 16 && \rightarrow q_B^* = 5 \\ C_{m_C}(q_C) &= 4q_C = 16 && \rightarrow q_C^* = 4 \end{aligned}$$

Ces résultats concordent parfaitement avec ceux obtenus dans le tableau et reportés sur le graphique. La figure 7.7 (*b*) permet de trouver la production que chaque usine doit réaliser. Il suffit de lire l'abscisse du point d'intersection entre la droite horizontale (tracée à partir de l'égalité entre la recette marginale et le coût marginal du graphique (*a*)) et la fonction de coût marginal de l'usine concernée.

Le coût total global s'obtient par sommation du coût total de chaque usine selon les quantités optimales :

– coût total de l'usine A = 31 ;

– coût total de l'usine B = 67,5 ;

– coût total de l'usine C = 32 ; soit un total global de 130,5.

La recette totale est égale à la vente des 11 unités au prix unitaire de 38, soit 418. Le profit total s'obtient par différence : $\pi(11) = 287,50$

b) Lorsque l'on compare la production multi-établissements avec la production par la seule usine d'Amiens, on constate que :

– le profit du monopole s'est amélioré : $+62,50 \quad [287,50 - 225]$

– le surplus des consommateurs a augmenté : $+21 \quad [((60 - 38) \cdot 11)/2 - 100]$.

© Dunod. La photocopie non autorisée est un délit.

Finalement, le bien-être de la société a fortement augmenté : cela s'explique par l'utilisation d'équipements moins coûteux. Il est dans l'intérêt de tous que M. Ducharme adopte ce type d'organisation productive.

Remarque. Il existe une autre méthode pour trouver la valeur de q^*, valable même lorsque les biens sont divisibles. On peut en effet calculer le *coût marginal synthétique* (ou global) qui correspond à l'addition horizontale des coûts marginaux. Pour effectuer cette addition, il est nécessaire de déterminer la fonction réciproque de chaque coût marginal. C'est aussi ce principe qui est utilisé lorsque l'on souhaite additionner des fonctions de demande. La sommation se fait pour chaque niveau de prix. Ici, la sommation se fera pour chaque niveau de coût marginal. Dans notre exemple :

– usine d'Amiens : $C_{m_A}(q_A) = \frac{1}{2}q_A + 15 \quad \rightarrow q_A = 2C_m - 30$

– usine de Blois : $C_{m_B}(q_B) = q_B + 11 \quad \rightarrow q_B = C_m - 11$

– usine de Cahors : $C_{m_C}(q_C) = 4q_C \quad \rightarrow q_C = \frac{1}{4}C_m$

Ainsi, la somme en ligne donne : $q = \frac{13}{4}C_m - 41$

Le coût marginal synthétique est donc égal à : $C_m^{\text{Synt}}(q) = \frac{4}{13}q + \frac{164}{13}$

On pose alors l'égalité entre le coût marginal synthétique et la recette marginale, pour trouver la quantité optimale q^* :

$$C_m^{\text{Synt}}(q) = R_m(q) \Leftrightarrow \frac{4}{13}q + \frac{164}{13} = -4q + 60 \quad \rightarrow q^* = 11$$

On retrouve bien la valeur précédente.

20 ▸ a) Déterminons le coût marginal et le coût moyen du monopole :

$$C_m(q) = 10 \qquad C_M(q) = 10 + \frac{200}{q}$$

Examinons maintenant les différents critères, c'est-à-dire les différentes tarifications possibles. Pour chaque stratégie, nous présenterons le calcul de base et la quantité optimale q^*. Tous les autres éléments (prix, profit, surplus) seront regroupés au sein d'un tableau comparatif. La figure 7.8 permettra de vérifier certains éléments.

• Maximisation du profit : tarification classique

$$R_m(q) = C_m(q) \Leftrightarrow -4q + 60 = 10 \quad \rightarrow q_1^* = 12,5$$

• Maximisation du chiffre d'affaires : le chiffre d'affaire, c'est-à-dire la recette totale, atteint son maximum lorsque la recette marginale est nulle :

$$R_m(q) = 0 \Leftrightarrow -4q + 60 = 0 \quad \rightarrow q_2^* = 15$$

• Gestion à l'équilibre : le monopole ne fait ni profit ni perte lorsque le prix de vente (c'est-à-dire la recette moyenne) est égal au coût moyen de production :

$$C_M(q) = R_M(q) \Leftrightarrow 10 + \frac{200}{q} = -2q + 60 \quad \rightarrow q_3^* = 20$$

• Maximisation du surplus des consommateurs : le surplus des consommateurs est maximum lorsque le prix de vente est égal au coût marginal. On parle de « tarification au coût marginal » :

$$R_M(q) = C_m(q) \Leftrightarrow -2q + 60 = 10 \quad \rightarrow q_4^* = 25$$

Tableau comparatif et de synthèse

Valeurs / Stratégies	q^*	p^* $R_M(q^*)$	Profit	Surplus		
				Consommation	Production	Social
Maximisation du profit	12,5	35	112,50	156,25	112,50	268,75
Maximisation du CA	15,0	30	100,00	225,00	100,00	325,00
Gestion à l'équilibre	20,0	20	0,00	400,00	0,00	400,00
Tarification au coût marginal	25,0	10	–200,00	625,00	–200,00	425,00

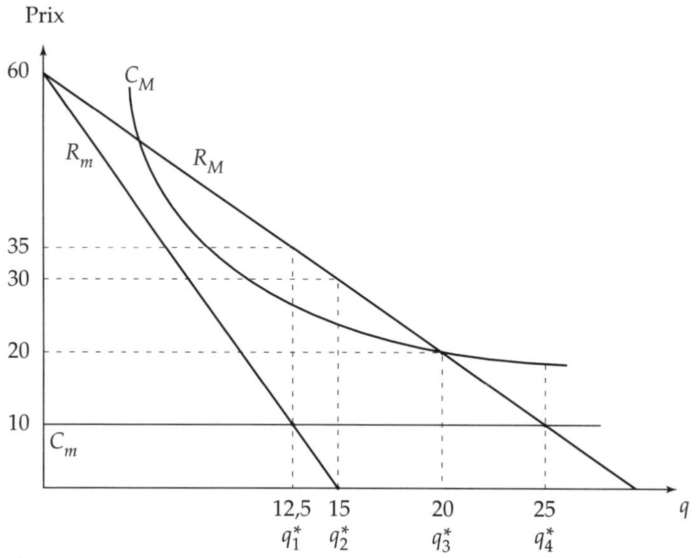

Figure 7.8

© Dunod. La photocopie non autorisée est un délit.

Nous avons classé les stratégies dans un ordre croissant d'intérêt pour les consommateurs : plus les quantités achetées sont élevées, plus le prix baisse et plus le surplus des consommateurs augmente. C'est la situation inverse qui se produit pour le monopole. Ce dernier subit même une perte à l'occasion de la tarification au coût marginal. Sur le plan du bien-être, c'est encore cette dernière stratégie qui fournit les meilleurs résultats. Tout autre tarification conduira à un surplus social inférieur. Cependant, on peut douter que le monopole applique cette stratégie (conduisant à des pertes), à moins d'être sous la tutelle des pouvoirs publics, ce qui n'est pas vraiment le cas ici. L'entreprise Ducharme, monopole privé, optera certainement pour l'une des deux solutions suivantes, toutes deux cohérentes avec des objectifs d'entreprise privée : maximiser le profit, maximiser le chiffre d'affaires.

b) • Un raisonnement simple permet d'écarter la subvention unitaire. Lorsque le coût moyen est décroissant, le coût marginal lui est toujours inférieur ; cette dernière proposition est vraie, même en présence d'une subvention à l'unité, qui n'empêche en rien le coût moyen d'être toujours décroissant :

$$C_M(q) = 10 + \frac{200}{q} - s \text{ avec : } s = \text{montant de la subvention unitaire}$$

Or : $$\forall q \in]0, +\infty[\quad \frac{\partial C_M}{\partial q}(q) = -\frac{200}{q^2} < 0$$

La tarification au coût marginal, même en présence d'une subvention unitaire, conduira fatalement à une perte pour un monopole naturel : la quantité optimale impliquant un prix de vente égal au coût marginal, et donc inférieur au coût moyen.

• Le traitement analytique de la subvention forfaitaire est assez simple puisque cette dernière ne modifie pas le coût marginal. L'optimum déterminé précédemment reste donc toujours valable. Il s'agit de vendre 25 unités au prix de 10. La valeur de la subvention doit donc être au moins égale à la perte encourue par le monopole en adoptant cette tarification. La subvention sera au minimum de 200. Pour cette valeur, on peut penser que M. Ducharme rejettera l'offre des pouvoirs publics et préfèrera choisir un critère plus rémunérateur.

c) La discrimination du 2e degré consiste à vendre des blocs de produits à différents niveaux de prix. Nous choisirons arbitrairement de vendre par bloc de cinq unités :

– les 5 premières unités seront vendues à 50 (car : $R_M(5) = 50$) ;

– les 5 unités suivantes à 40 (car : $R_M(5 + 5) = 40$) ;

– les 5 unités suivantes à 30 ;

– les 5 unités suivantes à 20 ;

– et enfin, les 5 dernières unités à 10.

Cette stratégie de vente conduit à une recette marginale en escalier puisque le prix retenu s'applique à toutes les unités du bloc.

La maximisation du profit suppose, dans ce cas aussi, qu'il y ait égalité entre la recette marginale et le coût marginal. À partir du moment où la recette marginale en escalier est inférieure au coût marginal, la vente d'un bloc de produits n'est plus rentable, dans la mesure où l'on perd sur chaque produit vendu.

La perte subie sur le dernier bloc est largement compensée par les profits importants réalisés sur les blocs précédents. Une grande partie des unités vendues l'ont été à un prix supérieur au coût marginal, ce qui conduit à accroître la profitabilité du monopole.

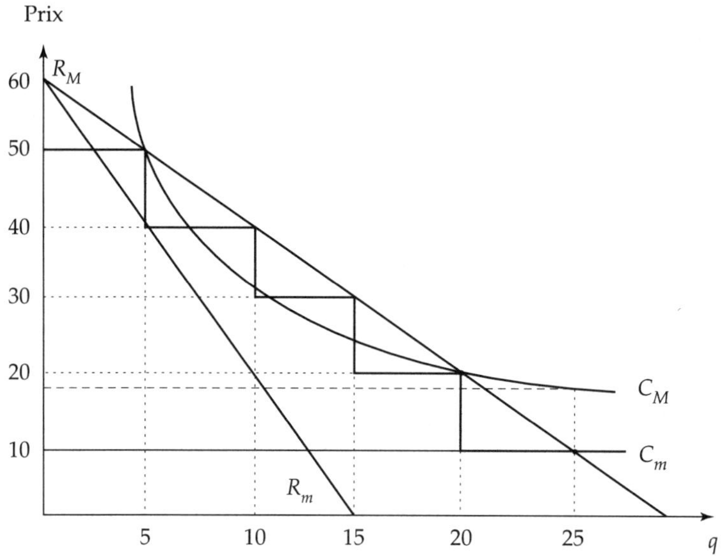

Figure 7.9

À partir de la figure 7.9, il est possible de calculer le profit du monopole et les différents surplus : le coût moyen est de 18 lorsqu'on vend 25 unités.

Ainsi, on peut calculer le profit sur chaque bloc vendu :

– le profit lié à la vente du 1er bloc de cinq unités est égal à :$(50 - 18) \times 5 = 160$

– le profit lié à la vente du 2e bloc de cinq unités est égal à : $(40 - 18) \times 5 = 110$

– le profit lié à la vente du 3e bloc de cinq unités est égal à : $(30 - 18) \times 5 = 60$

– le profit lié à la vente du 4e bloc de cinq unités est égal à : $(20 - 18) \times 5 = 10$

– le profit lié à la vente du 5e bloc de cinq unités est égal à : $(10 - 18) \times 5 = -40$

Le profit total est donc égal à : 300.

Le surplus des consommateurs est égal à la somme des 5 triangles, qui, dans notre exemple (à cause de la discrimination du 2e degré choisie), ont tous la même surface : $25 \times 5 = 125$.

Le surplus social est donc égal à 425, somme du surplus des consommateurs et du profit du monopole.

© Dunod. La photocopie non autorisée est un délit.

On pourra vérifier que, quel que soit le choix du regroupement (c'est-à-dire quelle que soit la façon dont on procède à la discrimination du second degré), le surplus social sera toujours égal à 425. La valeur maximale du surplus social est en effet atteinte lorsque le monopole applique une tarification au coût marginal.

Lorsque le monopole utilise une discrimination parfaite (du 1er degré), il capture tout le surplus des consommateurs et obtient le profit maximum. Lorsque la tarification au coût marginal est réalisée seule (sans discrimination), ce sont les consommateurs qui maximisent leur surplus. Entre ces deux situations extrêmes, une infinité de situations est possible.

21 ▸ a) Il s'agit de trouver le nombre optimal d'entreprises appartenant à un groupe qui fonctionne en régime de concurrence monopolistique, sur la longue période. Dans une telle configuration, l'équilibre individuel est atteint lorsque le profit pur est nul, c'est-à-dire lorsque la courbe de recette moyenne (droite de demande) est tangente à la courbe de coût moyen.

Puisque chaque entreprise du groupe produit la même quantité, on peut en déduire la fonction de demande individuelle :

$$q_D^B(p_B) = \frac{Q_D^B(p_B)}{n_B} = \frac{1\,350}{n_B} - \frac{45}{n_B}p_B$$

Ainsi, on détermine la fonction de demande individuelle inverse, puis on en déduit la recette moyenne (de chaque entreprise du groupe ayant différencié le wiz) :

$$p_B(q_B) = 30 - \frac{n_B}{45}q_B \quad \to R_{M_B}(q_B) = 30 - \frac{n_B}{45}q_B$$

Deux conditions doivent donc être réunies :

– la recette moyenne est tangente au coût moyen :

$$\frac{\partial R_{M_B}(q_B^*)}{\partial q_B} = \frac{\partial C_M(q_B^*)}{\partial q_B} \Leftrightarrow -\frac{n_B}{45} = \frac{1}{5}q_B^* - 3 \qquad (1)$$

– la recette moyenne coupe le coût moyen en un point :

$$R_{M_B}(q_B^*) = C_M(q_B^*) \Leftrightarrow 30 - \frac{n_B}{45}q_B^* = \frac{1}{10}(q_B^*)^2 - 3q_B^* + 40 \qquad (2)$$

Il suffit ensuite de remplacer $-\frac{n_B}{45}$ dans (2) par la valeur trouvée en (1) ; on obtient alors l'équation suivante :

$$30 + \left[\frac{1}{5}q_B^* - 3\right] q_B^* = \frac{1}{10}(q_B^*)^2 - 3q_B^* + 40 \Leftrightarrow (q_B^*)^2 - 100 = 0 \qquad \to q_B^* = 10$$

Remarque : l'autre solution (– 10) est bien sûr rejetée.

Ainsi, 10 correspond à la production optimale de chaque entreprise du groupe.

On en déduit le nombre optimal d'entreprises en utilisant l'équation (1), puis le prix de vente :

$$-\frac{n_B}{45} = \frac{1}{5}10 - 3 = -1 \qquad \rightarrow n_B = 45$$

et

$$p_B^* = R_{M_B}(10) = 30 - \frac{45}{45}10 \qquad \rightarrow p_B^* = 20$$

Ainsi, les 45 entreprises du groupe ayant procédé à la différenciation vendent chacune 10 wiz au prix unitaire de 20. Sous ces conditions, elles ne réalisent aucun profit pur ; aucune entreprise n'est incitée à sortir de la branche ou à entrer dans la branche.

b) La quantité vendue par le groupe de producteurs s'établit donc en longue période à 450 wiz. Ce volume diminue d'autant les ventes des autres producteurs (ceux qui n'ont pas différencié le wiz). Ainsi, la fonction de demande de ces derniers s'écrit :

$$Q_D^A(p_A) = 6\,075 - 90p_A - 450 = 5\,625 - 90p_A$$

Leur prix de vente n'a pas changé ; il s'établit toujours au minimum du coût moyen (qui n'a pas été modifié) : $p_A = 17,5$.

À ce prix, la quantité totale vendue par ces producteurs est donc égale à : 4 050.

Or chaque entreprise vend toujours 15 unités ; le nombre d'entreprises n'ayant pas différencié s'établit donc sur la longue période à $4\,050/15 = 270$.

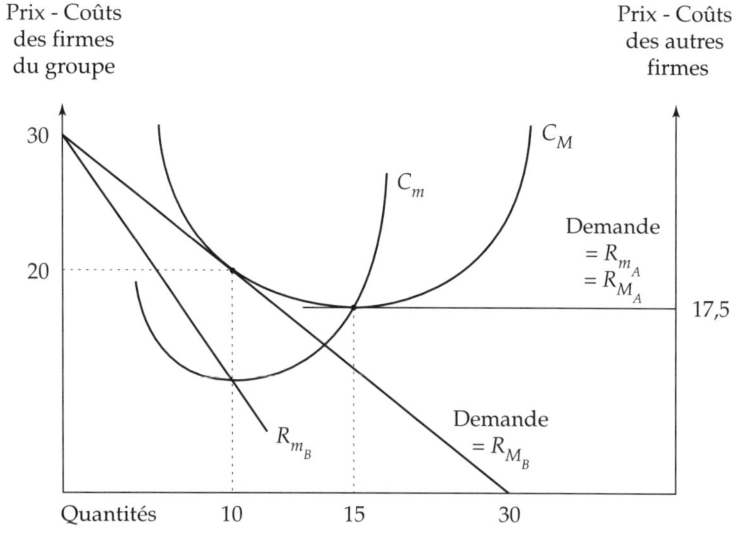

Figure 7.10

© Dunod. La photocopie non autorisée est un délit.

Initialement, la branche contenait 300 entreprises. Le fait que certaines différencient le wiz conduit à deux mouvements :

– un mouvement de réduction du nombre des firmes qui ne différencient pas le bien ;

– un mouvement d'augmentation du nombre total d'entreprises dans la branche (270 + 45 = 315).

À court terme, les premières entreprises qui ont différencié leur produit ont réalisé des profits purs importants ; elles ont ainsi incité d'autres entreprises à procéder à la différenciation. Ces profits purs ont de plus attiré dans la branche des firmes extérieures. C'est pourquoi, à long terme et après la stratégie de différenciation, le nombre total d'entreprises est plus élevé que ce qu'il n'était au départ en régime de concurrence pure et parfaite.

En concurrence pure et parfaite, les consommateurs achetaient $15 \times 300 = 4\,500$ produits au prix unitaire de 17,5. Dans un régime mixte où cohabitent concurrence pure et parfaite et concurrence monopolistique, les consommateurs achètent encore 4 500 produits, mais ils paient globalement plus cher puisque 450 produits sont maintenant vendus au prix de 20.

Comme la différenciation n'a rien coûté au producteur (hypothèse), on peut raisonnablement penser qu'elle n'a pas modifié objectivement le produit. La différenciation conduit donc des entreprises à vendre plus cher des produits que d'autres vendent moins cher. Si le client pense que le produit est « différent », l'entreprise considère qu'elle est en droit d'en profiter (élasticité-prix plus faible).

TD8 Les théories de l'oligopole

L'ESSENTIEL DU COURS

Dans un monopole, par définition, il ne peut y avoir de relation entre les firmes, puisqu'il n'y en a qu'une. En concurrence pure et parfaite et en concurrence monopolistique, le nombre d'entreprises fait qu'une firme n'a pas (ou très peu) d'influence sur les autres. La réalité des affaires montre que dans la plupart des secteurs industriels ou de services, les entreprises s'opposent vivement entre elles et mettent en œuvre des ***stratégies*** *complexes d'affrontement, d'entente ou de collusion.*

1. Définitions et hypothèses

L'oligopole est un marché sur lequel s'affronte un **petit nombre** de producteurs. Ainsi, une firme est souvent capable de connaître tous ses concurrents et peut donc tenir compte de leurs stratégies dans ses propres décisions : on dit qu'il y a **interdépendance conjecturale**. Il s'agit d'une interdépendance fondée sur des vraisemblances. Une telle structure de marché s'explique par l'existence de **barrières à l'entrée** (différenciation, économies d'échelle, réglementations, avantage absolu de coûts... etc.).

Afin de simplifier une réalité très complexe, considérons que l'oligopole ne comporte que deux firmes (*A* et *B*) ; cette situation prend le nom de **duopole**. Nous supposerons que les firmes produisent un bien homogène, afin d'éviter les problèmes liés à la différenciation. On distingue deux types principaux de comportement : l'affrontement et l'entente. Dans le premier cas, les équilibres seront appelés **équilibres non coopératifs**. Plusieurs modèles très célèbres s'y intéressent ; il s'agit des modèles de Cournot, de Stackelberg et de Bertrand (ce dernier ne sera pas abordé). Dans le second cas, les équilibres seront dits **coopératifs**. Le modèle du cartel en fournit une parfaite illustration.

© Dunod. La photocopie non autorisée est un délit.

2. Les principales caractéristiques des modèles de Cournot et de Stackelberg

Certaines caractéristiques sont communes aux deux modèles. Ainsi, la variable stratégique d'ajustement est la **quantité** (et non le prix, comme dans le modèle de Bertrand). Chaque firme recherche la maximisation de son profit.

2.1 Le modèle de Cournot

Les firmes A et B adoptent le même comportement : on parle de « duopole symétrique à double satellitisme ». Chaque firme considère la production de son concurrent comme une **donnée**. Chercher les quantités optimales revient à résoudre un système de deux équations (appelées « **fonctions de réaction** ») à deux inconnues :

$$\begin{cases} \dfrac{\mathrm{d}\Pi_A(q_A)}{\mathrm{d}q_A} = 0 \\ \dfrac{\mathrm{d}\Pi_B(q_B)}{\mathrm{d}q_B} = 0 \end{cases} \Leftrightarrow \begin{cases} q_A = f_A(q_B) \\ q_B = f_B(q_A) \end{cases}$$

Il reste ensuite à calculer le prix du marché grâce à la fonction de demande, puis les profits de chaque entreprise.

Le modèle de Cournot est cependant assez éloigné de la réalité dans la mesure où les firmes sont rarement sur un pied d'égalité. De nombreux marchés oligopolistiques sont caractérisés par la présence d'une ou plusieurs firmes dominantes.

2.2 Le modèle de Stackelberg

C'est un prolongement du précédent. Il s'agit d'un modèle **asymétrique**, dans lequel la firme A possède un ou plusieurs avantages sur la firme B (technologie de pointe, coûts plus faibles, meilleure connaissance du marché... etc.). Cette dernière sera appelée *follower* (ou suiveur) et l'autre *leader* (ou meneur).

Le leader fixera une quantité à produire qui maximise son profit, en prenant en considération la quantité qu'il escompte que le follower fixera en réaction à son propre choix. Autrement dit, la firme A s'efforce d'anticiper les réactions que ses propres décisions auront sur les choix de la firme B. Ce modèle suppose donc que le leader connaisse la fonction de réaction du follower.

Pour que ce modèle fonctionne, encore faut-il qu'une des deux firmes ait réussi à décrypter le comportement de l'autre, de manière à l'intégrer dans sa stratégie. L'existence de l'équilibre est aussi remise en question si les deux firmes tentent d'agir en leader (modèle de Bowley).

3. Les principales caractéristiques de l'équilibre coopératif

À la place de maximiser individuellement leur profit, les entreprises d'un oligopole peuvent décider de **maximiser les profits de l'ensemble de la branche**. Imaginons que trois firmes A, B et C décident de former un cartel. Dans ce cas, l'oligopole se comporte comme un monopole, qui approvisionnerait à lui seul la totalité du marché.

L'objectif consiste donc à maximiser le profit du cartel :

$$\Pi_{\text{cartel}} = RT(Q) - CT_A - CT_B - CT_C.$$

Il faut donc résoudre le système :

$$\begin{cases} \dfrac{\mathrm{d}\Pi_{\text{cartel}}}{\mathrm{d}Q_A} = 0 \\ \dfrac{\mathrm{d}\Pi_{\text{cartel}}}{\mathrm{d}Q_B} = 0 \\ \dfrac{\mathrm{d}\Pi_{\text{cartel}}}{\mathrm{d}Q_C} \end{cases} \Leftrightarrow \begin{cases} \dfrac{\mathrm{d}RT}{\mathrm{d}Q_A} - Cm_A = 0 \\ \dfrac{\mathrm{d}RT}{\mathrm{d}Q_B} - Cm_B = 0 \\ \dfrac{\mathrm{d}RT}{\mathrm{d}Q_C} - Cm_C = 0 \end{cases} \Leftrightarrow \begin{cases} \dfrac{\mathrm{d}RT}{\mathrm{d}Q_A} = Cm_A \\ \dfrac{\mathrm{d}RT}{\mathrm{d}Q_B} = Cm_B \\ \dfrac{\mathrm{d}RT}{\mathrm{d}Q_C} = Cm_C \end{cases} \qquad (1)$$

Or, le prix de vente du produit est identique, quelle que soit la firme qui le produit. Donc, chaque unité fabriquée en plus (unité marginale) rapportera la même recette marginale, quelle que soit la firme qui produit cette unité. Cela nous permet d'écrire que :

$$\frac{\mathrm{d}RT}{\mathrm{d}Q_A} = \frac{\mathrm{d}RT}{\mathrm{d}Q_B} = \frac{\mathrm{d}RT}{\mathrm{d}Q_C}$$

Cette égalité permet de résoudre le système (1) ; il vient alors : $Cm_A = Cm_B = Cm_C$.

Ainsi, les quantités optimales produites par les firmes sont telles que les coûts marginaux associés à ces quantités soient tous égaux entre eux (et égaux au coût marginal du cartel pour la quantité globale produite par l'ensemble des entreprises). Le cartel définit des quantités optimales plus faibles et un prix de vente plus fort, par rapport à un oligopole non coopératif. Le respect des « quotas » de production par les entreprises est une des principales sources d'éclatement d'un cartel.

© Dunod. La photocopie non autorisée est un délit.

Q.C.M.

	Vrai	Faux
1. En France, le marché de l'automobile individuelle est :		
a) un duopole.	☐	☐
b) un oligopole concurrentiel.	☐	☐
c) un marché de concurrence pure et parfaite du fait des très nombreux constructeurs étrangers.	☐	☐
2. Dans un cartel, l'autorité centrale fixe		
a) uniquement le prix de vente, commun à toutes les firmes.	☐	☐
b) à la fois le prix de vente et les quantités produites par chaque firmes.	☐	☐
c) uniquement les quantités produites, communes à toutes les firmes.	☐	☐
3. Les firmes *A* et *B* forment un duopole. Les courbes d'isoprofit de *A* atteignent leur maximum		
a) sur la fonction de réaction de *A*.	☐	☐
b) sur la fonction de réaction de *B*.	☐	☐
c) à l'intersection des courbes de réaction de *A* et *B*.	☐	☐
4. Dans le duopole de Cournot, les fonctions de réaction conduisent		
a) toujours à un équilibre.	☐	☐
b) toujours à un équilibre stable.	☐	☐
c) parfois à un équilibre stable.	☐	☐
5. Dans un cartel où toutes les firmes ont des coûts marginaux identiques et constants, la répartition de la production entre les firmes du cartel		
a) est impossible.	☐	☐
b) est quelconque, si on fait abstraction des questions liées au profit.	☐	☐

	Vrai	Faux
6. Dans un duopole de Stackelberg, la firme *leader* obtient toujours un profit		
a) supérieur au profit du *follower*.	☐	☐
b) inférieur au profit du *follower*.	☐	☐
c) supérieur ou égal au profit qu'elle obtiendrait dans un duopole de Cournot.	☐	☐
7. Dans un oligopole, Paul SWEEZY a démontré que le prix de vente était souvent rigide car :		
a) les entreprises passent des ententes illicites.	☐	☐
b) les entreprises qui baissent leur prix sont imitées et n'en tirent donc pas un grand avantage.	☐	☐
c) les entreprises sont « price taker ».	☐	☐
8. Dans un marché oligopolistique (au sein de l'UE), composé de 4 entreprises de taille à peu près égales :		
a) la concurrence est forcément faible du fait du très petit nombre d'entreprises.	☐	☐
b) la concurrence est faible du fait de la répartition équilibrée des parts de marché.	☐	☐
c) la concurrence peut s'avérer extrêmement forte et profiter aux consommateurs.	☐	☐
d) les entreprises finiront par passer un accord de cartel pour éviter les inconvénients d'une concurrence exacerbée.	☐	☐
9. Dans un oligopole composé d'entreprises ayant à peu près la même structure de coût, l'entreprise qui déciderait d'augmenter ses prix :		
a) perdrait tous ses clients.	☐	☐
b) serait suivie par les autres entreprises, soucieuses de profiter, elles aussi, de la hausse du prix.	☐	☐
c) perdrait de nombreux clients dans l'hypothèse où l'homogénéité du produit est vérifiée.	☐	☐
10. Un oligopole est fréquemment caractérisé par :		
a) l'existence de fortes barrières à l'entrée dressées par les entreprises en place.	☐	☐
b) un prix de vente supérieur au coût marginal (conduisant à l'existence d'un pouvoir de marché).	☐	☐
c) la capacité de construire sa stratégie en fonction des actions des concurrents.	☐	☐

© Dunod. La photocopie non autorisée est un délit.

REFLEXION

11. Trois entreprises A, B et C vendent respectivement les produits X, Y et Z, aux prix p_X, p_Y et p_Z ; une étude économétrique a permis d'établir avec précision la fonction de demande du bien X :

$$Q_D^X(p_X, p_Y, p_Z) = [p_X]^{-0,2} \cdot [p_Y]^{1,8} \cdot [p_Z]^{2,5}$$

a) Pour des prix p_Y et p_Z donnés, la fonction de demande du bien X a-t-elle une forme classique ?

b) Les entreprises A, B et C constituent-elles un oligopole ?

12*. Deux entreprises A et B forment un duopole. Chaque entreprise a le choix entre deux stratégies : « produire peu » (soit une quantité égale à 150) ou « produire beaucoup » (soit une quantité égale à 200). Voici la matrice des profits du duopole :

B / A	Produire peu	Produire beaucoup
Produire peu	[225; 225] a_{11} b_{11}	[187,5; 250] a_{12} b_{12}
Produire beaucoup	[250; 187,5] a_{21} b_{21}	[200; 200] a_{22} b_{22}

Les gains sont donnés entre crochets : [profits de A ; profits de B]. Repérons par a_{ij} et b_{ij} ces différents profits, afin d'enlever toute ambiguïté aux réponses qui seront données en correction.

a) Pour chaque entreprise, déterminer la stratégie dominante.

b) La solution retenue est-elle un équilibre de Nash ?

c) Est-ce une solution optimale pour le duopole, pris dans sa globalité ?

d) À quelle(s) condition(s) la solution [225; 225] peut-elle être adoptée ?

13.** Le marché d'un produit homogène d'une industrie oligopolistique est composé de 21 entreprises. Parmi elles, **vingt** firmes de petite taille se comportent comme en concurrence pure et parfaite, et **une** firme de grande taille agit sur le modèle de la « firme dominante ». Elle fixe le prix pour toutes les entreprises de la branche, qui peuvent ainsi vendre les quantités qu'elles souhaitent pour ce prix. La firme dominante fournit ensuite la différence par rapport à la demande du marché. On admettra que toutes les petites firmes ont les mêmes coûts de production et que la branche est fermée.

Vous disposez des informations suivantes :

– la demande du marché est égale à : $Q = 700 - 10p$

– le coût marginal de chaque petite firme s'écrit : $C_m(q) = q + 10$

– le coût marginal de la firme dominante est égal à : $C_m(q) = \dfrac{1}{30}q + 10$

a) Déterminer la demande résiduelle de la firme dominante.

b) Déterminer les quantités optimales (pour les deux types de firme) et le prix de vente.

c) Effectuer la représentation graphique.

ENTRAÎNEMENT

14. Deux entreprises A et B forment un duopole et sont les seules à offrir un bien homogène X, dont la demande totale est égale à :

$$Q = 800 - 200p$$

Les coûts totaux de production des deux entreprises sont les suivants :
– pour A : $CT_A(q_A) = q_A + \alpha$ avec $\alpha \geqslant 0$
– pour B : $CT_B(q_B) = q_B + \beta$ avec $\beta \geqslant 0$

a) Déterminer la demande inverse, exprimée en fonction des quantités q_A et q_B.

b) Déterminer le prix du marché, la quantité produite et le profit lorsque :

– A est seule sur le marché ;

– B est seule sur le marché ;

– A et B agissent, de façon indépendante, chacune comme si elles étaient en monopole. Quelle est l'influence des coûts fixes ?

c) Déterminer pour chaque entreprise les valeurs fondamentales de l'équilibre de Cournot.

Pour les questions qui suivent, les coûts fixes seront considérés comme nuls.

d) Expliciter l'équation des courbes d'iso-profit de l'entreprise B.

e) Présenter deux graphiques, liés en abscisses (l'un au-dessous de l'autre) qui mettront en évidence : pour le premier, les fonctions de réaction des entreprises, les quantités optimales, les courbes d'iso-profit, et pour le second, la demande totale, la demande résiduelle, les recettes marginales ainsi que les coûts marginaux.

f) Déterminer pour chaque entreprise les valeurs fondamentales de l'équilibre de Stackelberg, dans le cas où l'entreprise B est la firme dominante.

g) Les firmes A et B décident de former un cartel. Calculer les productions optimales et les profits associés des deux firmes, dans le cas où B est effectivement la firme dominante.

h) Présenter en arborescence les profits des entreprises A, B et A plus B, lorsque la production de A est égale à 150, 200 ou 300 et que la production de B est égale à 150, 200 ou 300.

Analyse de l'énoncé et conseils. On portera une attention particulière à la représentation graphique, ainsi qu'à la signification des différentes courbes. Il serait intéressant de reprendre les questions de cet exercice après avoir modifié les fonctions de coût des entreprises. Les raisonnements sont identiques, mais certains résultats plus complexes.

15*. Trois entreprises A, B et C forment un oligopole. La demande totale du marché s'écrit :

$$p = 180 - 2Q \text{ avec } Q = q_A + q_B + q_C$$

Le coût total de chaque entreprise est égal à :

– pour A : $CT_A(q_A) = \frac{1}{2}q_A^2 + 10$

– pour B : $CT_B(q_B) = \frac{1}{2}q_B^2 - 2q_B$

– pour C : $CT_C(q_C) = \frac{2}{3}q_C^2 + 4q_C$

a) Chaque firme décide de la quantité qu'elle souhaite produire et considère que la production de ses concurrents comme une donnée. Calculer le prix du marché, la quantité produite et le profit de chaque entreprise.

b) Quelles seraient les conséquences d'un accord de cartel entre ces trois firmes ?

c) Effectuer la représentation graphique permettant de visualiser les réponses à la question b).

d) Comment répartir les profits ?

e) Que se passerait-il si l'entreprise C se comportait en franc-tireur ?

Analyse de l'énoncé et conseils. La difficulté de l'exercice réside dans le fait qu'il y a trois producteurs : les calculs sont donc plus lourds que dans le cas du duopole. Le raisonnement est cependant identique, même si la représentation graphique des fonctions de réaction n'est pas envisageable.

16*. Étudions le comportement d'une entreprise, appelée Omega, qui appartient à un oligopole.

Hypothèses :

– son coût total s'écrit : $CT(q) = q^3 - 16q^2 + 100q$

– son objectif est en toutes circonstances la maximisation du profit ;

– lorsqu'elle vend une quantité $q^* = 5$, elle réalise un profit de 150 ;

– la fonction de demande d'Omega est linéaire.

a) Déterminer le prix de vente p^* associé à la quantité q^*. Ces coordonnées définiront la position d'équilibre notée Z.

Partie A

Dans cette première partie, on envisagera le cas où les concurrents, lorsque Omega modifie son prix de vente, l'imitent à la baisse mais ne la suivent pas à la hausse. Voici des renseignements concernant les réactions d'Omega, lorsqu'elle se situe en Z, au départ :

– l'élasticité-prix directe de la demande au point Z est égale à -3 si le prix augmente ;

– l'élasticité-prix directe de la demande au point Z est égale à $-1,25$ si le prix diminue.

b) Déterminer la recette moyenne (notée R_M^1) et la recette marginale (notée R_m^1) d'Omega.

c) Effectuer la représentation graphique et vérifier la validité des résultats précédents.

d) Déterminer le profit de l'entreprise Omega et calculer sa valeur pour q allant de 0 à 10.

e) Pour faire face à la concurrence, l'entreprise envisage de réduire ses coûts de production afin de baisser ses tarifs. La solution retenue consiste à réduire les coûts variables ; elle a cependant pour contrepartie la création de charges fixes pour un montant CF. De quel montant (par unité produite) les coûts variables doivent-ils baisser pour permettre au prix de vente de diminuer ?

f) À partir de la situation de départ (donc, sans tenir compte de la question précédente) indiquer la valeur maximale de la taxe unitaire que les pouvoirs publics peuvent imposer à l'entreprise Omega sans affecter l'équilibre initial Z. Quelles sont les conséquences d'une telle taxe pour l'entreprise ? Quelle solution préconisez-vous ?

Partie B

Dans cette partie, on envisagera le cas où les concurrents, lorsque Omega modifie son prix de vente, l'imitent à la hausse mais ne la suivent pas à la baisse. Voici des renseignements concernant les réactions d'Omega, lorsqu'elle se situe au départ au point Z :

– l'élasticité-prix directe de la demande au point Z est égale à $-1,25$ si le prix augmente ;

– l'élasticité-prix directe de la demande au point Z est égale à -3 si le prix diminue.

g) Déterminer la recette moyenne (notée R_M^2) et la recette marginale (notée R_m^2) d'Omega.

h) Effectuer la représentation graphique.

i) Quelles sont les conséquences de ces changements d'anticipation ?

Partie C

Imaginons maintenant que l'entreprise Omega est la firme dominante de l'oligopole. Lorsqu'elle augmente son prix, les autres entreprises augmentent les leurs encore davantage ; lorsqu'elle baisse son prix, on constate une absence de réaction de la part des concurrents. On dispose des renseignements suivants :

– l'élasticité-prix directe de la demande au point Z est égale à $+3$ si le prix augmente ;

– l'élasticité-prix directe de la demande au point Z est égale à -3 si le prix diminue.

j) Déterminer la recette moyenne (notée R_M^3) et la recette marginale (notée R_m^3) d'Omega.

k) Effectuer la représentation graphique.

l) Évaluer les conséquences pour l'entreprise Omega d'être la firme dominante.

Analyse de l'énoncé et conseils. Même si les parties A, B et C sont théoriquement indépendantes, elles s'appuient cependant sur les mêmes hypothèses de départ ; de plus, il sera possible d'utiliser certains résultats de l'une à l'autre afin de gagner du temps. La partie A s'intéresse à la théorie dite de la « demande coudée » (de P. Sweezy) lorsque l'oligopole se trouve dans une conjoncture plutôt médiocre ou stable. En revanche, la partie B place l'oligopole dans une conjoncture plutôt favorable.

SOLUTIONS

1 ▸ b – **2** ▸ b – **3** ▸ a – **4** ▸ c – **5** ▸ b – **6** ▸ c – **7** ▸ b – **8** ▸ c – **9** ▸ c – **10** ▸ a,b,c

11 ▸ **a)** Lorsque les prix p_Y et p_Z sont donnés, cela signifie que la fonction de demande du bien X sera exprimée en fonction du prix p_X, toutes choses égales par ailleurs. La fonction de demande est alors égale à :

$$Q_D^X(p_X) = k \cdot [p_X]^{-0,2} \quad \text{avec : } k = [p_Y]^{1,8} \cdot [p_Z]^{2,5}$$

où k est une constante.

De façon évidente, il s'agit bien d'une fonction décroissante. Pour s'en convaincre, il est possible, soit de calculer la dérivée de Q par rapport à p_X, soit de déterminer l'**élasticité** de la demande du bien X par rapport à son prix. Ainsi, on a :

$$e = \frac{\partial Q_D^X}{\partial p_X} \cdot \frac{p_X}{Q_D^X} = -0,2 \cdot k \cdot [p_X]^{-1,2} \cdot \frac{p_X}{k \cdot [p_X]^{-0,2}} = -0,2$$

b) Ces trois entreprises forment un oligopole si elles sont concurrentes, c'est-à-dire si leurs produits sont substituables. Plus les produits X, Y et Z seront identiques, plus une augmentation du prix de Y provoquera une hausse des ventes de X, et donc, plus l'élasticité prix croisée sera forte. Calculons ces élasticités :

$$e = \frac{\partial Q_D^X}{\partial p_Y} \cdot \frac{p_Y}{Q_D^X} = 1,8 \cdot [p_X]^{-0,2} \cdot [p_Y]^{0,8} \cdot [p_Z]^{2,5} \cdot \frac{p_Y}{Q_D^X} = 1,8$$

$$e = \frac{\partial Q_D^X}{\partial p_Z} \cdot \frac{p_Z}{Q_D^X} = 2,5 \cdot [p_X]^{-0,2} \cdot [p_Y]^{1,8} \cdot [p_Z]^{1,5} \cdot \frac{p_Z}{Q_D^X} = 2,5$$

Ainsi, lorsque le prix du bien X augmente de 10 %, les quantités de biens Y vendues augmentent de 18 % et celles de biens Z, de 25 %. La substituabilité est forte : il est très probable que ces entreprises appartiennent à un même marché. Si elles sont effectivement les seules sur ce marché, comme le laisse penser la forme de la fonction de demande de A, elles forment un oligopole.

12 ▸ a) Déterminons la **stratégie dominante**, si elle existe, de chaque entreprise :

– **pour** A, on constate que : $a_{21} = 250 > a_{11} = 225$ et $a_{22} = 200 > a_{12} = 187,5$

Ainsi, quels que soient les choix de B, l'entreprise A a toujours intérêt à choisir la stratégie « produire beaucoup », cette dernière lui apportant toujours un profit supérieur à la stratégie « produire peu ». On dit que la stratégie « produire beaucoup » est la stratégie dominante pour A ;

– **pour** B, on constate que : $b_{21} = 250 > b_{11} = 225$ et $b_{22} = 200 > b_{21} = 187,5$

À partir d'un raisonnement identique à celui de A, on dit que la stratégie « produire beaucoup » est aussi la stratégie dominante pour B.

b) Puisqu'il est dans l'intérêt des deux firmes de choisir la stratégie « produire beaucoup », la solution qui émerge est donc : [200 ; 200]. Il s'agit d'un **équilibre de Nash** : chaque entreprise ne regrette pas sa décision après avoir constaté celle de l'autre entreprise. Autrement dit, il y a équilibre de Nash, quand, étant donné les choix des entreprises, aucune ne souhaite changer son propre choix.

c) Lorsqu'on effectue le **total des profits**, on constate que la solution retenue (200 + 200 = 400) ne permet pas d'obtenir la valeur maximale (225 + 225 = 450). L'équilibre de Nash précédent n'est donc pas une solution optimale pour le duopole.

d) La solution [225 ; 225] correspond à la solution où le profit du duopole est maximisé ; elle ne peut être obtenue que si les deux entreprises **s'entendent** pour limiter conjointement la production, par exemple, en formant un accord de cartel. En effet, sans entente préalable, aucune des deux entreprises ne prendra le risque de choisir la stratégie « produire peu » car le profit obtenu dans ce cas peut être très faible (187,5) si la décision de l'autre est « produire beaucoup ».

13 ▸ Entreprise dominante et petites firmes

a) La **demande résiduelle** s'obtient en soustrayant **horizontalement** l'offre globale des petites firmes (*PF*) de la demande totale du marché. L'offre globale des 20 petites entreprises se calcule en additionnant horizontalement leurs offres indi-

© Dunod. La photocopie non autorisée est un délit.

viduelles. Or l'offre individuelle d'une entreprise est égale à son coût marginal. Comme elles ont toutes le même coût marginal, l'offre globale des 20 firmes s'obtient en multipliant par 20 l'offre individuelle, c'est-à-dire le coût marginal, pour les différents prix possibles (donc horizontalement). Ce raisonnement se traduit par les calculs suivants :

– coût marginal des PF : $C_m^{PF}(q) = q + 10$

– offre individuelle d'une PF : $q_o^{PF} = p - 10$ pour $p \geqslant 10$

– offre globale des 20 PF : $Q_o^{PF} = 20(p - 10)$ pour $p \geqslant 10$

– demande résiduelle (DR) de la firme dominante (FD) :

$$Q_{DR}^{FD} = Q - Q_o^{PF} = 700 - 10p - [20(p - 10)] \quad \text{pour } p \geqslant 10$$
$$Q_{DR}^{FD} = 900 - 30p \quad \text{pour } p \geqslant 10$$

b) La détermination des quantités optimales suppose :

– d'avoir compris **le fonctionnement** d'un oligopole où un nombre important de petites firmes coexiste à côté d'une firme dominante, souvent « leader en prix » ;

– la détermination de la **recette marginale** de la firme dominante, afin de pouvoir calculer les coordonnées optimales, se situant à l'intersection entre le coût marginal et la recette marginale. En trouvant l'équation de la demande résiduelle de la FD, nous avons déterminé l'équation de la recette moyenne de la FD ; ainsi, on peut écrire :

$$Q_{DR}^{FD} = 900 - 30p \Leftrightarrow p = 30 - \frac{1}{30}Q_{DR}^{FD}$$
$$\rightarrow R_M^{FD}(q) = 30 - \frac{1}{30}q$$

Il est maintenant facile de calculer l'équation de la recette marginale de la firme dominante :

$$R_m^{FD}(q) = 30 - \frac{1}{15}q$$

La firme dominante recherche la maximisation de son profit ; elle va donc égaliser sa recette marginale et son coût marginal :

$$R_m^{FD}(q) = C_m^{FD}(q) \Leftrightarrow 30 - \frac{1}{15}q = \frac{1}{30}q + 10 \rightarrow q_{FD}^* = 200$$

Elle produira donc 200 et les vendra au prix p^* avec :

$$p^* = 30 - \frac{1}{30} \cdot 200 = \frac{70}{3} \approx 23,33 \quad (\textit{cf. } \text{point } A \text{ sur le graphique.})$$

À ce prix, le marché demande une quantité égale à :

$$700 - 10 \cdot \frac{70}{3} = \frac{1\,400}{3} \approx 466,67$$

À ce prix, les 20 petites firmes offrent :

$$20 \cdot \frac{70}{3} - 200 = \frac{800}{3} \approx 266,67 \quad (\textit{cf. } \text{point } B \text{ sur le graphique.})$$

La différence entre ce que demande le marché et ce qu'offre l'ensemble des petites firmes est bien de 200 : il s'agit de l'offre qui maximise le profit de la firme dominante.

Ainsi, chaque petite firme offre une quantité égale à 13,33 au prix de 23,33. L'ensemble des *PF* offre une quantité égale à 266,67. L'écart entre la production de la *FD* et la production d'une *PF* est donc particulièrement important.

c) La représentation de ces équilibres peut être effectué sur un graphique ou sur deux graphiques liés. Dans ce dernier cas, il est classique de présenter, à gauche, l'équilibre pour l'ensemble des *PF* et à droite, l'équilibre de la *FD*. On remarquera que la demande résiduelle fait un coude au point K : parce que la firme dominante a la même fonction de coût que les petites firmes, elle n'acceptera pas de produire pour un prix inférieur à 10. Le segment $[KL]$ de la courbe de demande résiduelle a peu d'intérêt.

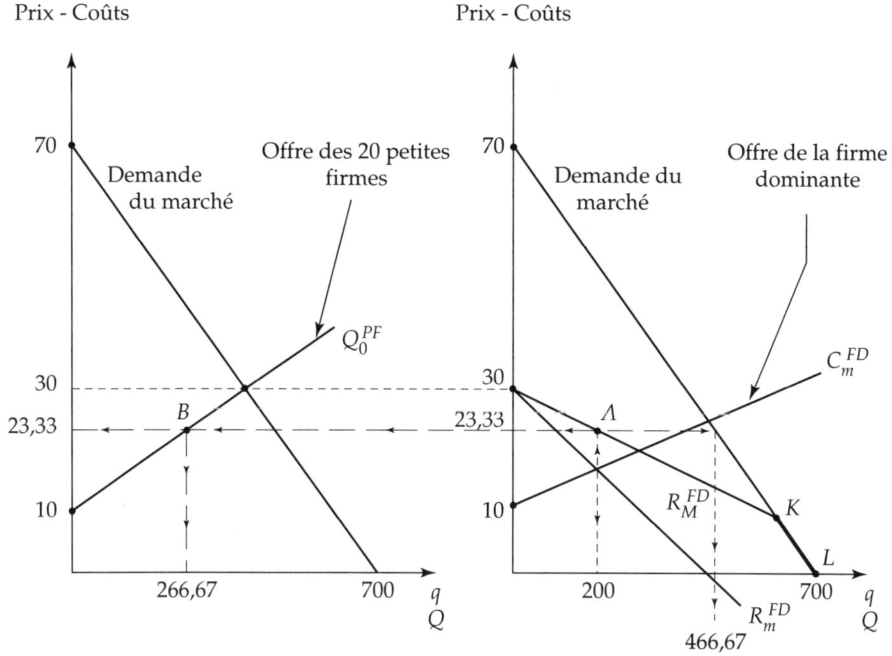

Figure 8.1

14 ▸ a) La demande inverse est tout simplement égale à : $p = 4 - 0,005 \cdot Q$

Or par hypothèse : $Q = q_A + q_B$ puisque A et B sont les seules firmes sur le marché.

D'où : $p = 4 - 0,005 \cdot [q_A + q_B]$

b) Lorsque l'entreprise A est seule sur le marché, on a alors : $Q = q_A$

On cherche la quantité q_A^* qui maximise le profit de l'entreprise A. Le profit est égal à :

$$\pi_A(q_A) = pq_A - CT_A(q_A) = [4 - 0,005q_A] \cdot q_A - q_A - \alpha$$

© Dunod. La photocopie non autorisée est un délit.

La valeur qui annule le profit est la valeur optimale :

$$\frac{\partial \pi_A}{\partial q_A} = 0 \Leftrightarrow 3 - 0,01q_A = 0 \rightarrow q_A^* = 300$$

On en déduit le prix du marché et le profit du monopole : $p^* = 2,5$

$$\pi_A^* = 450 - \alpha$$

Par un raisonnement analogue, on trouve les résultats suivants pour l'entreprise B :

$$q_B^* = 300 \qquad p^* = 2,5 \qquad \pi_B^* = 450 - \beta$$

Les **coûts fixes** n'influencent ni la quantité optimale, ni le prix d'équilibre. Quelle que soit la valeur du coût fixe, le profit reste maximum en q^*. Le profit est simplement réduit du fait des charges fixes. L'entreprise la plus rentable sera celle qui aura les coûts fixes les plus faibles.

Le comportement de monopole envisagé jusque-là pour **une** entreprise suppose que l'autre firme ne produit rien. En revanche, si les deux firmes se posent **chacune comme un monopole**, alors :

– les quantités optimales restent celles trouvées ci-dessus : $q_A^* = 300$ et $q_B^* = 300$

– le prix du marché baisse du fait de l'importance de l'offre : $p^* = 1$

– le profit de chaque firme diminue considérablement et peut même devenir négatif en cas de coûts fixes non nuls : $\pi_A^* = -\alpha$ et $\pi_B^* = -\beta$.

c) La caractéristique essentielle du modèle de Cournot, c'est l'hypothèse faite sur les réactions attendues des entreprises. On admet que la recherche de l'équilibre par l'entreprise A s'effectue en supposant que l'entreprise B ne changera pas son offre (et réciproquement). Ainsi, la maximisation du profit par une firme s'effectue en considérant que la quantité produite par l'autre firme est une **constante**.

Pour la firme A, avec q_B donné :

$$\pi_A(q_A) = pq_A - CT_A(q_A) = [4 - 0,005(q_A + q_B)] \cdot q_A - q_A - \alpha$$

$$\frac{\partial \pi_A}{\partial q_A} = 0 \Leftrightarrow 3 - 0,01q_A - 0,005q_B = 0$$

$$\rightarrow q_A = 300 - 0,5q_B \qquad (1)$$

Il s'agit de la **fonction de réaction** de l'entreprise A.

Pour la firme B, avec q_A donné :

$$\pi_B(q_B) = pq_B - CT_B(q_B) = [4 - 0,005(q_A + q_B)] \cdot q_B - q_B - \beta$$

$$\frac{\partial \pi_B}{\partial q_B} = 0 \Leftrightarrow 3 - 0,01q_B - 0,005q_A = 0$$

$$\rightarrow q_B = 300 - 0,5q_A \qquad (2)$$

Il s'agit de la **fonction de réaction** de l'entreprise B.

L'équilibre de Cournot est obtenu par la résolution du système formé par les fonctions de réactions des entreprises :

$$\begin{cases} \dfrac{\partial \pi_A}{\partial q_A} = 0 \\ \dfrac{\partial \pi_B}{\partial q_B} = 0 \end{cases} \Leftrightarrow \begin{cases} q_A = 300 - 0,5q_B \\ q_B = 300 - 0,5q_A \end{cases} \rightarrow \begin{cases} q_A^* = 200 \\ q_B^* = 200 \end{cases}$$

Pour ces quantités optimales, le prix du marché s'établit à : $p^* = 2$

Les profits des firmes A et B sont égaux à : $\pi_A^* = 200 - \alpha$ et $\pi_B^* = 200 - \beta$

d) Les courbes d'iso-profit de la firme B représentent toutes les combinaisons $(q_A ; q_B)$ qui donnent à B un même niveau de profit. Par définition, le profit de B est maximal pour tous les points situés sur la fonction de réaction de B (nous dirons à l'avenir FrB) : les courbes d'iso-profit atteindront donc leur maximum sur la FrB. Nous savons que le profit de B s'écrit :

$$\pi_B = [4 - 0,005(q_A + q_B)] \cdot q_B - q_B - \beta$$

Après quelques simplifications, on obtient, pour un profit donné π_0 :

$$q_A = 600 - q_B - \frac{200}{q_B}[\pi_0 + \beta]$$

Il s'agit de l'équation des courbes d'iso-profit de B.

e) Les représentations graphiques demandent de préciser un certain nombre d'éléments, indirectement abordés jusque-là. Arbitrairement, les abscisses mesureront les quantités produites par la firme B.

On trace sans difficulté les deux fonctions de réaction, dont on connaît les équations (*cf.* (1) et (2)). Le point d'intersection définit l'équilibre du duopole. Il est possible de décrire l'évolution du marché vers l'équilibre. Considérons pour commencer, que seule la firme B est sur le marché. La FrB nous donne la quantité que B doit produire pour maximiser son profit, pour une production de A donnée nulle. Au point H, on lit : $q_B^* = 300$. L'entreprise B se trouve alors dans la situation évoquée lors de la question **a)**. On fait ensuite l'hypothèse que A entre sur le marché. La FrA nous donne la quantité que A doit produire afin de maximiser son profit, pour une production de B donnée égale à 300. On passe du point H au point J où $q_A^* = 150$. On procède ainsi jusqu'au point Z, créant graphiquement un « escalier » dont les marches sont de moins en moins hautes et profondes.

Ce schéma **semble** contredire l'hypothèse centrale du modèle de Cournot car les firmes modifient leurs productions, de période en période. En fait, il n'y a pas contradiction : les entreprises ne sont pas capables de prévoir les modifications, mais en revanche, peuvent tout à fait les constater et s'y adapter, donc, intégrer la nouvelle valeur en tant que constante dans leur fonction de profit.

On trace ensuite les courbes d'iso-profit pour trois valeurs de π : 50, 200 et 300. La courbe qui passe par le point Z est celle associée au profit d'équilibre ($\pi_B = 200$). Plus les courbes d'iso-profit de B sont « basses », plus le profit associé est important ; en effet, plus on « descend » sur la FrB, plus les quantités produites par B sont importantes et plus celles produites par A sont faibles.

Pour que ce graphique soit lié au précédent, notons en abscisses les quantités totales (Q) et les quantités produites par B (q_B).

© Dunod. La photocopie non autorisée est un délit.

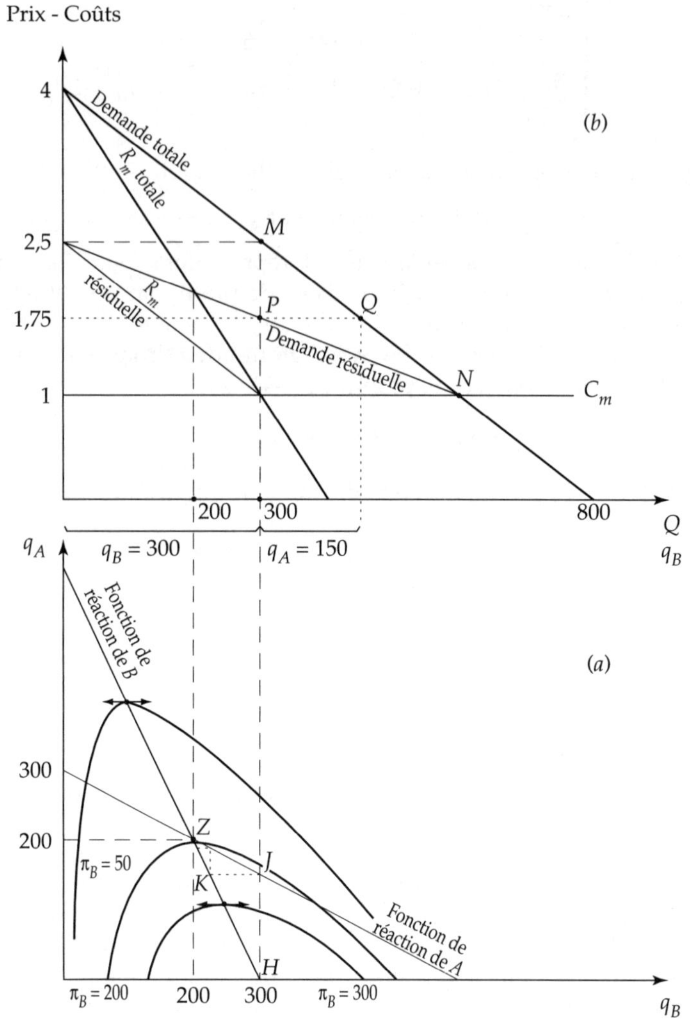

Figure 8.2 (a) Fonctions de réaction, quantités optimales et courbes d'iso-profit

Figure 8.2 (b) Recettes et coûts

On trace la demande totale, qui correspond aussi à la recette moyenne totale :

$$p = R_M(Q) = 4 - 0,005Q$$

On trace la recette marginale totale :

$$R_m(Q) = 4 - 0,01Q$$

On trace ensuite le coût marginal égal à 1, d'où la droite horizontale C_m.

Se pose alors le problème de la **demande résiduelle**, c'est-à-dire la demande qui n'est pas satisfaite pour un prix de marché donné. Ainsi, lorsque B produit 300 à un prix $p = 2,5$ il reste une masse importante de clients non satisfaits.

L'entreprise A, constatant que toute la demande n'est pas servie par la firme B, peut encore faire du profit en se situant sur le segment $[MN]$ de la courbe de demande totale. Calculons l'équation de la demande résiduelle à partir de la demande du marché :

$$p = 4 - 0,005 \cdot [q_A + q_B]$$

Or, on sait par exemple que : $q_A = 300 - 0,5q_B$

On peut donc écrire : $p = 4 - 0,005 \cdot [(300 - 0,5q_B) + q_B]$

Ainsi la demande résiduelle est égale à :

$$p = 2,5 - 0,0025q_i \qquad \text{avec } i = A \text{ ou } i = B \text{ suivant le cas}$$

Si au départ, B décide de produire 300 au prix de 2,5 (lu sur la droite de demande, point M), alors A produira 150 (donné par FrA) au prix de 1,75 (donné par l'équation de la demande résiduelle, point P). Lorsque le duopole produit 450, le prix du marché est effectivement de 1,75 (confirmation sur la droite de demande, point Q). Dans ce cas, B réagira et proposera 225 (donné par FrB) au prix de 2,125, etc.

f) La firme B est *leader* ; elle possède donc un avantage sur la firme A. Cet avantage se traduit par la connaissance de la fonction de réaction de la firme *follower*. Ainsi, lorsque le *leader* choisit une production, il le fait en connaissant la réaction du *follower*.

Le profit de la firme B s'écrit :

$$\pi_B = [4 - 0,005(q_A + q_B)] \cdot q_B - q_B$$

Grâce à la fonction de réaction de A, le profit de B est égal à :

$$\pi_B = [4 - 0,005[(300 - 0,5q_B) + q_B]] \cdot q_B - q_B$$

Le profit est maximal pour la valeur q_B qui annule la dérivée :

$$\frac{\partial \pi_B}{\partial q_B} = 0 \Leftrightarrow 1,5 - 0,005q_B = 0 \rightarrow q_B^* = 300$$

L'entreprise A choisit sa production par rapport à sa fonction de réaction :

$$q_A^* = 150$$

Le prix du marché est égal à : $p^* = 1,75$

Les profits des entreprises sont égaux à : $\pi_A^* = 112,50$ et $\pi_B^* = 225$

g) Les entreprises A et B décident de passer un accord de cartel. Elles vont donc avoir pour objectif la maximisation du profit global du duopole, souvent appelé « profits joints ». On cherche le couple (q_A, q_B) qui maximise le profit du duopole (noté π_D) :

$$\pi_D = [4 - 0,005(q_A + q_B)] \cdot [q_A + q_B] - [q_A + q_B]$$

© Dunod. La photocopie non autorisée est un délit.

Le profit est maximal pour les valeurs qui vérifient :

$$\begin{cases} \dfrac{\partial \pi_D}{\partial q_A} = 0 \\ \dfrac{\partial \pi_D}{\partial q_B} = 0 \end{cases} \Leftrightarrow \begin{cases} 3 - 0,01 q_A - 0,01 q_B = 0 \\ 3 - 0,01 q_B - 0,01 q_A = 0 \end{cases}$$

$$\Leftrightarrow 3 - 0,01 q_B - 0,01 q_A = 0$$

$$\Leftrightarrow q_A + q_B = 300$$

Finalement, le profit du duopole sera maximal pour toutes les combinaisons vérifiant l'égalité suivante :

$$q_A + q_B = 300$$

Pour cette quantité produite, le prix du marché va s'établir à un niveau élevé : $p^* = 2,5$.

Le profit du duopole se calcule facilement du fait des fonctions de coût (il n'en va pas toujours ainsi) :

$$\pi_D = 450$$

La question qui fait souvent l'objet d'âpres débats concerne alors la répartition de ce profit global entre les différentes entreprises appartenant au cartel. Dans la mesure où l'entreprise B était dans une situation de *leader*, il est possible d'envisager une répartition proportionnelle aux profits de la situation précédente (modèle de Stackelberg).

Dans ce cas, A bénéficie du tiers du profit global, c'est-à-dire $450 \times (1/3) = 150$ pour une production de $q_A^* = 100$. L'entreprise B produit donc $q_B^* = 200$ et bénéficie d'un profit de 300. On constate que la situation des deux entreprises s'est améliorée : leur profit a augmenté de 33 %. A et B ont donc fortement intérêt à s'entendre.

h) Cette présentation vise à clarifier les positions de chaque firme et les résultats attendus de chaque décision. On notera que toutes les situations évoquées dans cet exercice apparaissent dans cette arborescence.

Firme B	Quantité de B	Firme A	Quantité de A	π_B	π_A	$\pi_A + \pi_B$	
B	150	A	150	225	225	450	(4)
			200	187	250	437	
			300	112	225	337	
	200	A	150	250	187	437	
			200	200	200	400	(2)
			300	100	150	250	
	300	A	150	225	112	337	(3)
			200	150	100	250	
			300	0	0	0	(1)

On retrouve ainsi à la ligne notée :

– (1) : la situation décrite en **b)** où les deux firmes se comportent comme deux monopoles ;

– (2) : la situation décrite en **c)** à travers le modèle de Cournot ;

– (3) : la situation décrite en **f)** à travers le modèle de Stackelberg ;

– (4) : la situation décrite en **g)** reflétant l'accord de cartel entre A et B, mais cette fois sur des bases égalitaires.

On pourra aussi se référer à l'exercice n° **12** qui prolonge le modèle de Cournot dans une direction plus « moderne » à travers l'étude des stratégies dominantes et de l'équilibre de Nash. Il s'agit des premiers concepts de « **la théorie des jeux** ». On dit à ce propos que l'équilibre en quantité déterminé au **c)** est un équilibre de Cournot-Nash.

15 ▸ **a)** Il s'agit de définir un équilibre de Cournot. La difficulté réside dans le fait qu'il y a trois entreprises. Il faudra donc résoudre un système de trois équations à trois inconnues.

Écrivons les fonctions de profit, qui seront à la base des calculs ultérieurs :

$$\pi_A = pq_A - CT_A = [180 - 2[q_A + q_B + q_C]] \cdot q_A - \frac{1}{2}q_A^2 - 10$$

$$\pi_B = pq_B - CT_B = [180 - 2[q_A + q_B + q_C]] \cdot q_B - \frac{1}{2}q_B^2 + 2q_B$$

$$\pi_C = pq_C - CT_C = [180 - 2[q_A + q_B + q_C]] \cdot q_C - \frac{2}{3}q_C^2 - 4q_C$$

Chaque entreprise maximise son profit en considérant que les quantités des deux autres firmes sont constantes ; on doit donc annuler la dérivée partielle première de chaque fonction de profit. Cela conduit au système suivant :

$$\begin{cases} \dfrac{\partial \pi_A}{\partial q_A} = 0 \\ \dfrac{\partial \pi_B}{\partial q_B} = 0 \\ \dfrac{\partial \pi_C}{\partial q_C} = 0 \end{cases} \Leftrightarrow \begin{cases} q_A = 36 - 0,4q_B - 0,4q_C \\ q_B = 36,4 - 0,4q_A - 0,4q_C \\ q_C = 33 - 0,375q_A - 0,375q_B \end{cases}$$

On trouve ensuite les valeurs optimales :

$$q_A^* = 20,58 \qquad q_B^* = 21,24 \qquad q_C^* = 17,32$$

Dans ce cas : $Q^* = 59,14$ et $p^* = 61,72$

Les profits des entreprises sont égaux à :

$$\pi_A = 1\,048,4 \qquad \pi_B = 1\,128,10 \qquad \pi_C = 799,80$$

Le total de ces profits est égal à : 2 976,30.

© Dunod. La photocopie non autorisée est un délit.

b) Pour obtenir les valeurs d'équilibre en situation de cartel, il est nécessaire de construire la fonction d'offre du cartel, c'est-à-dire, la courbe de coût marginal du cartel, afin de la confronter à la courbe de recette marginale du cartel. Cela suppose d'effectuer la sommation **horizontale** des coûts marginaux des trois entreprises :

– pour A : $C_{m_A}(q_A) = q_A \rightarrow q = C_m$

– pour B : $C_{m_B}(q_B) = q_B - 2 \rightarrow q = C_m + 2$

– pour C : $C_{m_C}(q_C) = \frac{4}{3}q_C + 4 \rightarrow q = \frac{3}{4}C_m - 3$

– pour le cartel, on obtient donc : $Q = C_m + C_m + \frac{3}{4}C_m + 2 - 3$

$$Q = \frac{11}{4}C_m - 1 \text{ (pour } Q \geqslant 10)$$

Ainsi, le coût marginal du cartel est égal à : $C_m(Q) = \frac{4}{11}[Q + 1]$ (pour $Q \geqslant 10$)

De la même façon qu'un monopole, le cartel détermine la quantité optimale à l'intersection du coût marginal et de la recette marginale :

$$C_m(Q) = R_m(Q) \Leftrightarrow \frac{4}{11}[Q + 1] = 180 - 4Q \rightarrow Q^* = \frac{247}{6} \approx 41,17$$

Pour cette quantité, le coût marginal est égal à : $C_m\left(\frac{247}{6}\right) = \frac{46}{3} \approx 15,33$

Les quantités optimales produites par les firmes sont telles que leurs coûts marginaux doivent être égaux au coût marginal du cartel :

$$C_{m_A}(q_A) = \frac{46}{3} \Leftrightarrow q_A = \frac{46}{3} \rightarrow q_A^* = \frac{46}{3}$$
$$C_{m_B}(q_B) = \frac{46}{3} \Leftrightarrow q_B - 2 = \frac{46}{3} \rightarrow q_B^* = \frac{52}{3}$$
$$C_{m_C}(q_C) = \frac{46}{3} \Leftrightarrow \frac{4}{3}q_C + 4 = \frac{46}{3} \rightarrow q_C^* = \frac{17}{2}$$

On appelle parfois ces valeurs des « quotas » de production ; l'organisme centralisateur fixe ainsi les quantités que chaque producteur doit fournir afin d'aboutir à un prix de vente bien supérieur à ce qui prévaudrait sans entente.

Les profits de chaque producteur peuvent facilement être calculer en utilisant les fonctions de coût ; lorsque les firmes produisent les quantités optimales, on trouve :

$$\pi_A = 1\,370 \qquad \pi_B = 1\,577,33 \qquad \pi_C = 748$$

Le profit total du cartel est égal à 3 695,33. Il a augmenté d'environ 24 %. Il s'agit des profits théoriques, avant application du système de compensation par le cartel. En effet, la firme C n'accepterait pas d'appartenir au cartel si cela ne lui apportait des avantages pécuniaires.

c) Le prix de vente (97,67) s'impose à tous les membres du cartel : il s'obtient grâce à la courbe de demande du cartel, pour la quantité optimale $Q^* = 41,17$. Le profit théorique de chaque producteur est indiqué par un rectangle. Il diffère selon les entreprises du fait des différences de coûts de production. Il est évident que les quantités optimales et les profits des différentes firmes seraient égaux si les coûts de production étaient égaux. Méthode de construction :

– construire les graphiques (9 courbes) avec une échelle commune pour les ordonnées ;

– marquer le point Z, intersection entre le coût marginal et la recette marginale du cartel ;

– tracer la droite D_1 afin de déterminer les quantités qui assurent l'égalité des coûts marginaux ;

– placer les points M, N et O, ainsi que les quantités optimales associées ;

– placer le point Z' sur la droite de demande du cartel et tracer la droite D_2 ;

– visualiser les rectangles de profit (profit théorique, avant répartition).

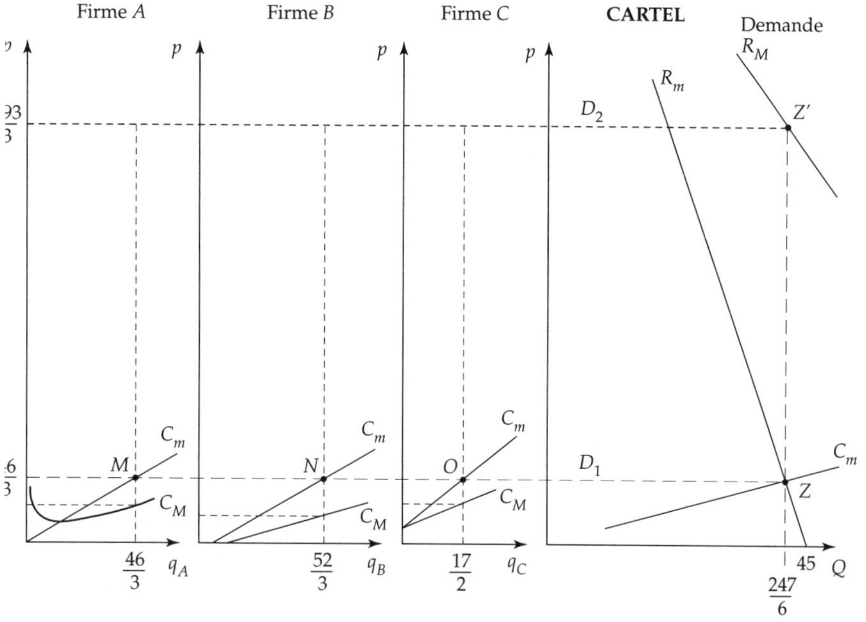

Figure 8.3

d) Il n'existe pas de répartition type ou optimale ; les modalités de la redistribution du profit global entre les différents membres du cartel dépendent des coûts de production, de la situation qui prévalait avant la formation du cartel, mais aussi des rapports de force entre les producteurs.

© Dunod. La photocopie non autorisée est un délit.

On peut imaginer une répartition qui soit proportionnelle aux profits que les firmes réalisaient dans le passé, sous l'hypothèse du modèle de Cournot. Le profit global se répartissait selon la clé suivante :

– pour A : 35,20 % ;

– pour B : 37,90 % ;

– pour C : 26,90 %.

Si nous appliquons cette clé de répartition au profit global de 3 695,33 obtenu grâce au cartel, cela donne les profits suivants :

– pour A : 1 300 ;

– pour B : 1 400 ;

– pour C : 995.

Chaque producteur voit donc son profit augmenter de 24 %. On peut facilement imaginer que si le producteur B (le plus rentable) est en position de force, il imposera une répartition différente.

e) Dans un cartel, les comportements opportunistes de franc-tireur (on dit aussi *free rider*) sont fréquents, certains producteurs souhaitant profiter du prix élevé pour vendre une quantité supérieure au quota fixé par le cartel. La réponse à la question est double car il y a un aspect théorique et un aspect pratique. Sur le plan théorique, le franc-tireur peut proposer une quantité telle que son coût marginal soit égal au prix du marché fixé par le cartel. Dans notre cas, on aurait :

$$C_{m_C}(q_C) = \frac{293}{3} \Leftrightarrow \frac{4}{3}q_C + 4 = \frac{293}{3} \rightarrow q_C^* = \frac{281}{4} \approx 70$$

À moins que les quotas n'aient été fixés extrêmement bas par rapport à la situation sans cartel, cet accroissement important de l'offre ne peut s'envisager sans baisse de prix. Dans notre cas, la production initiale (modèle de Cournot) était de 59,14 et la production du cartel de 41,17. La baisse, certes conséquente, ne permet pas de penser que la production de C de 70 puisse être réalisée sans bouleversement majeur.

Sur le plan pratique, ce qui paraît le plus plausible, c'est la vente par C d'une quantité supérieure au quota à un prix légèrement inférieur au prix imposé par le cartel. Cette stratégie peut d'ailleurs être suivie par d'autres firmes, soucieuses d'accroître leur profit sans peine. Lorsque cette spirale est engagée, on constate logiquement une baisse progressive des prix et la possibilité d'éclatement du cartel.

16 ▸ a) Nous cherchons le prix de vente associé à une quantité optimale de 5 (l'entreprise maximise toujours son profit) et à un profit de 150. Nous pouvons donc poser :

$$\pi(5) = 5p - CT(5) = 150 \Leftrightarrow 5p - 225 = 150 \rightarrow p^* = 75$$

Partie A

b) Le fait qu'il y ait deux élasticités-prix en un point signifie que la **droite de demande fait un coude** au point Z, les réactions de l'entreprise à une modification du prix étant différentes à la hausse et à la baisse. Lorsque la firme Omega augmente son prix, l'élasticité est forte (supérieure à l'unité, en valeur absolue) : cela signifie que la hausse du prix provoque une baisse proportionnellement plus forte des quantités. Ce phénomène s'explique par les décisions des concurrents ; l'énoncé précise en effet qu'ils ne suivent pas l'entreprise Omega lorsqu'elle augmente ses prix. De plus en plus de clients quittent Omega au profit des entreprises concurrentes. De même, l'élasticité-prix est assez faible lorsque l'entreprise Omega baisse son prix. Les firmes concurrentes, prudentes, baissent aussi leur prix ; ainsi, la baisse du prix par Omega ne provoque pas une augmentation massive des ventes, comme cela aurait pu être le cas si les autres firmes n'avaient pas modifier leur prix.

Le fait de disposer des élasticités-prix et des coordonnées de Z va permettre de déterminer les fonctions de demande (c'est-à-dire de recette moyenne) et de recette marginale.

- **1er cas : hausse du prix**

$$e = \frac{\partial q}{\partial p}\frac{p}{q} = -3 \Leftrightarrow \frac{\partial q}{\partial p}\frac{75}{5} = -3 \rightarrow \frac{\partial q}{\partial p} = -\frac{1}{5}$$

Cela signifie que la pente de la fonction de demande est égale à $-1/5$. Or, on cherche une droite de la forme : $q = ap + b$. On sait donc déjà que : $a = -1/5$. Il ne reste plus qu'à trouver b :

$$-\frac{1}{5} \cdot 75 + b = 5 \quad \rightarrow b = 20$$

La fonction de demande est donc égale à : $q = (-1/5)p + 20$

La fonction de demande inverse, ou recette moyenne s'écrit :

$$\text{pour } q \in [0,5] \quad R_M^{1H}(q) = -5q + 100$$

Le H en exposant signifie « *lorsque le prix est à la hausse* » par rapport à Z.

- **2e cas : baisse du prix**

Un raisonnement identique nous conduit à trouver :

$$\text{pour } q \in [5, +\infty] \quad R_M^{1B}(q) = -12q + 135$$

Le B en exposant signifie « *lorsque le prix est à la baisse* » par rapport Z.

On déduit de ces expressions celles des recettes marginales :

pour $q \in [0,5] \quad R_m^{1H}(q) = -10q + 100$

pour $q \in [5, +\infty] \quad R_m^{1B}(q) = -24q + 135$

© Dunod. La photocopie non autorisée est un délit.

c) Pour effectuer la représentation graphique, il suffit de compléter tous les renseignements précédents par la détermination des fonctions de coût moyen et marginal :

$$C_M(q) = q^2 - 16q + 100 \qquad C_m(q) = 3q^2 - 32q + 100$$

La courbe de recette moyenne fait donc un coude au point Z. Ainsi, la recette marginale connaît une discontinuité en $q = 5$. Cependant, on constate que : $C_m(5) = R_m^{1B}(5)$. Cela signifie que la recette marginale coupe le coût marginal en $q = 5$. Le point Z est donc bien un optimum.

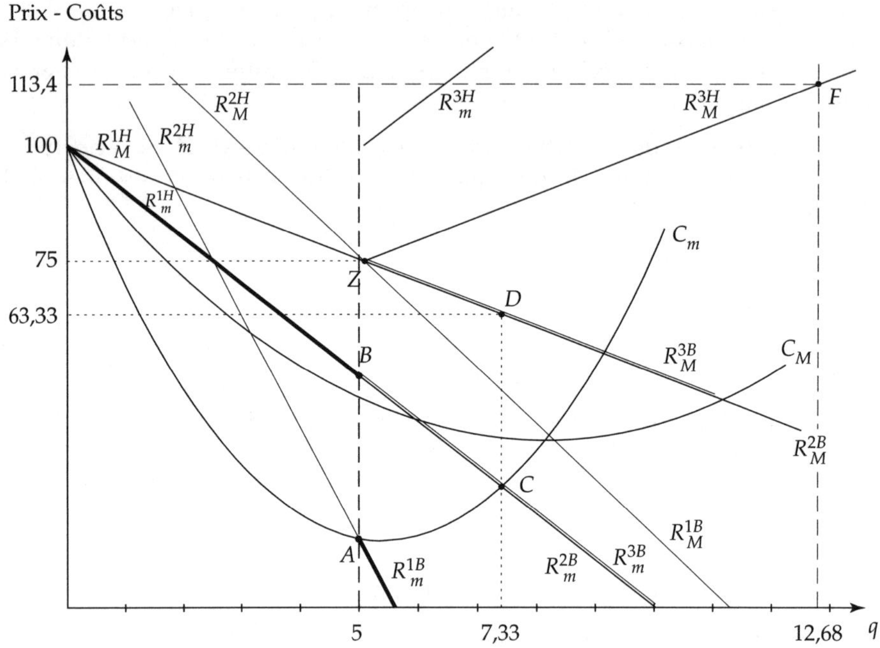

Figure 8.4

d) Dans la mesure où la recette moyenne n'est pas toujours calculée à partir de la même fonction, le profit dépend lui aussi de l'intervalle dans lequel l'entreprise opère :

pour $q \in [0, 5]$

$$\pi(q) = q \cdot R_M^{1H}(q) - CT(q)$$

$$\pi(q) = q \cdot [-5q + 100] - q^3 + 16q^2 - 100q$$

$$\pi(q) = -q^3 + 11q^2$$

Ainsi :

q	0	1	2	3	4	5
$\pi(q)$	0	10	36	72	112	150

pour $q \in [5, +\infty]$

$$\pi(q) = q \cdot R_M^{1B}(q) - CT(q)$$
$$\pi(q) = q \cdot [-12q + 135] - q^3 + 16q^2 - 100q$$
$$\pi(q) = -q^3 + 4q^2 + 35q$$

Ainsi :

q	5	6	7	8	9	10
$\pi(q)$	150	138	98	24	–90	–250

e) Puisqu'on envisage une baisse des prix, cela signifie que l'on se situera sur la partie droite du graphique (à droite de Z). Faisons deux remarques préalables :

– au point A, le coût marginal coupe la recette marginale ;

– une réduction du coût variable provoque mécaniquement une réduction du coût marginal (ce qui n'est pas le cas lorsque les coûts fixes baissent).

Ainsi, **la moindre** réduction du coût variable (par unité produite) conduit les quantités optimales à augmenter et le prix de vente optimal à diminuer ; la courbe de coût marginal s'abaissant forcément, elle détermine par son intersection avec R_m^{1B} un point (q_o, p_o) tel que $q_o > 5$ et $p_o < 75$.

f) Tant que la courbe de coût marginal coupe la courbe de recette marginale dans la partie où cette dernière est discontinue (segment en pointillés sur le graphique), le point Z reste le point optimal. Ainsi, la valeur maximale de la taxe est donnée par la longueur du segment $[AB]$.

Or il est facile de calculer les ordonnées des points A et B :

$$R_m^{1H}(5) = 50 \qquad R_m^{1B}(5) = 15$$

Le coût marginal peut s'élever au maximum dc 35 (50 – 15 = 35), sans provoquer de modification de l'équilibre. La valeur maximale de la taxe unitaire, respectant les hypothèses est donc de 35 unités monétaires. Le coût total s'écrira alors :

$$CT(q) = q^3 - 16q^2 + 135q$$

On constate alors des profits négatifs (-25). Pour une taxe de ce montant, l'entreprise déciderait logiquement de cesser son activité. Auquel cas, les pouvoirs publics ne recevraient aucune recette fiscale. Il est donc raisonnable de penser que la taxe maximale sera strictement inférieure à 30, permettant ainsi à l'entreprise de faire des profits positifs, et à l'État de percevoir des recettes.

Partie B

g) On procède exactement de la même façon que pour la question **b)** ; seules changent les élasticités-prix. De plus, ces dernières sont simplement inversées : les équations déjà calculées nous seront fort utiles. Ainsi, on trouve :

pour $q \in [0,5]$ $\quad R_M^{2H}(q) = -12q + 135$ et $R_m^{2H}(q) = -24q + 135$

pour $q \in [5, +\infty]$ $\quad R_M^{2B}(q) = -5q + 100$ et $R_m^{2B}(q) = -10q + 100$

h) *Cf.* figure 8.4.

© Dunod. La photocopie non autorisée est un délit.

i) La conséquence majeure réside dans le fait qu'il y a deux points d'équilibre possibles dans cette configuration stratégique : le point A et le point C sont les points d'intersection du coût marginal et de la recette marginale. On connaît parfaitement la situation de l'entreprise Omega lorsqu'elle choisit de produire $q^* = 5$ à un prix $p^* = 75$ (le profit est de : 150). Les nouvelles courbes de demande ne modifient en rien cet équilibre. En revanche, on ne dispose d'aucune information sur l'équilibre associé au point C. Cherchons la quantité optimale associée à C :

$$R_m^{2B}(q) = C_m \Leftrightarrow -10q + 100 = 3q^2 - 32q + 100 \qquad \text{avec } q \geqslant 5$$

$$\Leftrightarrow q \cdot [3q - 22] = 0 \text{ avec } q \geqslant 5$$

$$\rightarrow q^* = \frac{22}{3} \approx 7,33 \qquad \text{seule solution vérifiant l'hypothèse } q \geqslant 5$$

Pour cette valeur :

– le prix de vente est égal à : $190/3 = 63,33$

– le profit de l'entreprise Omega s'élève à : $5\,324/27 = 197,20$

L'entreprise choisira la situation qui lui permet d'obtenir le maximum de profit ; le nouvel optimum se situe donc en D, sur la droite de demande. Les réactions des concurrents sont favorables à une baisse du prix.

Partie C

j) Toujours à partir du même raisonnement et en utilisant certains résultats, il est possible de trouver les fonctions demandées. Il faudra être attentif aux intervalles dans lesquels ces fonctions sont définies :

pour $p \in [0, 75]$ $\quad R_M^{3B}(q) = -5q + 100 \quad R_m^{3B}(q) = -10q + 100$

pour $p \in [75, +\infty]$ $\quad R_M^{3H}(q) = 5q + 50$ et $R_m^{3H}(q) = 10q + 50$

k) *Cf.* figure 8.4.

l) Dans ce cas, la courbe de coût marginal coupe la courbe de recette marginale en deux points : le point C (que l'on connaît) et le point E (non visible sur le graphique), dont il faut calculer les coordonnées :

$$R_m^{3H}(q) = C_m \Leftrightarrow 10q + 50 = 3q^2 - 32q + 100$$

$$\rightarrow q^* \approx 12,68$$

Pour cette quantité :

– le prix de vente est égal à : 113,43

– le profit de l'entreprise Omega s'élève à : 703,7

La firme préférera donc se situer au point F sur sa droite de demande « originale » (à pente positive), plutôt qu'au point D. La situation de « firme dominante » semble donc très avantageuse.

TD9 Introduction à l'équilibre général

L'essentiel du cours

Les TD qui précèdent, parfois aux préoccupations fort différentes, ont tous un point commun, celui de se situer dans le cadre théorique de ***l'équilibre partiel.*** *Il s'agit de l'étude du comportement des agents ou du fonctionnement des marchés, considérés* ***indépendamment les uns des autres.*** *Par exemple, à chaque fois que nous avons maximisé une fonction (d'utilité ou de production), sous contrainte, de nombreux paramètres étaient donnés : les prix des biens, les prix des facteurs, le revenu du ménage, le budget du producteur, etc. L'équilibre général rompt avec cette présentation et propose comme élément clé* ***l'interdépendance générale*** *des marchés.*

1. L'équilibre général dans un modèle d'échange pur

Un modèle d'échange pur correspond à une économie simplifiée où **les seuls agents** économiques sont les **consommateurs**. Ces derniers disposent en début de période d'une certaine quantité (appelée **dotation**) de chaque bien. Dans la mesure où ces dotations n'assurent généralement pas la satisfaction **maximale** de chacun, des **échanges** vont naître entre les consommateurs. Le tâtonnement walrasien (*cf.* TD 6) est utilisé, à la différence près que tous les marchés sont maintenant « **connectés** » les uns aux autres à travers les prix des biens.

1.1 Demandes nettes et équilibre général

Soit n le nombre de biens de notre économie simplifiée. Notons D_i la demande totale du bien i, c'est-à-dire la demande de l'ensemble des consommateurs, et O_i l'offre totale du bien i :

$$D_i = D_i\,(p_1, p_2, p_3, \cdots, p_k, \cdots, p_n)$$

$$O_i = O_i\,(p_1, p_2, p_3, \cdots, p_k, \cdots, p_n) \quad \text{où } p_k \text{ est le prix du bien } k$$

© Dunod. La photocopie non autorisée est un délit.

Sur le marché du bien i, la condition d'équilibre s'écrit : $D_i = O_i$. On dit que l'économie est en situation d'équilibre général si cette égalité est vérifiée pour les n biens, donc sur les n marchés :

$$D_i\,(p_1, p_2, p_3, \cdots, p_k, \cdots, p_n) = O_i\,(p_1, p_2, p_3, \cdots, p_k, \cdots, p_n)$$

pour $i = 1, 2, \cdots, n$

Ou encore : $D_i(p_1, p_2, p_3, \cdots, p_k, \cdots, p_n) - O_i(p_1, p_2, p_3, \cdots, p_k, \cdots, p_n) = 0$

$\Leftrightarrow DN_i(p_1, p_2, p_3, \cdots, p_k, \cdots, p_n) = 0$ pour $i = 1, 2, \cdots, n$

où DN_i signifie « **demande nette** ».

Ainsi, on dira qu'un ensemble de prix $(p_1, p_2, p_3, \cdots, p_k, \cdots, p_n)$ conduit l'économie à un équilibre général si la **demande nette** de chaque bien est **nulle**.

1.2 L'identité de Walras

Les hypothèses permettent de dire que, pour chaque consommateur, la valeur des biens achetés est égale à la valeur des biens vendus. Ainsi, lorsqu'on considère l'économie dans son ensemble, on peut écrire l'identité comptable suivante :

$$\sum_{i=1}^{n} p_i \cdot D_i = \sum_{i=1}^{n} p_i \cdot O_i \qquad (1)$$

Admettons que les $(n-1)$ premiers marchés sont équilibrés ; cela se traduit par l'égalité suivante :

$$\sum_{i=1}^{n-1} p_i \cdot D_i = \sum_{i=1}^{n-1} p_i \cdot O_i \qquad (2)$$

Des égalités (1) et (2), il est possible d'écrire :

$$\sum_{i=1}^{n} p_i \cdot D_i - \sum_{i=1}^{n-1} p_i \cdot D_i = \sum_{i=1}^{n} p_i \cdot O_i - \sum_{i=1}^{n-1} p_i \cdot O_i \Leftrightarrow p_n \cdot D_n = p_n \cdot O_n \qquad (3)$$

Or, par hypothèse, les prix sont tous non nuls ; ainsi, le marché du $n^{\text{ième}}$ bien est en équilibre :

$$(3) \Leftrightarrow D_n = O_n$$

Nous venons de montrer que si l'équilibre est réalisé sur $(n-1)$ marchés, il est « mécaniquement » réalisé sur le $n^{\text{ième}}$ marché. C'est **l'identité de Walras**, ou loi de Walras.

1.3 Le diagramme d'Edgeworth

Il fournit un moyen simple pour décrire un ensemble de relations d'échange, dans une économie simplifiée à **deux consommateurs** (C_1 et C_2), et à **deux biens** (A et B).

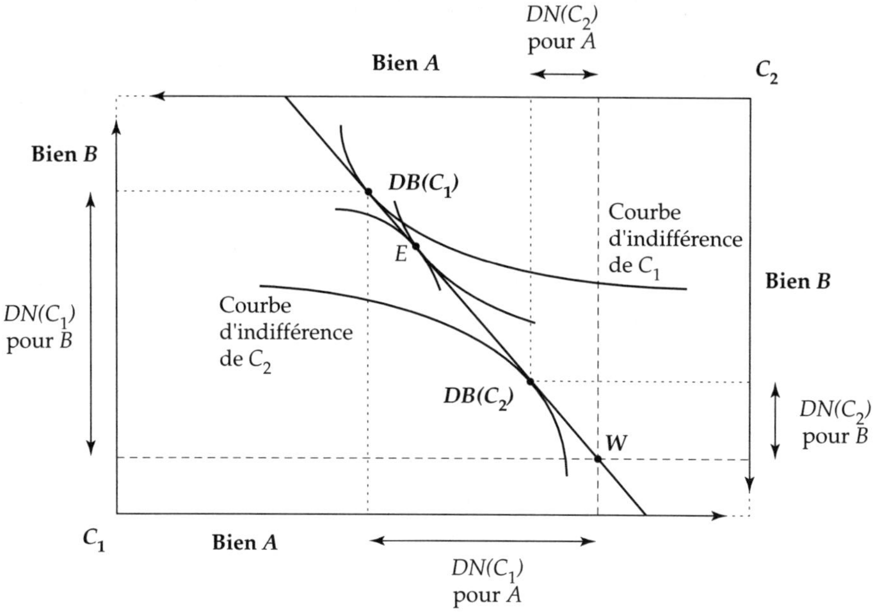

Figure 9.1

avec par exemple :

– $DB(C_1)$: demande brute du consommateur C_1 ;

– $DN(C_1)$ pour A : demande nette du consommateur C_1 pour le bien A ;

– W : dotation initiale.

La demande brute du consommateur C_1, pour le bien A, correspond à la quantité totale de biens A qu'il désire consommer ; la demande nette est égale à la différence entre la demande brute et la dotation initiale.

Ainsi, par rapport aux paragraphes précédents, on dira que notre économie simplifiée connaît **un équilibre général d'échange** lorsque, pour chaque bien, **la somme des demandes nettes est nulle**. Dans ce cas, les points $DB(C_1)$ et $DB(C_2)$ seront confondus (point E), et les courbes d'indifférence des consommateurs C_1 et C_2 seront tangentes. En référence au TD 2, on dit aussi qu'un équilibre général d'échange est atteint lorsque les TMS_{AB} en E sont les mêmes pour les deux consommateurs :

$$TMS_{AB} \text{ de } C_1 = TMS_{AB} \text{ de } C_2 \text{ (condition n° 1)}$$

Le point E est appelé « **optimum de Pareto** ». Cela signifie qu'une fois arrivé au point E, il n'est plus possible de modifier la répartition des biens entre les consommateurs sans diminuer la satisfaction d'au moins un d'entre eux. L'ensemble des points de tangence, c'est-à-dire l'ensemble des optimums de Pareto, forme une nouvelle courbe appelée « **courbe de contrats** ».

2. L'équilibre général de l'échange et de la production

Avant d'envisager une interdépendance généralisée, étudions le cas d'une économie simplifiée où **un producteur** fournit **deux biens** (A et B) à l'aide de **deux facteurs** (K et L).

2.1 L'équilibre général de la production

Il est possible de transposer les raisonnements précédents (loi de Walras, diagramme d'Edgeworth, etc.) au domaine de la production. Ainsi, on dira qu'un **équilibre général de production** est atteint lorsque le $TMST_{KL}$ dans la production du bien A est égal au $TMST_{KL}$ dans la production du bien B :

$$TMST_{KL} \text{ pour } A = TMST_{KL} \text{ pour } B \text{ (condition n° 2)}$$

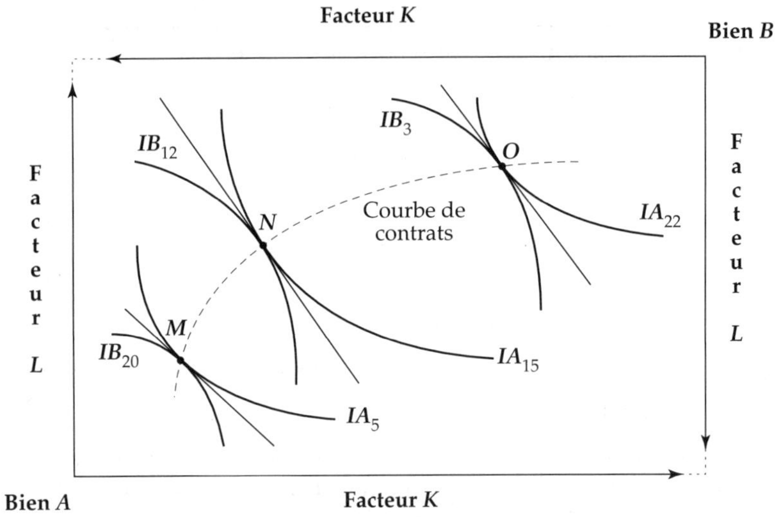

Figure 9.2

2.2 L'élément fédérateur : la courbe de transformation

La courbe de transformation permet de faire le lien entre les facteurs et les biens. Expliquons ce passage délicat. Elle représente les volumes maximum de biens A et B que l'économie peut produire, pour une quantité donnée de facteurs K et L, ainsi que pour un ensemble donné de connaissances technologiques (donc, entre autres, pour des fonctions de production données). Grâce à la courbe de contrats du producteur, on peut, pour chaque niveau de production du bien A (matérialisé par une isoquante), déterminer la production optimale de biens B.

La courbe de transformation est souvent appelée « **frontière des possibilités de production** » (FPP). Une économie **efficace**, au sens de Pareto, se situe toujours

SCD LILLE 2

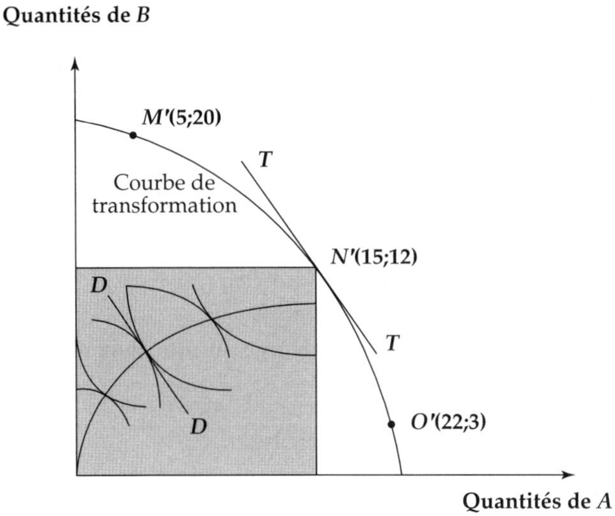

Figure 9.3

sur sa FPP. En effet, l'efficacité est atteinte quand l'économie ne peut plus accroître la production d'un bien sans restreindre celle d'un autre bien.

À partir de cette courbe, on définit le **taux marginal de transformation** entre les biens A et B (TMT_{AB}). Il mesure le nombre d'unités du bien B auquel l'économie doit renoncer lorsqu'elle désire obtenir une unité supplémentaire du bien A. Au point N', le TMT est égal à la valeur absolue de **la pente de la tangente** en N' à la FPP. Cette « transformation » entre biens n'est possible que dans la mesure où les facteurs de production peuvent être **réaffectés** afin de produire un peu moins d'un bien et un peu plus de l'autre. Or le coût d'une unité supplémentaire de bien A est égal au coût marginal de A. De même, le gain lié à la production d'une unité de bien B en moins correspond au coût marginal de B. Par conséquent, le TMT_{AB} peut s'écrire :

$$TMT_{AB} = \frac{C_m^A}{C_m^B}$$

2.3 L'équilibre général de l'échange et de la production

Grâce à la FPP, il est maintenant possible de combiner tous les résultats précédents. En effet, pour chaque point de la frontière, de coordonnées (a, b), on peut construire un diagramme d'Edgeworth et obtenir la courbe de contrats associée à la combinaison (a, b) des biens A et B. Pour qu'un optimum de Pareto soit atteint, dans notre économie d'échange **et** de production, il faut que le TMT, en un point quelconque, soit égal au TMS_{AB} de chaque consommateur :

$$TMS_{AB} = TMT_{AB} \text{ (condition n° 3)}$$

Plus généralement, on dira qu'un équilibre général (sous-entendu, simultané d'échange et de production) est atteint lorsque les conditions n° 1, n° 2 et n° 3 sont réalisées. Graphiquement, la droite DD doit être parallèle à la tangente TT.

© Dunod. La photocopie non autorisée est un délit.

Q.C.M.

	Vrai	Faux
1. Une économie se situe à un optimum de Pareto lorsque		
a) il n'est plus possible d'effectuer un quelconque changement sans diminuer la satisfaction d'au moins un agent.	☐	☐
b) tous les gains liés à l'échange ont été exploités.	☐	☐
c) il n'est plus possible de réaliser des échanges mutuellement avantageux.	☐	☐
2. Le diagramme d'Edgeworth permet d'analyser		
a) un équilibre de Pareto lorsque l'économie est composé d'un producteur fabricant deux biens à l'aide de deux facteurs.	☐	☐
b) un équilibre général lorsque l'économie est composée de deux consommateurs et de deux biens.	☐	☐
c) un équilibre de Pareto lorsque l'économie est composée de deux consommateurs et de deux biens.	☐	☐
3. Dans le cadre d'une économie d'échange, lorsqu'un individu se situe en un point de la courbe de contrats, sa satisfaction		
a) est maximale.	☐	☐
b) est proportionnelle à la pente de la courbe de contrats.	☐	☐
c) peut encore s'accroître.	☐	☐
d) peut encore augmenter sans que celle d'un autre agent ne diminue.	☐	☐
4. L'équilibre général est une situation où		
a) tous les marchés sont simultanément en équilibre.	☐	☐
b) l'on connaît tous les prix absolus des biens et des facteurs.	☐	☐
c) sont réalisés $(n - 1)$ équilibres partiels.	☐	☐
5. Les « biens publics » ou « collectifs » sont des biens		
a) pour lesquels la consommation par un agent ne réduit pas forcément la satisfaction des autres agents.	☐	☐
b) pour lesquels il est difficile d'appliquer les mécanismes du marché.	☐	☐
c) qui ont des coûts de production très faibles.	☐	☐
d) qui conduisent parfois à des comportements opportunistes, chaque agent comptant sur les autres pour en assurer les coûts de production.	☐	☐

	Vrai	Faux
6. Dans une économie d'échange et de production, lorsque le volume de production de certaines entreprises a une influence sur les coûts des entreprises concurrentes,		
a) un régime de concurrence pure et parfaite sera le garant d'une situation Pareto-optimale.	☐	☐
b) même un régime de concurrence pure et parfaite peut ne pas conduire à un équilibre de Pareto.	☐	☐
c) on dit qu'il y a des « effets externes » de production.	☐	☐
7. Dans une économie d'échange et de production, l'équilibre général est atteint lorsque :		
a) $TMST_{KL}$ de A = $TMST_{KL}$ de B	☐	☐
b) TMS_{AB} de C_1 = TMS_{AB} de C_2	☐	☐
c) $TMT_{AB} = TMS_{AB}$ et les propositions a) et b) vérifiées	☐	☐
8. Sur un marché, les fonctions d'offre et de demande sont les suivantes :		
$P = 10 + (Q/100)$ $\qquad$ $P = 100 - (Q/100)$		
a) le prix d'équilibre est égal à 55 €/kg, pour une quantité de 4 500 kg	☐	☐
b) la quantité vendue est de 6 000 kg à 70 € et la quantité achetée est de 6 000 kg à 40 €.	☐	☐
c) le marché n'est jamais en équilibre.	☐	☐
9. (suite du 8)		
Les pouvoirs publics fixent de façon autoritaire un prix de vente de 40 €/kg.		
a) la quantité demandée est de 6 000 kg et la quantité offerte est de 3 000 kg.	☐	☐
b) les consommateurs sont rationnés et cela fait naître une pénurie de 3 000 kg.	☐	☐
c) le surplus global n'est pas maximum et l'optimum de Pareto n'est pas atteint.	☐	☐
10. On admettra que la production de pâte à papier (avec laquelle on fait notamment les feuilles de papier) est une activité polluante et qu'il n'existe pas d'équipement totalement non-polluant. Pour améliorer le surplus global et le bien-être des agents, les pouvoirs publics peuvent décider :		
a) d'arrêter toute fabrication de pâte à papier.	☐	☐
b) de ne rien faire et de laisser le marché s'auto-réguler.	☐	☐
c) d'obliger l'entreprise à limiter sa production pour freiner la pollution.	☐	☐
d) d'obliger l'entreprise à payer ce que coûte la dépollution.	☐	☐

© Dunod. La photocopie non autorisée est un délit.

Réflexion

11. Soit une économie d'échange et de production dans laquelle deux agents C_1 et C_2 consomment deux biens A et B, produits à l'aide de deux facteurs K et L. À l'aide de calculs simples, montrer que si le TMT_{AB} est différent du TMS_{AB}, commun aux deux consommateurs, l'économie ne se situe pas à l'optimum.

12. Montrer qu'une économie simplifiée d'échange et de production, dont tous les marchés fonctionnent en situation de concurrence pure et parfaite, vérifie les trois conditions n° 1, n° 2 et n° 3 énoncées dans « L'essentiel du cours ».

13. Soit une économie d'échange fonctionnant en concurrence pure et parfaite, composée de trois consommateurs (C_1, C_2 et C_3) et de deux biens (A et B). Les fonctions d'utilité des agents sont les suivantes :

Pour C_1 :	Pour C_2 :	Pour C_3 :
$U_1[a_1;b_1] = [a_1]^{1/2} \cdot b_1$	$U_2[a_2;b_2] = [a_2 \cdot b_2]^{1/2}$	$U_3[a_3;b_3] = a_3 \cdot b_3$

Soit la dotation initiale W :

$$a_1 = 2 \ ; b_1 = 20 \qquad a_2 = 2 \ ; b_2 = 10 \qquad a_3 = 6 \ ; b_3 = 30$$

a) La répartition W est-elle un optimum de Pareto ?

b) À quelle condition W représente-t-elle un équilibre général d'échange ?

c) Si le bien A est le numéraire, calculer le prix de A et celui de B.

Entraînement

14. Soit une économie de production pure. Imaginons qu'un producteur X puisse fabriquer en **une** heure 10 tonnes de beurre **ou** 20 canons. Supposons que cet agent travaille 35 heures par semaine.

Partie A

a) Déterminer les fonctions de production.

b) Déterminer l'équation de la frontière des possibilités de production.

c) En déduire le taux marginal de transformation et l'interpréter.

d) Que pensez-vous d'une production hebdomadaire de 200 tonnes de beurre et 200 canons ?

e) Même question pour 300 tonnes de beurre et 300 canons ?

Partie B

Imaginons qu'un second producteur, appelé Y, s'installe dans notre économie de production pure. L'agent Y fabrique en **une** heure 20 tonnes de beurre **ou** 10 canons. Il travaille 35 heures par semaine.

f) Déterminer l'équation de la FPP de cette nouvelle économie.

g) Si le prix de la tonne de beurre est égal au prix d'un canon, quelle quantité des deux biens notre économie simplifiée doit-elle vendre à une économie simplifiée voisine (cette dernière est susceptible d'acheter toute combinaison des deux biens proposée) ?

Analyse de l'énoncé et conseils. Même si la représentation graphique n'est pas demandée, elle est très utile à la compréhension de ces mécanismes. La partie B suppose l'existence de 2 producteurs ; dans ce cas, analyser avec méthode et prudence les capacités de production globales. Pour la dernière question, on suppose que la production se fait sans coût.

15. Soit une économie d'échange, composée de deux consommateurs C_1 et C_2 et de deux biens A et B ; l'économie dispose globalement de 15 unités de chacun des deux biens. Les fonctions d'utilité des consommateurs s'écrivent :

– pour C_1 : $U_1[a_1;b_1] = a_1 b_1$

– pour C_2 : $U_2[a_2;b_2] = 3a_2 b_2$

avec : $a_i =$ quantité de biens A consommés par l'agent C_i $(i = 1,2)$

avec : $b_i =$ quantité de biens B consommés par l'agent C_i $(i = 1,2)$

Les dotations initiales en biens A et en biens B sont les suivantes :

$$\bar{a}_1 = 3 \qquad \bar{b}_1 = 10 \qquad \bar{a}_2 = 12 \qquad \bar{b}_2 = 5$$

Partie A

a) Construire le diagramme d'Edgeworth et représenter les courbes d'indifférence lorsque :

$$U_1 = 9 \qquad U_1 = 30 \qquad U_1 = 64$$
$$U_2 = 147 \qquad U_2 = 180 \qquad U_2 = 432$$

b) Placer la dotation initiale sur le graphique. Trouver, à l'aide de calculs simples et rapides, une répartition plus favorable aux deux consommateurs. Qu'en déduisez-vous ?

c) En déduire ce que peut être la « **région d'avantage mutuel** ».

d) Vérifier à l'aide de la condition d'optimalité que W n'est pas un optimum de Pareto.

e) En déduire l'équation de la courbe de contrats.

© Dunod. La photocopie non autorisée est un délit.

Partie B

Appelons p_A et p_B les prix respectifs des biens A et B, et R_i le revenu du consommateur C_i $(i = 1,2)$.

f) Déterminer les fonctions de demande (brute) des consommateurs C_1 et C_2.

g) Calculer les fonctions de demande nette.

h) À quelle(s) condition(s) l'économie d'échange décrite ici se trouve-t-elle à l'équilibre général ?

i) En déduire les échanges qui auront lieu entre les deux consommateurs.

j) Indiquer la position finale des deux consommateurs après échanges.

k) Calculer l'utilité des deux consommateurs à l'équilibre général (noté E).

Calculer l'utilité des deux consommateurs au point F, lorsque :

$$a_1 = b_1 = 5,5 \quad \text{et} \quad a_2 = b_2 = 9,5$$

Pourquoi l'équilibre général d'échange ne se situe-t-il pas en F ?

Analyse de l'énoncé et conseils. Il est souhaitable, lors de la représentation graphique, de prendre au moins le centimètre comme unité sur les deux axes. Il est inutile de chercher la définition de la « région d'avantage mutuel » dans les rappels de cours : essayer d'en donner une définition intuitive. À chaque fois que cela est possible, vous aurez intérêt à utiliser le graphique, pour vos raisonnements, et pour vérifier certains résultats. Dans le cadre d'une introduction à la théorie de l'équilibre général, les graphiques ont toujours été d'une aide précieuse.

SOLUTIONS

1 ▸ a, b, c – **2** ▸ a, b, c – **3** ▸ c – **4** ▸ a – **5** ▸ a, b, d – **6** ▸ b, c – **7** ▸ c **8** ▸ a **9** ▸ a, b, c – **10** ▸ c, d

11 ▸ Lorsque le TMT est différent du TMS, cela signifie qu'il est possible d'accroître le niveau de satisfaction d'au moins un consommateur grâce à une modification de la combinaison productive. Supposons que :

– l'équilibre d'échange est atteint (TMS_{AB} de C_1 = TMS_{AB} de $C_2 = 1$) ;

– l'économie se situe au point Z sur la FPP ;

– le TMT_{AB} en Z est égal à 3.

Ainsi, TMT et TMS sont différents. Dans ce cas, il est rationnel de réduire la production du bien A de 1 unité afin produire 3 unités supplémentaires de biens B.

En effet, comme les consommateurs ont des taux d'échange égaux à 1 (la satisfaction perdue suite à la renonciation à 1 bien A est compensée par la satisfaction gagnée suite à la consommation de 1 bien B supplémentaire), ils seront favorables au transfert du bien A vers le bien B. Le scénario suivant est possible : C_1 perd une unité de A, mais gagne 3 unités de B. Ainsi, la satisfaction de C_1 s'accroît, tout en laissant inchangée celle de C_2 ; cela signifie qu'en Z, un optimum de Pareto n'est pas atteint.

12 ▸ On demande donc de vérifier les conditions n° 1, n° 2 et n° 3, dans le cadre de marchés fonctionnant sous un régime de concurrence pure et parfaite.

• Condition n° 1 : TMS_{AB} de $C_1 = TMS_{AB}$ de C_2

En concurrence pure et parfaite, les consommateurs déterminent les quantités optimales de biens A et B de façon à ce que :

$$TMS_{AB} = \frac{p_A}{p_B} \qquad (1)$$

Or, en concurrence pure et parfaite, les prix des biens sont identiques pour tous les consommateurs. Ainsi, le rapport des prix est le même pour C_1 et pour C_2. La condition n° 1 est donc vérifiée.

• Condition n° 2 : $TMST_{KL}$ pour $A = TMST_{KL}$ pour B

En concurrence pure et parfaite, les producteurs déterminent les quantités optimales de facteurs K et L de façon à ce que :

$$TMST_{KL} = \frac{p_L}{p_K}$$

Or, en concurrence pure et parfaite, les prix des facteurs sont identiques pour tous les producteurs. Ainsi, le rapport des prix est le même pour X (qui fabrique le bien A) et pour Y (qui fabrique le bien B). La condition n° 2 est donc vérifiée.

• Condition n° 3 : $TMS_{AB} = TMT_{AB}$

Nous savons que : $$TMT_{AB} = \frac{C_m^A}{C_m^B}$$

Or, en concurrence pure et parfaite, le profit est maximal lorsque le prix d'un bien mis sur le marché est égal à son coût marginal. Ainsi, on peut écrire :

$$TMT_{AB} = \frac{C_m^A}{C_m^B} = \frac{p_A}{p_B} \qquad (2)$$

Il vient facilement (1) = (2). Le régime de concurrence pure et parfaite, parce qu'il vérifie ces conditions, est souvent qualifié de « **Pareto-optimal** ».

13 ▸ a) Pour que W soit un optimum de Pareto, dans le cadre d'une économie d'échange, il suffit que tous les TMS_{AB} (W) soient égaux. Le TMS_{AB} du consommateur C_1 s'écrit :

$$TMS_{AB}^{C_1} = \frac{\dfrac{\partial U_1}{\partial a_1}}{\dfrac{\partial U_1}{\partial b_1}} = \frac{\dfrac{1}{2} \cdot a_1^{-1/2} \cdot b_1}{a_1^{1/2}} = \frac{b_1}{2a_1} \quad \text{et} \quad TMS_{AB}^{C_1}[2\,;20] = \frac{20}{2 \times 2} = 5$$

© Dunod. La photocopie non autorisée est un délit.

De même, les TMS_{AB} des consommateurs C_2 et C_3 sont égaux à :

$$TMS_{AB}^{C_2} = \frac{b_2}{a_2} \qquad \text{et} \qquad TMS_{AB}^{C_2}[2\,;10] = \frac{10}{5} = 5$$

$$TMS_{AB}^{C_3} = \frac{b_3}{a_3} \qquad \text{et} \qquad TMS_{AB}^{C_3}[6\,;30] = \frac{30}{6} = 5$$

On a donc bien vérifié qu'au point W : $TMS_{AB}^{C_1} = TMS_{AB}^{C_2} = TMS_{AB}^{C_3}$

La répartition W est un optimum de Pareto.

b) À l'aide des résultats précédents et de ceux de l'exercice **9**, on peut dire qu'un équilibre général d'échange, dans le cadre d'un marché fonctionnant en concurrence pure et parfaite, est atteint en W, si les prix p_A et p_B des deux biens sont tels que : $p_A/p_B = TMS_{AB} = 5$

c) Si le bien A est choisi comme numéraire, alors : $p_A = 1$ et $p_B = 1/5 = 0,20$

14 ▸ Partie A. Économie de production à 1 agent

a) Les fonctions de production ne dépendent que d'un facteur, le travail. Notons :

– T_B le temps de travail total, par semaine, consacré à la production de beurre ;

– T_C le temps de travail total, par semaine, consacré à la production de canons.

On peut écrire :

$Q_B = f(T_B) = 10T_B$ où Q_B = nombre de tonnes de beurre produites.

$Q_C = g(T_B) = 20T_C$ où Q_C = nombre de canons produits.

b) Par hypothèse :

– on sait que chaque semaine : $T_B + T_C = 35$;

– on peut dire que la fabrication de Q_B tonnes de beurre demande $Q_B/10$ heures de travail

– on peut dire que la fabrication de Q_C canons demande $Q_C/10$ heures de travail.

Donc, par semaine, on doit respecter la contrainte suivante :

$$\frac{Q_B}{10} + \frac{Q_C}{20} = 35 \quad \text{d'où, par exemple :} \quad Q_C = 700 - 2Q_B \qquad (1)$$

Cette droite exprime bien toutes les combinaisons possibles de beurre (en tonnes) et de canons que le producteur peut fabriquer en une semaine de 35 heures. Il s'agit de l'équation de la FPP (droite D_x – figure 9.4).

c) Le TMT est égal à la valeur absolue du coefficient directeur de la FPP. Donc : $TMT = 2$

Si le producteur consacre une heure de moins à la fabrication de beurre, il obtient 10 tonnes de beurre en moins ; en revanche, cette heure « dégagée » de la production de beurre peut être « engagée » dans la production de canons. Il en obtiendra 20 supplémentaires. Le rapport d'échange est donc de 2 pour 1.

d) La production en question n'est pas optimale ; en effet, le producteur n'utilise pas toutes ses heures. Il gaspille chaque semaine 5 heures.

e) La production de 300 tonnes de beurre et de 300 canons n'est pas possible (en l'état actuel des techniques). Ce couple se situe à l'extérieur de la FPP.

Partie B. Économie de production à 2 agents

f) La détermination de la FPP de cette économie à deux producteurs suppose d'avoir préalablement réfléchi à toutes les combinaisons de beurre et de canons que Y peut produire dans une semaine de 35 heures. À l'aide d'un raisonnement identique à celui de la Partie A, on trouve pour Y, l'égalité :

$$\frac{Q_B}{20} + \frac{Q_C}{10} = 35 \quad \Leftrightarrow \quad Q_C = 350 - \frac{1}{2}Q_B \qquad (2)$$

Attention, la FPP ne s'obtient pas par addition des équations (1) et (2). Expliquons pourquoi. Partons du cas où X et Y ne fabriquent que des canons. Les renseignements dont on dispose nous permettent de calculer le nombre total de canons fabriqués par semaine :

– X en fera 700 puisqu'il peut en faire 20 à l'heure ;

– Y en fera 350 puisqu'il peut en faire 10 à l'heure.

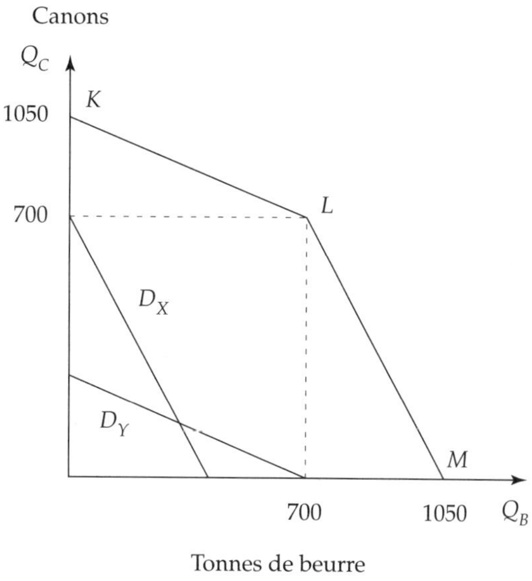

Figure 9.4

Soit une production de 1 050 canons. À partir de cette position (point K), si on souhaite obtenir du beurre, dans des conditions d'efficacité maximales, il faut utiliser le producteur qui fabrique le plus de beurre à l'heure, c'est-à-dire Y. Ainsi, pour chaque canon que Y ne produit pas, on obtient 2 tonnes de beurre. Progressivement, suite à ces réaffectations, Y va produire au maximum 700 tonnes de beurre (et ne produit plus de canons) et utilise la totalité de son temps disponible (point L).

Si on souhaite encore plus de beurre, il faudra maintenant demander à X d'en fabriquer, et donc lui demander de produire moins de canons. Le producteur X, pour une tonne de beurre supplémentaire doit abandonner la fabrication de 2 canons. Lorsque X produit 350 tonnes de beurre, il a épuisé son temps de travail (point M).

Ainsi, la FPP correspond à la courbe KLM, formée à partir des ensembles de production de X (droite D_X) et de Y (droite D_Y). Précisons que le raisonnement précédent aurait pu être mené en partant du point M.

g) L'économie composée de nos deux producteurs cherche à maximiser son profit ; ce dernier s'écrit :

$$\pi = p_B \cdot Q_B^T + p_C \cdot Q_C^T$$

où Q^T est égal aux quantités totales, pour chaque bien.

Or, nous savons que l'économie, pour être efficiente doit se situer sur sa FPP ; il faut donc trouver le profit le plus élevé compatible avec une production appartenant à la frontière. Pour un profit π_0 donné, la droite d'iso-profit a pour équation :

$$Q_C^T = \frac{\pi_o}{p_C} - \frac{p_B}{p_C} Q_B^T$$

Or le rapport des prix est égal à un ; la droite d'iso-profit a donc un coefficient directeur égal à -1.

$$Q_C^T = \frac{\pi_o}{P_C} - Q_B^T$$

Lorsqu'on augmente la valeur du profit π_o, cette droite se déplace parallèlement à elle-même vers le haut. Il est graphiquement aisé de constater que la valeur maximale de l'ordonnée à l'origine, donc du profit, sera atteinte lorsque la droite d'iso-profit passera par le point L. Ainsi, notre économie simplifiée maximise son profit lorsqu'elle vend 700 tonnes de beurre et 700 canons.

15 ▸ a) La construction du diagramme d'Edgeworth s'effectue en deux temps :

– de façon très classique, on trace dans un repère, les courbes d'indifférence du consommateur C_1, tout comme lors des premiers chapitres.

– on « ferme » les axes afin d'obtenir une boîte (carrée dans notre exemple) puis on retourne cette boîte pour construire les courbes d'indifférences du consommateur C_2.

b) On place la dotation W. On constate que pour W, on a :

$$U_1[3\,;\,10] = 30 \qquad U_2[12\,;\,5] = 180$$

Il suffit de transférer 1 bien A de C_2 vers C_1 et 1 bien B de C_1 vers C_2 pour que la satisfaction des deux consommateurs augmente :

$$U_1[4\,;\,9] = 36 \qquad U_2[11\,;\,6] = 198$$

On déduit de ce calcul rapide que la dotation W ne place pas les deux consommateurs dans une situation optimale. **Tous deux** peuvent accéder à une répartition procurant une plus grande satisfaction. W n'est pas un optimum de Pareto.

c) La surface grisée en forme de lentille est appelée « **région d'avantage mutuel** ». Pour l'agent C_1, tout couple de biens situé au-dessus de la courbe $U_1 = 30$ est préféré à W. En revanche, pour l'agent C_2, tout couple de biens situé au-dessous de la courbe $U_2 = 180$ est préféré à W. L'intersection des deux surfaces précédentes forme l'aire grisée. Elle correspond donc à l'ensemble des couples que les **deux** consommateurs préfèrent à la dotation W.

d) Pour une telle économie, un équilibre général d'échange (ou un optimum de Pareto) est atteint lorsque les TMS_{AB} des deux consommateurs sont égaux.

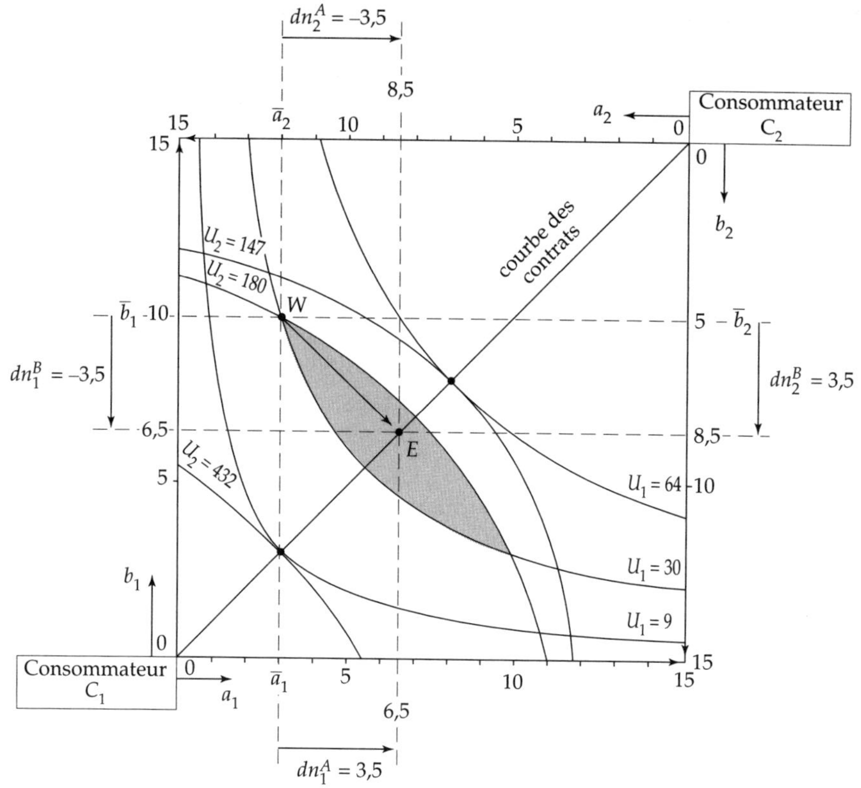

Figure 9.5

Calculons ces TMS_{AB} :

– pour le consommateur C_1 : $TMS_{AB}^{C_1} = \dfrac{\dfrac{\partial U_1}{\partial a_1}}{\dfrac{\partial U_1}{\partial b_1}} = \dfrac{b_1}{a_1}$

– pour le consommateur C_2 : $TMS_{AB}^{C_2} = \dfrac{\dfrac{\partial U_2}{\partial a_2}}{\dfrac{\partial U_2}{\partial b_2}} = \dfrac{b_2}{a_2}$

En W, il est évident que les TMS_{AB} sont différents :

$$TMS_{AB}^{C_1} = \frac{10}{3} \neq TMS_{AB}^{C2} = \frac{5}{12}$$

e) Nous cherchons à exprimer b_1 en fonction de a_1 lorsque la condition d'optimalité est vérifiée, c'est-à-dire pour tout couple (a_1, b_1) vérifiant :

$$TMS_{AB}^{C_1} = TMS_{AB}^{C_2} \Leftrightarrow \frac{b_1}{a_1} = \frac{b_2}{a_2} \qquad (1)$$

Or, nous savons aussi que :

$$a_1 + a_2 = 15 \quad (2)$$

et

$$b_1 + b_2 = 15 \quad (3)$$

Grâce à (2) et (3), la condition (1) peut s'écrire :

$$(1) \Leftrightarrow \frac{b_1}{a_1} = \frac{15 - b_1}{15 - a_1} \Leftrightarrow b_1 \cdot (15 - a_1) = a_1 \cdot (15 - b_1) \Leftrightarrow b_1 = a_1$$

Ainsi, la courbe de contrats est définie par l'équation : $b_1 = a_1$.

À partir de cette courbe, il n'existe aucune autre répartition des consommations qui augmente l'utilité d'un individu, sans provoquer une baisse de l'utilité de l'autre individu.

Partie B

f) Les fonctions de demande se déterminent de la même façon que lors des premiers TD consacrés à l'étude du comportement du consommateur. Il faut résoudre les programmes suivants :

– pour le consommateur C_1 :

Maximiser : $U_1 = a_1 b_1$

sous la contrainte : $R_1 = a_1 p_A + b_1 p_B$

– pour le consommateur C_2 :

Maximiser : $U_2 = 3a_2 b_2$

sous la contrainte : $R_2 = a_2 p_A + b_2 p_B$

Nous effectuerons la démarche entière pour C_1 et donnerons uniquement les résultats pour C_2, les calculs étant très proches. Utilisons le lagrangien :

$$\mathcal{L}(a_1, b_1, \lambda) = a_1 b_1 + \lambda \cdot [R_1 - a_1 p_A - b_1 p_B]$$

Les conditions du 1er ordre s'écrivent :

$$\begin{cases} \dfrac{\partial \mathcal{L}}{\partial a_1} = 0 \\ \dfrac{\partial \mathcal{L}}{\partial b_1} = 0 \\ \dfrac{\partial \mathcal{L}}{\partial \lambda} = 0 \end{cases} \Leftrightarrow \begin{cases} b_1 - \lambda p_A = 0 \\ a_1 - \lambda p_B = 0 \\ R_1 - a_1 p_A - b_1 p_B = 0 \end{cases} \Leftrightarrow \begin{cases} \lambda = \dfrac{b_1}{p_A} \\ \lambda = \dfrac{a_1}{p_B} \\ R_1 - a_1 p_A - b_1 p_B = 0 \end{cases}$$

Des deux premières équations, on retrouve l'égalité fondamentale du consommateur :

$$\frac{b_1}{p_A} = \frac{a_1}{p_B} \Leftrightarrow \frac{b_1}{a_1} = \frac{p_A}{p_B} \Leftrightarrow \frac{\dfrac{\partial U_1}{\partial a_1}}{\dfrac{\partial U_1}{\partial b_1}} = \frac{p_A}{p_B} \quad \text{donc : } b_1 = \frac{p_A}{p_B} a_1$$

Si, dans la troisième équation, on remplace b_1 par la valeur ci-dessus, on obtient :

$$R_1 - a_1 p_A - \left[\frac{p_A}{p_B} a_1\right] \cdot p_B = 0 \qquad \rightarrow \ a_1^* = \frac{R_1}{2p_A}$$

On obtient ensuite facilement : $b_1^* = \dfrac{R_1}{2p_B}$

Il est possible d'exprimer les quantités optimales uniquement par rapport aux prix des biens ; en effet, le revenu du consommateur peut s'exprimer par rapport aux prix des biens puisqu'on connaît la dotation initiale W :

$$R_1 = 3p_A + 10p_B$$

Ainsi : $$a_1^* = \frac{3p_A + 10p_B}{2p_A} \quad \text{et} \quad b_1^* = \frac{3p_A + 10p_B}{2p_B}$$

À l'aide du même raisonnement, on trouve les quantités optimales du consommateur C_2 :

$$a_2^* = \frac{12p_A + 5p_B}{2p_A} \quad \text{et} \quad b_2^* = \frac{12p_A + 5p_B}{2p_B}$$

g) Les demandes nettes sont égales aux demandes brutes, obtenues ci-dessus, auxquelles on soustrait les dotations initiales.

Demandes nettes du consommateur C_1 :

– pour le bien A : $dn_1^A = \dfrac{3p_A + 10p_B}{2p_A} - 3 = \dfrac{-3p_A + 10p_B}{2p_A}$

– pour le bien B : $dn_1^B = \dfrac{3p_A + 10p_B}{2p_B} - 10 = \dfrac{3p_A - 10p_B}{2p_B}$

Demandes nettes du consommateur C_2 :

– pour le bien A : $dn_2^A = \dfrac{12p_A + 5p_B}{2p_A} - 12 = \dfrac{-12p_A + 5p_B}{2p_A}$

– pour le bien B : $dn_2^B = \dfrac{12p_A + 5p_B}{2p_B} - 5 = \dfrac{12p_A - 5p_B}{2p_B}$

h) L'économie se trouve en équilibre général d'échange lorsque la somme des demandes nettes, pour chaque bien, est nulle, c'est-à-dire lorsque :

$$dn_1^A + dn_2^A = 0 \Leftrightarrow \quad \frac{-3p_A + 10p_B}{2p_A} + \frac{-12p_A + 5p_B}{2p_A} = 0$$

$$\rightarrow \ p_A = p_B$$

et $$dn_1^B + dn_2^B = 0 \Leftrightarrow \quad \frac{3p_A - 10p_B}{2p_B} + \frac{12p_A - 5p_B}{2p_B} = 0$$

$$\rightarrow \ p_A = p_B$$

© Dunod. La photocopie non autorisée est un délit.

Ainsi, l'équilibre général est atteint lorsque le rapport des prix des biens est égal à 1. Notons bien qu'on ne dispose d'aucune indication sur le niveau absolu des prix des biens. Il est classique de prendre le prix d'un bien pour numéraire, afin d'exprimer la valeur tous les autres prix.

i) Grâce à l'égalité des prix, il est possible de calculer la valeur des demandes nettes, et ainsi de déterminer les échanges qui auront lieu entre C_1 et C_2 :

$$dn_1^A = \frac{-3p_A + 10p_B}{2p_A} = \frac{-3p_A + 10p_A}{2p_A} = \frac{7}{2}$$

Cela signifie que le consommateur C_1 reçoit 3,5 biens A du consommateur C_2. De même, on a :

$dn_2^A = -\frac{7}{2}$ C_2 donne 3,5 biens A à C_1

$dn_1^B = -\frac{7}{2}$ C_1 donne 3,5 biens B à C_2

$dn_2^B = \frac{7}{2}$ C_2 reçoit 3,5 biens B de C_1

j) Grâce aux demandes nettes ci-dessus et à la dotation, il est possible de trouver les demandes brutes. Ces dernières peuvent aussi être calculées, comme les demandes nettes, en utilisant la condition $p_A = p_B$. Les demandes brutes sont égales à :

$$a_1^* = \frac{13}{2} \qquad b_1^* = \frac{13}{2} \qquad a_2^* = \frac{17}{2} \qquad b_2^* = \frac{17}{2}$$

Les consommateurs se déplacent donc de W au point E, évidemment situé dans la région d'avantage mutuel, sur la courbe de contrats.

k) Au point E, les utilités des consommateurs sont égales à :

$$U_1 = 42,25 \qquad U_2 = 216,75$$

Au point F, les utilités sont égales à :

$$U_1 = 30,25 \qquad U_2 = 270,75$$

F appartient à la courbe des contrats ; il procure une utilité totale supérieure à E (301 > 259) ; pour autant, il n'est pas un équilibre général. En effet, F ne peut pas être atteint par le consommateur C_2 en raison d'un revenu R_2 insuffisant :

On sait que : $R_2 = 12p_A + 5p_B = 17p_A$ lorsque $p_A = p_B$

Or, le point F nécessiterait un revenu égal à :

$$9,5p_A + 9,5p_B = 19p_A \qquad \text{si } p_A = p_B$$

TD 10 Annales Corrigées Université Paris I-Panthéon Sorbonne, UFR de Gestion

SUJETS D'EXAMEN

Chaque examen est composé d'une question de cours (notée sur 5 ou 6) et d'un exercice (noté sur 15 ou 14) ; seul ce dernier fera l'objet d'une correction détaillée. Si vous souhaitez tirer le meilleur parti de ce dernier chapitre, ***faites chaque sujet en temps limité*** *(une heure et demi au maximum),* ***ne consultez ni le cours ni les corrections avant d'avoir complètement fini de traiter le sujet****.*

SEPTEMBRE 2007

▶ Question de cours

1. Imaginons qu'un célibataire gagne 100 000 € par an. Les tranches de l'impôt sur le revenu (barème fictif) sont les suivantes :

– de 0 € à 10 000 € : 0 %

– de 10 000 à 30 000 € : 10 %

– de 30 000 à 70 000 € : 20 %

– plus de 70 000 € : 40 %

Quel est le montant de l'impôt payé par ce célibataire ?

Si l'année suivante, il gagne 30 % de plus, de combien son impôt va-t-il augmenter approximativement (en %) ?

2. Pour quelle(s) raison(s) dit-on que « l'impôt tue l'impôt » ?

3. Pourquoi vouloir réduire le taux d'impôt sur les sociétés en France ?

© Dunod. La photocopie non autorisée est un délit.

▶ Exercice

L'entreprise PEMIEFER est un monopole public.

La demande est définie par la relation suivante : $p = 100 - 2q$

où p et q correspondent respectivement au prix en euros et à la quantité.

Le coût total de production est défini par : $CT(q) = q^2 + 10q$

1. Déterminer le coût moyen (C_M) et le coût marginal (C_m).

2. Déterminer la recette moyenne (R_M) et la recette marginale (R_m).

3. Déterminer le couple (p_1, q_1) tel que le profit du monopole soit maximum.

4. Dans les conditions précédentes, la somme du surplus du consommateur et du surplus du producteur est-elle maximale ? Si c'est le cas, justifier votre réponse. Si ce n'est pas le cas, quelle serait la stratégie que le monopole pourrait mettre en œuvre pour que le surplus soit maximum ?

5. Finalement, le monopole décide de pratiquer une *gestion à l'équilibre*. Déterminer le couple (p_2, q_2) correspondant à cette décision.

6. Expliquer les raisons possibles de ce changement (par rapport à la situation où le monopole maximisait son profit) et les limites d'une telle gestion.

7. Après avoir défini l'élasticité prix de la demande, déterminer sa valeur au point A ($q = 30$; $p = 40$). Uniquement à l'aide de ce résultat, calculer la quantité proposée suite à une baisse de prix de 3 %.

8. Sur la base d'informations provenant des services financiers du monopole, les Pouvoirs Publics décident d'intervenir en fixant un prix maximum (ou prix plafond) de 75 euros. Quel est l'impact de cette mesure réglementaire sur la stratégie de tarification de PEMIEFER ?

9. Quelles auraient été les conséquences d'une décision des Pouvoirs Publics consistant à imposer au monopole un prix de 30 euros ? On déterminera notamment le couple (p_3, q_3) retenu par le monopole.

10. PEMIEFER est-il un monopole naturel ? Justifier.

JUIN 2007

▶ Question de cours

Les principales justifications de la forme « anormale » de la fonction d'offre de travail (*graphique exigé*)

▶ Exercice

La fonction de production de l'entreprise DUMOULIN est définie par : $Q = f(K, L) = 4LK$ où L et K représentent les quantités de facteurs. On note P_L le prix unitaire du facteur travail, P_K le prix unitaire du facteur capital et CT le coût total d'une production utilisant L et K unités de facteurs.

On peut donc écrire que : $\text{CT}(L, K) = LP_L + KP_K$

Par ailleurs, on admettra que : $P_L = 4P_K$

L'entreprise DUMOULIN est en situation de monopole et fabrique le produit X en quantité Q. La fonction de demande inverse pour le produit X s'écrit : $P = 500 - (5/2)Q$ où P est le prix de vente.

1. Par la méthode du lagrangien, déterminer les coordonnées (notées L^* et K^*) de l'optimum lorsque le producteur décide de minimiser le coût total, pour une quantité produite donnée égale à Q_0.

2. On précisera l'équation du sentier d'expansion, après en avoir rappelé la définition.

3. Déterminer la nature des rendements d'échelle.

4. Calculer la valeur de L^* et de K^* (optimum) lorsque la quantité Q_0 est fixée à 100 unités.

5. Calculer la valeur optimale du coût de production lorsque la quantité Q_0 est fixée à 100 et que $P_K = 200$ €.

6. Uniquement à partir des résultats des questions 3 et 5, calculer la valeur optimale du coût total lorsque la quantité Q_0 est fixée à 900 unités (toujours avec $P_K = 200$).

7. Déterminer le coût total (noté $\text{CT}(Q)$), fonction de la variable Q.

8. En déduire le coût moyen (noté $C_M(Q)$).

9. Par rapport à la fonction de coût, comment caractériser le monopole de DUMOULIN ?

10. Pour une production de 100 unités, calculer le prix de vente, le coût moyen, le profit moyen et le profit total.

11. Montrer que cette production est celle qui maximise le chiffre d'affaires de l'entreprise.

© Dunod. La photocopie non autorisée est un délit.

JUIN 2006

▶ Questions de cours

1. Définir les notions suivantes et les illustrer par un graphique : fonction de demande, fonction d'offre, excès de demande, excès d'offre.

2. Définir avec précision l'élasticité de la demande par rapport au prix. Puis, sur un même graphique, représenter le cas où la demande est :

a) très élastique b) faiblement élastique c) parfaitement inélastique

Concernant la demande mondiale de pétrole, l'élasticité-prix directe est-elle faible ou forte ? Justifier.

▶ Exercice

Louis possède la fonction d'utilité suivante : $U(x, y) = x \cdot y - 2$

où x et y correspondent respectivement aux quantités de biens X et Y. Louis dispose d'un revenu R, exclusivement consacré à l'achat des biens X et Y, dont les prix sont respectivement p_X et p_Y.

1. Établir l'équation des courbes d'indifférence pour un niveau d'utilité donné U_o, et l'équation de la droite de budget pour un revenu donné R_o.

2. À l'aide du lagrangien, déterminer les conditions du 1er ordre.

3. Déterminer l'équation du sentier d'expansion du revenu.

4. Puis déterminer les coordonnées des points optimaux (notées x^* et y^*).

5. Après avoir déterminé la différentielle totale de la fonction d'utilité et celle du revenu, fournir une interprétation économique du multiplicateur de lagrange.

6. Lorsque $p_X = 6$ €, $p_Y = 3$ € et $R = 24$ €, calculer :

– les coordonnées de l'optimum (noté Z),

– l'équation du sentier d'expansion,

– l'équation de la droite de budget (notée D_1),

– l'équation de la courbe d'indifférence associée à l'optimum (notée U_1).

7. Effectuer la représentation graphique des éléments précédents (placer x en abscisses).

8. Au point Z, calculer le TMS de trois façons différentes.

9. Considérons que Louis se situe au point Z et qu'il souhaite maintenir son niveau de satisfaction. Uniquement à l'aide du TMS, calculer la valeur de y lorsque la quantité de x baisse de 0,01.

10. Le prix de Y passe à 4 €. Déterminer puis représenter (sur le graphique précédent) la nouvelle droite de budget, ainsi que le nouveau sentier d'expansion du revenu.

11. À l'aide de ces deux nouvelles informations, mettre en évidence les effets de substitution et de revenu, ainsi que l'effet total, de cette augmentation du prix de Y.

Présenter les résultats dans un tableau qui aura impérativement cette forme :

	Effet de substitution	Effet de revenu	Effet Total
Pour X			
Pour Y			

12. Déterminer l'équation de la courbe d'Engel pour le bien X et calculer l'élasticité-revenu.

13. Déterminer l'équation de la fonction de demande individuelle de Louis pour le bien Y.

JUIN 2004

▶ Question de cours

La concurrence monopolistique : définitions, équilibres et critiques.

▶ Exercice

Claire possède la fonction d'utilité suivante : $U(x, y) = 4 + y \cdot x^2$ où x et y correspondent respectivement aux quantités de biens X et Y. Initialement, le prix du bien X est de p€ et le prix du bien Y est de 4€. De plus, nous savons que Claire dispose d'un revenu de 24€.

Partie A

1. Établir l'équation des courbes d'indifférence pour un niveau d'utilité donné U_0.

Par la méthode du lagrangien, déterminer :

2. le lagrangien et les conditions du 1er ordre,

3. l'équation du chemin d'expansion du revenu,

4. les coordonnées des points optimaux.

5. Lorsque $p = 2$€, calculer l'utilité totale associée au point optimal (noté A), puis en déduire l'équation de la courbe d'indifférence associée (notée U_1).

© Dunod. La photocopie non autorisée est un délit.

6. Déterminer l'équation de la droite de budget (notée D_1) tangente en A à U_1.

7. Calculer à l'aide de deux méthodes le TMS en A. Raisonnant à partir de l'optimum, si Claire souhaitait réduire sa consommation de biens X de 0,5 unité, de combien devrait-elle faire varier sa consommation de biens Y pour maintenir le même niveau d'utilité ?

Partie B

Imaginons maintenant que le prix du bien X double, toutes choses égales par ailleurs.

8. Après avoir décrit tous les effets d'un tel doublement, déterminer l'équation de la nouvelle droite de budget (notée D_3) tangente à la nouvelle courbe d'indifférence (notée U_2).

9. Déduire des résultats précédents les coordonnées du nouveau point optimal (noté C), l'utilité totale associée et l'équation de la courbe d'indifférence associée (notée U_2).

10. Par la méthode de Hicks, mettre en évidence tous les effets de ce doublement de prix.

11. Représentation graphique

Dans ce cas, le graphique est un support à la démonstration algébrique ; ne cherchez pas à réaliser un graphique trop précis dans la mesure où vous ne disposez pas de calculatrice. Cependant, toutes les courbes d'indifférences utilisées, ainsi que toutes les droites de budget utilisées, devront figurer. Le graphique doit être réaliste et cohérent.

12. Les biens X et Y sont-ils des biens complémentaires ou substituables ? Pourquoi ?

13. Quelle est la nature du bien X ?

14. Quelles auraient été les conséquences d'un doublement du prix du bien X, accompagné cette fois d'un doublement du prix du bien Y et du revenu ?

JUIN 2001

▶ Question de cours

Définir avec précision les termes : bien ordinaire, bien normal, bien inférieur, bien supérieur. Sur un graphique, en utilisant la méthode de Hicks, mettre en évidence les effets de substitution, de revenu ainsi que l'effet total, lorsque : le bien X (situé en abscisses) est un bien inférieur ordinaire, le bien Y est un bien normal et le prix du bien X diminue, toutes choses égales par ailleurs. Sur la base des effets de substitution et de revenu, comment caractériser un bien inférieur et un bien de Giffen ?

▶ Exercice

La fonction de demande du produit LEXRO est définie par $Q = 10 - p$ (où p est le prix unitaire du produit en euros et Q la quantité demandée en kilogramme). L'entreprise Aprimus est en situation de monopole pur sur ce marché. Son coût total de production en euros est le suivant : $\text{CT}_A(q_A) = (q_A)^2$

Calculer :

1. La quantité optimale vendue par Aprimus (notée q^*)

2. Le prix de vente (noté p^*)

3. Le profit du monopole (noté π^*)

L'entreprise Bsecondus fait maintenant concurrence à Aprimus, dans le cadre d'un modèle de Cournot. Le coût total de Bsecondus (en euros) est défini par la relation : $\text{CT}_B(q_B) = 0,5\,(q_B)^2 + 2q_B$.

4. Rappeler les quatre hypothèses fondamentales du modèle de Cournot.

5. Définir en une phrase le terme « fonction de réaction ».

Déterminer :

6. Les fonctions de réaction de Aprimus et de Bsecondus

7. Les quantités d'équilibre (q_A^* et q_B^*) et le nouveau prix du marché ($p*$)

8. Les profits de chaque entreprise (π_A^* et π_B^*).

Aprimus et Bsecondus décident finalement de former un cartel.

9. Rappeler l'égalité fondamentale conduisant à l'équilibre coopératif.

10. Si le cartel décidait de vendre 1 kg de LEXRO, à laquelle des deux entreprises demanderait-il de le fabriquer ? Justifier votre réponse.

11. En vous aidant de la question précédente, déterminer le coût marginal du cartel (noté C_m^C).

12. Calculer la production (notée Q_C^*) et le prix de vente (noté P_C^*) fixés par le cartel.

13. Déterminer la production des entreprises Aprimus et Bsecondus.

© Dunod. La photocopie non autorisée est un délit.

JUIN 2000

▶ Questions de cours

1. Représenter graphiquement la productivité totale du facteur travail, pour une quantité donnée du facteur capital. Que suggère la forme de cette courbe ?

2. Représenter les productivités moyenne et marginale du facteur travail dans un graphique qui se situera sous le précédent, afin de mettre en évidence les relations qui existent entre ces trois courbes.

3. Expliquer en quelques phrases chaque relation, puis montrer que la courbe de la productivité marginale coupe la courbe de la productivité moyenne en son maximum.

▶ Exercice

Dans un secteur industriel, où les marchés de facteurs sont concurrentiels, le prix du facteur travail (L) et le prix du facteur capital (K) s'obtiennent par confrontation de l'offre et de la demande, puis s'imposent aux entreprises de ce secteur. On sait que *le prix d'équilibre du facteur travail (noté p_L) est égal à 5 euros*. Pour le facteur capital, on dispose de la fonction d'offre (notée S) et de la fonction de demande (notée D) :

$$q_S = 30p - 200 \; ; \; q_D = -10p + 600$$

Une entreprise de ce secteur, appelée A, *doit livrer 8 produits finis* à un client. La fonction de production de l'entreprise A est la suivante : $Q_A(K,L) = (KL)^{0,5}$. Pour répondre à cette commande, l'entreprise A envisage deux solutions alternatives :

– solution n° 1 : fabriquer elle-même ces 8 produits ;

– solution n° 2 : les faire fabriquer par un sous-traitant, appelé B, dont la fonction de production est la suivante : $Q_B(K,L) = KL^2$

Dans un souci de saine gestion, l'entreprise A choisira la solution telle que, pour la quantité à livrer, le coût de production soit minimum.

1. Déterminer le prix d'équilibre du facteur capital, noté p_K.

2. Indiquer pourquoi la fonction de coût de l'entreprise A est égale à celle de l'entreprise B, c'est-à-dire à : $Kp_K + Lp_L$.

3. Pour les fonctions Q_A et Q_B, quelle est la nature des rendements d'échelle ?

4. En utilisant la méthode du lagrangien, comparer les deux solutions et indiquer celle que l'entreprise A retiendra (pour cette question et la suivante, on admettra que $p_K = 20$). On précisera notamment pour chaque solution : l'équation du sentier d'expansion, les quantités optimales K^* et L^* utilisées dans la production, le coût de production associé.

5. Lors d'une prochaine commande, la quantité que l'entreprise A devra livrer à son client est estimée à 64 produits. Dans ce cas, la solution retenue dans la question précédente sera-t-elle toujours valable ? Justifier votre réponse.

JUIN 1998

▶ Question de cours

Les équilibres possibles de courte période en situation de monopole (illustrations graphiques indispensables).

▶ Exercice

La satisfaction de M. Cromi est fonction des quantités consommées de biens F et de loisirs. Sa fonction d'utilité est de la forme : $U(X,L) = X^{1/2} \cdot L$

On note :

X :	la quantité de biens appelés F	
L :	le nombre d'heures de loisirs	(avec : $0 \leqslant L \leqslant 12$)
P :	le prix unitaire du bien F	(en euros)
S :	le salaire horaire de M. Cromi	(en euros)
t :	le taux d'imposition du salaire	(avec : $0 \leqslant t < 1$)
T :	le nombre d'heures de travail	(avec : $0 \leqslant T \leqslant 12$)

avec : $T + L = 12$

La totalité du revenu après impôt est consacrée à l'achat de biens F.

1. Quelle quantité de biens F, M. Cromi pourrait-il acheter s'il ne prenait aucun loisir ?

2. Justifier et écrire la contrainte budgétaire de M. Cromi.

3. Définir puis calculer le taux marginal de substitution de la consommation au loisir.

4. À l'aide du lagrangien, établir les coordonnées, notées X^* et L^*, du point optimum, puis calculer la valeur de T^* (pour l'optimum, on admettra qu'il s'agit d'un maximum).

5. En déduire la fonction de demande du bien F, puis indiquer la nature du bien F.

6. Posons : $P = 100$; $S = 250$; $t = 0,4$. Calculer les valeurs optimales.

© Dunod. La photocopie non autorisée est un délit.

Sur un graphique où L sera en abscisses et X en ordonnées déterminer puis représenter la droite de budget et la courbe d'indifférence associée à $U(X^*, L^*)$.

7. Imaginons que le prix unitaire du bien F baisse de 20 % et que simultanément, le salaire horaire de M. Cromi augmente de 20 %. Quelle est l'augmentation du pouvoir d'achat de M. Cromi ?

Quel est l'impact de telles variations sur les quantités optimales ?

8. Quel est l'impact d'une variation du taux d'impôt sur les quantités optimales ? Déduire des réponses précédentes l'allure de la courbe d'offre de travail de Cromi.

ÉLÉMENTS DE CORRECTION

Il s'agit de corrigés détaillés où tous les éléments importants sont présentés. Certains graphiques ne sont pas reproduits.

SEPTEMBRE 2007

▶ Question de cours

1 ▸ Montant de l'impôt pour un revenu de 100 000 €

– de 0 € à 10 000 € : 0 %	= 0 €
– de 10 000 à 30 000 € : 10 %	= 2 000 €
– de 30 000 à 70 000 € : 20 %	= 8 000 €
– plus de 70 000 € : 40 %	= 12 000 €
TOTAL	= 22 000 €

Pour un revenu de 130 000 €, les derniers 30 000 € vont être taxés à 40 %, soit 12 000 € d'impôt en plus.

Il va payer 34 000 € d'impôt, soit une augmentation d'un peu plus de 50 %

2 ▸ Un certain nombre d'économistes (généralement libéraux) considèrent qu'un taux d'imposition trop élevé dissuade (décourage) et conduit finalement à une baisse des recettes fiscales. Il existerait donc un taux d'impôt qui maximise les recettes fiscales... au-delà de ce taux, ces dernières se mettent à diminuer. Courbe de Laffer.

3 ▸ Pour éviter le « dumping fiscal » (délocalisation dans les pays à faible taux d'IS... et à MDO avantageuse).

▶ Exercice

Bien que le graphique ne soit pas demandé, il est fortement recommandé de le construire.

1 ▸ $C_M(q) = q + 10 \qquad C_m(q) = 2q + 10$

2 ▸ $R_M(q) = 100 - 2q \qquad R_m(q) = 100 - 4q$

3 ▸ $R_m = C_m \Longleftrightarrow 100 - 4q = 2q + 10$ donc $q = 15$

Ainsi : $p_1 = 70$ et $q_1 = 15$

4 ▸ Le surplus total n'est pas maximum car on est en monopole. Il s'agit de la somme du surplus de consommateur (225) et du surplus du producteur (750), soit un total de 975.

Remarque : il n'était pas demandé de le calculer.

Pour qu'il soit maximum, il faudrait que le monopole pratique une tarification dite de « *second rang* » telle que le coût marginal soit égal au prix, c'est-à-dire à la recette moyenne (point W) ; l'équilibre serait ainsi un équilibre de concurrence en monopole.

$R_M = C_m \Longleftrightarrow 100 - 4q = 2q + 10$ donc $q = 22{,}5$

Les valeurs d'équilibre sont alors : $q = 22{,}5$ et $p = 55$

Dans ce cas le surplus serait égal à 1 125

5 ▸ $R_M = C_M \Longleftrightarrow 100 - 2q = q + 10$ donc $q = 30$

Ainsi : $p_2 = 40$ et $q_2 = 30$

6 ▸ On peut envisager deux raisons principales :

– Il est possible que les Pouvoirs Publics s'immiscent dans la gestion du monopole et tentent d'avantager les consommateurs par une politique de prix plus douce ; vendre moins cher et davantage, sans que l'entreprise ne soit déficitaire.

– Le monopole souhaite éviter de rendre ce marché trop attractif pour des firmes potentiellement concurrentes... qui seraient tentées d'entrer. Il s'agit d'un choix : quelques sacrifices à court terme pour éviter à long terme la concurrence...

Les limites :

– comme on est à l'équilibre, le profit réalisé dans la situation précédente peut faire défaut vis-à-vis des actionnaires, ou par rapport à une politique d'investissements massifs dans une perspective de long terme ;

– sur le plan de l'efficience économique, cette tarification n'est pas satisfaisante car le coût marginal est largement supérieur au prix de vente ; le prix n'est plus le signal de la difficulté de fabriquer le bien : les dernières unités vendues demandent beaucoup d'efforts et rapportent peu en comparaison...

© Dunod. La photocopie non autorisée est un délit.

7 ▸ Définition : $e = (dq/q) \ / \ (dp/p) = (dq/dp) \times (p/q)$

Application : $e = -(1/2) \times (40/30) = -2/3$

Interprétation : si le prix baisse de 3 %, alors la quantité augmente de 2 %,

soit une quantité de $30 \times 1{,}02 = 30{,}6$

8 ▸ Cela n'a aucun impact car ce prix maximum est supérieur à tous les prix précédents (prix issu d'une maximisation du profit, d'une gestion à l'équilibre, d'une tarification au coût marginal) : il ne représente donc pas une contrainte.

9 ▸ Si le prix est fixé à 30 euros, la demande des consommateurs devrait être de 35 unités ; mais pour cette quantité, le monopole ne couvre pas ses coûts et de plus, le coût marginal est très supérieur à la recette marginale (contraire à l'efficience). C'est pourquoi le monopole choisira de maximiser son profit (sous contrainte du prix fixé) en égalisant le coût marginal avec la recette marginale ; or, sur toute la partie horizontale de la droite de demande, la recette marginale est confondue avec la droite de demande.

Il faut résoudre : $2q + 10 = 30$ donc : $q = 10$

Ainsi : $p_3 = 30$ et $q_3 = 10$

Cette stratégie conduit à un rationnement des consommateurs : ils sont peu nombreux à acheter, mais à un prix très faible. Le monopole réalise un profit assez réduit.

Remarque : on pourrait aussi admettre, par rapport aux questions précédentes, que le monopole adopte une « gestion à l'équilibre avec réglementation » ; dans ce cas, on doit résoudre : $C_M(q) = 30 \Longleftrightarrow q + 10 = 30$

Ainsi, on a : $p_3 = 30$ et $q_3 = 20$. On acceptera cette réponse.

10 ▸ Non, la fonction de coût n'est pas sous-additive ou décroissante sur un intervalle donné.

Cela est évident, mais doit être précisé.

JUIN 2007

1 ▸ Le problème consiste à résoudre le programme suivant (attention : il ne s'agit pas de maximiser la fonction de production !) :

Minimiser : $P_L L + P_K K$

sc : $4LK = Q_0$

On utilise le lagrangien :

$$\text{Lag}[L, K, \lambda] = P_L L + P_K K - \lambda[4LK - Q_0]$$

Conditions du 1er ordre :

$$\begin{cases} \dfrac{\partial \text{ Lag}[L,K,\lambda]}{\partial L} = 0 \\ \dfrac{\partial \text{ Lag}[L,K,\lambda]}{\partial K} = 0 \\ \dfrac{\partial \text{ Lag}[L,K,\lambda]}{\partial \lambda} = 0 \end{cases} \Longleftrightarrow \begin{cases} P_L - 4K\lambda = 0 \\ P_K - 4L\lambda = 0 \\ 4LK - Q_0 = 0 \end{cases}$$

Des équations (1) et (2), il vient après simplification :

$$K = \frac{P_L}{P_K} L$$

Comme $P_L = 4P_K$, on a donc : $K = 4L$

En utilisant la valeur ci-dessus dans l'équation (3), on trouve :

$$L^* = \sqrt{\frac{Q_0}{16}} = \frac{1}{4}\sqrt{Q_0}$$

Et donc :

$$K^* = 4L^* = \sqrt{Q_0}$$

2 ▸ Le sentier d'expansion de la firme est la courbe qui relie tous les points d'équilibre (ou optimums) obtenus par des variations des quantités de facteurs (analyse de longue période). Il suffit de considérer la relation trouvée en 1 à l'occasion de la résolution du système :

$$K = \frac{P_L}{P_K} L$$

donc : **K = 4L**

3 ▸ Déterminer la nature des rendements d'échelle.

Soit $\alpha > 1$, alors :

$$f[\alpha L, \alpha K] = 4 \cdot (\alpha L) \cdot (\alpha K) = \alpha^2 \cdot f[L,K]$$

Les rendements sont croissants.

4 ▸ Calculer la valeur de L^* et K^* lorsque la quantité Q_0 est fixée à 100 unités.

Un calcul mental simple donne : $\mathbf{L^* = 2,5}$ $\mathbf{K^* = 10}$

5 ▸ Calculer la valeur optimale du coût total de production lorsque la quantité Q_0 est fixée à 100 unités et que $P_K = 200$ euros.

$$\text{CT} = P_L \cdot L + P_K \cdot K = ((200 * 4) * 2{,}5) + (200 * 10) = 4000 \text{ euros}$$

© Dunod. La photocopie non autorisée est un délit.

6 ▸ On sait que :

$$f[\alpha L, \alpha K] = \alpha^2 \cdot f[L, K]$$

Le passage d'une quantité de 100 à 900 signifie que la production est multipliée par 9. On cherche donc la valeur de α telle que : $\alpha^2 = 9$. Ainsi $\alpha = 3$. Les quantités de facteurs seront donc multipliées par 3 ; le coût total sera donc aussi multiplié par 3, soit CT = 12 000 €.

7 ▸ On dispose des éléments suivants :

$Q = 4LK$ $\qquad$ $K = 4L$ $\qquad$ $\mathrm{CT} = 800L + 200K$

Avec ces éléments, on peut obtenir le coût total, en fonction de Q, pour toutes les combinaisons optimales situées sur le sentier d'expansion :

Puisque : $K = 4L$

Alors : $Q = 4L(4L) = 16L^2$ (1)

Alors : $\mathrm{CT} = 800L + 200(4L) = 1600L$ (2)

De (1), on obtient :

$$L = \left[\frac{Q}{16}\right]^{\frac{1}{2}} = \frac{1}{4}\sqrt{Q}$$

Il suffit de reporter ce résultat dans (2) :

$$\mathrm{CT}(Q) = 1600 * \frac{1}{4}\sqrt{Q} = 400\sqrt{Q}$$

8 ▸ Le coût moyen :

$$CM(Q) = \frac{\mathrm{CT}(Q)}{Q} = \frac{400\sqrt{Q}}{Q} = \frac{400}{\sqrt{Q}}$$

9 ▸ On dit qu'il y a **monopole naturel** sur un marché, si toute quantité Q peut être produite à un coût moindre par une seule firme que par plusieurs. Dans le cas général, pour n firmes ayant une structure de coûts identique, cette définition se traduit mathématiquement par la propriété suivante :

$$\mathbf{C(Q) < \sum_{i=1}^{n} C(Q_i)}$$

avec : $\mathbf{\sum_{i=1}^{n} Q_i = Q}$

On dit alors que la fonction de coût est **sous-additive**.

Une fonction de coût sous-additive se traduit par une courbe de coût moyen décroissante. C'est effectivement le cas ici puisque la dérivée de CM est négative (pour toutes valeurs de Q positives), ce qui fournit une indication sur le sens de variation de la fonction CM. Il s'agit donc bien d'un monopole naturel.

10 ▸ Si $Q = 100$, alors :

– Prix de vente = 250

– Coût moyen = 40

– Profit moyen = 250 – 40 = 210 €

– Profit total = 210 € ∗ 100 = 21 000 €

11 ▸ La quantité qui maximise le CA, c'est-à-dire la R_T correspond logiquement à la quantité qui annule la recette marginale. Or, on peut facilement calculer les fonctions de recettes :

$$P = R_M = 500 - 5/2Q \quad \text{d'où : } R_T = [500 - 5/2Q]Q \quad \text{donc : } R_m = 500 - 5Q$$

ainsi : $R_m = 0 \Longleftrightarrow Q = 100$

JUIN 2006

1 ▸ Courbe d'indifférence :

$$y = \frac{U_0 + 2}{x}$$

Droite de budget : $R = xp_X + yp_Y$

$$y = \frac{R_0}{p_Y} - \frac{p_X}{p_Y}x$$

2 ▸ Le programme à résoudre :

$$\begin{aligned} &\text{Max} \quad U(x,y) = xy - 2 \\ &\text{s.c.} \quad R = xp_X + yp_Y \end{aligned}$$

Le lagrangien :

$$\text{Lag}(x,y,\lambda) = xy - 2 + \lambda(R - xp_X - yp_Y)$$

Les conditions du 1er ordre sont :

$$\begin{cases} \dfrac{\partial\,\text{Lag}(x,y,\lambda)}{\partial x} = 0 \\ \dfrac{\partial\,\text{Lag}(x,y,\lambda)}{\partial y} = 0 \\ \dfrac{\partial\,\text{Lag}(x,y,\lambda)}{\partial \lambda} = 0 \end{cases} \Longleftrightarrow \begin{cases} y - \lambda p_X = 0 \\ x - \lambda p_Y = 0 \\ R - xp_X - yp_Y = 0 \end{cases} \Longleftrightarrow \begin{cases} \lambda = \dfrac{y}{p_X} \\ \lambda = \dfrac{x}{p_Y} \\ R - xp_X - yp_Y = 0 \end{cases}$$

© Dunod. La photocopie non autorisée est un délit.

3 ▸ Des équations (1) et (2), il vient :

$$\frac{y}{p_X} = \frac{x}{p_Y} \longrightarrow y = \frac{p_X}{p_Y} x$$

Il s'agit de l'équation du sentier d'expansion.

4 ▸ Grâce à cette relation et par substitution dans l'équation (3), on obtient les coordonnées des points optimaux :

$$x^* = \frac{R}{2 \cdot p_X} \qquad y^* = \frac{R}{2 \cdot p_Y}$$

5 ▸ Interprétation économique du multiplicateur :

Différentielle totale du revenu :

$$R(x, y) = xp_X + yp_Y$$

$$dR(x, y) = \frac{\partial R(x, y)}{\partial x} dx + \frac{\partial R(x, y)}{\partial y} dy = p_X dx + p_y dy$$

Les conditions du 1er ordre nous permettent d'écrire (équations (1) et (2) du système) :

$$y - \lambda \cdot p_X = 0 \iff y = \lambda \cdot p_X \quad \text{et} \quad x - \lambda \cdot p_Y = 0 \iff x = \lambda \cdot p_Y$$

Différentielle totale de la fonction d'utilité :

$$U(x, y) = xy - 2$$

$$dU(x, y) = \frac{\partial U(x, y)}{\partial x} dx + \frac{\partial U(x, y)}{\partial y} dy = y \cdot dx + x \cdot dy$$
$$= \lambda \cdot p_X dx + \lambda \cdot p_y \, dy = \lambda \cdot (p_X dx + p_Y dy) = \lambda \cdot dR(x, y)$$

Lorsque le revenu augmente d'une petite quantité, par exemple de 0,1, alors l'utilité du consommateur augmente de 0,1.λ (idem à la baisse).

6 ▸ On reprend les résultats précédents :

– les coordonnées de l'optimum (noté Z) : $x^* = 2y^* = 4$

– l'équation du sentier d'expansion : $y = 2 \cdot x$

– l'équation de la droite de budget (notée D_1) : $y = 8 - 2 \cdot x$

– l'équation de la courbe d'indifférence associée à l'optimum (notée U_1) : $y = 8/x$

7 ▸ Graphique

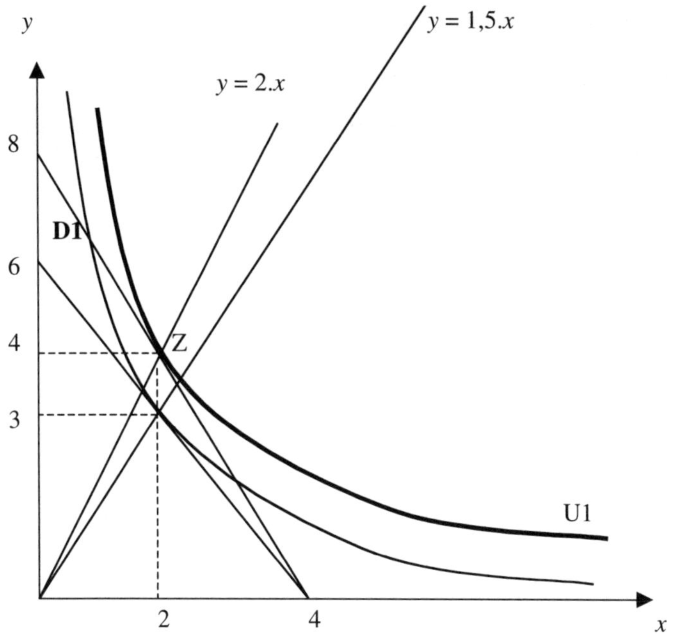

8 ▸ TMS par 3 méthodes :

$$TMS = -\frac{dy}{dx} = -\left[-\frac{U_0 + 2}{x^2}\right] = \frac{8}{2^2} = 2$$

$$TMS = \frac{U_m^X}{U_m^Y} = \frac{y}{x} = \frac{4}{2} = 2$$

$$TMS = \frac{p_X}{p_Y} = \frac{6}{3} = 2$$

9 ▸ Utilisation du *TMS* pour calculer y suite à la baisse de x de 0,01 :

Le consommateur n'est prêt à réduire sa consommation de x de 0,01 qu'à la condition qu'il puisse augmenter celle de y de 0,01 $*$ *TMS* = 0,02 unité. Donc si $x = 1{,}99$ alors **y = 4,02**

10 ▸ L'équation de la nouvelle droite de budget est immédiate : $R = xp_X + yp_Y$

$$y = \frac{R_0}{p_Y} - \frac{p_X}{p_Y}x$$

y = 6 – 1,5 · x

L'équation du nouveau sentier d'expansion : **y = 1,5 · x**

(utilisation du résultat de la question **3**)

© Dunod. La photocopie non autorisée est un délit.

11 ▸ Mise en évidence des effets

La <u>position optimale initiale</u> est $x = 2$ et $y = 4$

Une fois que le prix de Y a augmenté de 3 € à 4 €, la <u>position optimale finale</u> ne peut se situer qu'à l'intersection entre le nouveau sentier d'expansion et la nouvelle droite de budget. Il faut donc résoudre :

$$\begin{cases} y = 6 - 1{,}5 \cdot x \\ y = 1{,}5 \cdot x \end{cases}$$

Il vient facilement : $x = 2$ et $y = 3$

Ce n'est qu'en ce point que la nouvelle courbe d'indifférence sera tangente à la droite de budget.

La <u>position intermédiaire</u> ne peut se situer qu'à l'intersection entre le nouveau sentier d'expansion et la courbe d'indifférence U1. Il faut donc résoudre :

$$\begin{cases} y = \dfrac{8}{x} \\ y = 1{,}5 \cdot x \end{cases}$$

Il vient alors : $x = \dfrac{4}{\sqrt{3}} = 2{,}31 \quad \rightarrow \quad y = 2 \cdot \sqrt{3} = 3{,}46$

	Effet de substitution	Effet de revenu	Effet Total
Pour X	+0,31	–0,31	0
Pour Y	–0,54	–0,46	–1

12 ▸ Courbe d'Engel pour X = relation entre le revenu et la quantité optimale consommée pour ce revenu. Or, nous avons déjà trouvé cette relation :

$$x^* = \frac{R}{2 \cdot p_X}$$

Comme $p_X = 6$ la courbe d'Engel est donc : $C_X = \dfrac{1}{12} R$

où C_X est la quantité consommée de X

Élasticité revenu : $e_{\frac{C}{R}} = \dfrac{\frac{dC}{C}}{\frac{dR}{R}} = \dfrac{dC}{dR}\dfrac{R}{C} = \dfrac{1}{12} * \dfrac{R}{\frac{1}{12}R} = 1$

13 ▸ Courbe de demande pour Y = relation entre le prix de Y et la quantité optimale consommée pour ce prix.

Or, nous avons déjà trouvé cette relation :

$$y^* = \frac{R}{2 \cdot p_Y}$$

Comme $R = 24$, la courbe de demande de Y est donc :

$$Q_Y = \frac{12}{P_Y}$$

JUIN 2004

1 ▸ Équation des courbes d'indifférence :

$$y = \frac{U_0 - 4}{x^2}$$

comme $x \geqslant 0$ et $y \geqslant 0$ alors $U(x, y) \geqslant 4$

2 ▸ Coordonnées des points optimaux : utilisation de la méthode du lagrangien

$$\begin{array}{ll} \text{Max} & U(x,y) = x^2 \cdot y + 4 \\ \text{s.c.} & 24 = px + 4y \end{array}$$

La résolution de ce programme nécessite d'écrire le Lagrangien :

$$\text{Lag}(x, y, \lambda) = x^2 \cdot y + 4 + \lambda \cdot (24 - px - 4y).$$

Les conditions du 1er ordre sont :

$$\begin{cases} \dfrac{\partial \text{Lag}}{\partial x}(x,y,\lambda) = 0 \\ \dfrac{\partial \text{Lag}}{\partial y}(x,y,\lambda) = 0 \\ \dfrac{\partial \text{Lag}}{\partial \lambda}(x,y,\lambda) = 0 \end{cases} \Longleftrightarrow \begin{cases} 2xy - p\lambda = 0 \\ x^2 - 4\lambda = 0 \\ 24 - px - 4y = 0 \end{cases} \Longleftrightarrow \begin{cases} \lambda = \dfrac{2}{p}xy \\ \lambda = \dfrac{1}{4}x^2 \\ px + 4y = 24 \end{cases}$$

3 ▸ Des équations (1) et (2), il vient :

$$y = \frac{p}{8}x$$

4 ▸ Grâce à cette relation et par substitution dans l'équation (3), on obtient les coordonnées des points optimaux :

$$x^* = \frac{16}{p} \quad ; \quad y^* = 2$$

© Dunod. La photocopie non autorisée est un délit.

5 ▸ Lorsque p = 2€, l'optimum, noté A, a pour coordonnées : $x^* = 8$ et $y^* = 2$.

L'utilité associée à cet optimum est donc : $U(8,2) = 132$.

Équation de la courbe d'indifférence initiale (notée U_1) :

$$y = \frac{128}{x^2}$$

6 ▸ Équation de la droite de budget initiale (notée D_1), tangente à la courbe U_1 :

$$y = -\frac{1}{2}x + 6$$

Remarque : il suffit simplement de partir de la contrainte : $24 = 2x + 4y$

7 ▸ À l'optimum, le TMS peut facilement s'obtenir en faisant le rapport des prix des biens. De manière générale, le TMS est le rapport des utilités marginales, donc :

$$TMS = \frac{p_X}{p_Y} = \frac{2}{4} = 0,5$$

$$TMS = \frac{U_m^X}{U_m^Y} = \frac{2xy}{x^2} = \frac{2 * 8 * 2}{8^2} = 0,5$$

La réponse à l'interprétation concrète du TMS est 0,25

8 ▸ La hausse du prix du bien X, toutes choses égales par ailleurs :

– conduit à une baisse de la consommation du bien X, plus cher en valeur relative, et à une hausse de la consommation du bien Y : effet de substitution

– conduit à une réduction du pouvoir d'achat qui peut se matérialiser par une diminution des quantités consommées des deux biens : effet revenu.

Lorsque le prix du bien X double, on obtient une nouvelle contrainte budgétaire, de même ordonnée à l'origine mais de pente plus forte. L'équation de la droite de budget finale (notée D_3), tangente à la courbe U_2 est égale à :

$$y = -x + 6$$

9 ▸ À l'aide des résultats fournis par la méthode du lagrangien, il est facile d'obtenir les coordonnées du point C, optimum du consommateur après doublement du prix du bien X :

Les coordonnées des points optimaux sont égales à :

$$x^* = \frac{16}{p} \quad ; \quad y^* = 2$$

Lorsque $p = 4$, l'optimum noté C, a pour coordonnées : $x^* = 4$ et $y^* = 2$.

L'utilité associée à cet optimum est donc : $U(4{,}2) = 36$

10 ▸ Méthode de J. Hicks

Le coefficient directeur de la droite de budget intermédiaire (notée D_2) est immédiat : il est identique à celui de D_3 puisque la méthode de Hicks considère un déplacement parallèle. Il est donc égal à – 1.

On cherche les coordonnées du point B, tel qu'en ce point, la courbe d'indifférence U_1 soit tangente à la droite de budget D_2 :

$$\frac{d\left[\frac{128}{x^2}\right]}{dx} = \frac{d[-x+6]}{dx}$$

$$\Longleftrightarrow -\frac{256}{x^3} = -1$$

$$\Longleftrightarrow x = 2^{8/3} = 6,35$$

d'où : $y = 2^{5/3} = 3,17$.

Les coordonnées du point B sont donc : $x = 6,35$ et $y = 3,17$

Nous disposons maintenant de toutes les informations permettant, d'une part de tracer le graphique, et d'autre part, d'indiquer la mesure des différents effets :

– effet de substitution : passage de A à B

• quantités de biens X :	8	à	6,35	soit	– 1,65
• quantités de biens Y :	2	à	3,17	soit	+ 1,17

– effet de revenu : passage de B à C

• quantités de biens X :	6,35	à	4	soit	– 2,35
• quantités de biens Y :	3,17	à	2	soit	– 1,17

– effet total : passage de A à C

- quantités de biens X : – 1,65 + (– 2,35) = – 4
- quantités de biens Y : + 1,17 + (– 1,17) = 0

© Dunod. La photocopie non autorisée est un délit.

11 ▸ Graphique

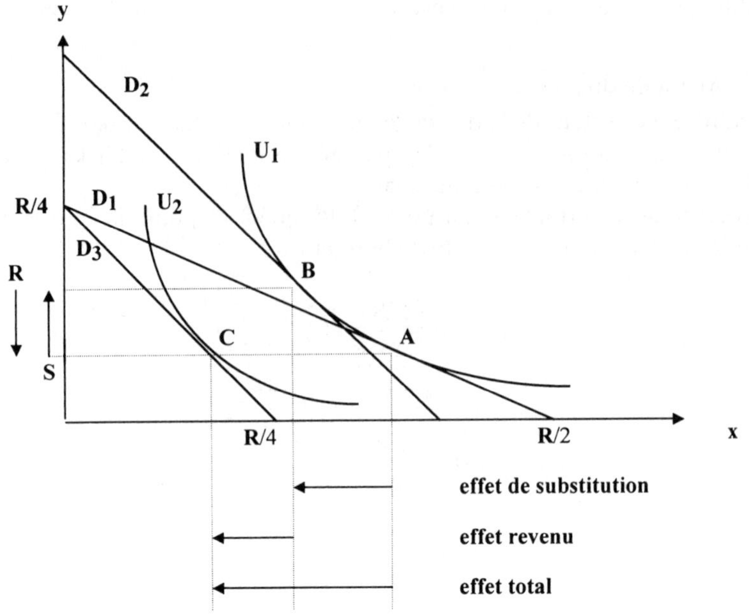

12 ▸ Les biens X et Y sont imparfaitement substituables.

13 ▸ Le bien X est ordinaire puisque sa consommation diminue lorsque son prix augmente.

Il s'agit aussi d'un bien à élasticité-revenu positive : lorsque le revenu diminue, la consommation diminue. Le bien X semble être normal ou supérieur (mais pas inférieur).

14 ▸ Aucun changement par rapport à la situation initiale puisque tous les paramètres ont doublé (aucune modification des prix relatifs).

JUIN 2001

1 ▸ On calcule aisément : $R_M(Q) = 10 - Q$ et $R_m(Q) = 10 - 2Q$

Le marché est en monopole, donc $Q = q_A$. Ainsi : $C_m(q_A) = R_m(Q)$ donc : $q_A = 2,5$

2 ▸ Le prix de vente s'établit facilement à : $p^* = R_M(2,5) = 7,5$

3 ▸ $C_M(2,5) = 2,5$ donc : $\pi^* = 2,5\,(\,7,5 - 2,5\,) = 12,50$

4 ▸ Les hypothèses fondamentales du modèle de Cournot sont :

a) le produit vendu par les deux entreprises est identique,

b) le prix du marché est fonction des quantités totales vendues par les deux firmes,

c) chaque firme considère la production de son concurrent comme une donnée,

d) la variable d'action stratégique est la quantité,

e) chaque firme cherche à maximiser son profit.

5 ▸ Une fonction de réaction est une relation qui montre comment une firme choisit son volume de production dans le but de maximiser son profit, sachant que l'autre firme produit une quantité donnée.

6 ▸ Puisqu'il s'agit d'un duopole, on a maintenant : $Q = q_A + q_B$

$\pi_A = (10 - q_A - q_B)q_A - q_A^2$ et $\pi_B = (10 - q_A - q_B)q_B - \frac{1}{2}q_B^2 - 2q_B$

Condition du 1er ordre sur les fonctions de profit :

$$\frac{\partial \pi_A}{\partial q_A} = 0 \Longleftrightarrow 10 - 2q_A - q_B - 2q_A = 0 \longrightarrow q_A = \frac{5}{2} - \frac{1}{4}q_B$$

$$\frac{\partial \pi_B}{\partial q_B} = 0 \Longleftrightarrow 10 - 2q_B - q_A - q_B - 2 = 0 \longrightarrow q_B = \frac{8}{3} - \frac{1}{3}q_A$$

7 ▸ Les quantités d'équilibre s'obtiennent par la résolution du système suivant :

$$\begin{cases} \dfrac{\partial \pi_A}{\partial q_A} = 0 \\ \dfrac{\partial \pi_B}{\partial q_B} = 0 \end{cases} \Longleftrightarrow \begin{cases} q_A = \dfrac{5}{2} - \dfrac{1}{4}q_B \\ q_B = \dfrac{8}{3} - \dfrac{1}{3}q_A \end{cases} \rightarrow \begin{cases} q_A^* = 2 \\ q_B^* = 2 \end{cases}$$

Le prix s'obtient facilement : $p^* = 10 - 2 - 2 = 6$

8 ▸ $C_M^A(2) = 2$ et $C_M^B(2) = 3$. Ainsi, les profits des deux firmes sont : $\pi_A^* = 8$ et $\pi_B^* = 6$

9 ▸ On arrive à l'équilibre lorsque les coûts marginaux de toutes les entreprises sont égaux entre eux (et égal au coût marginal et à la recette marginale du cartel). Ainsi, à l'équilibre : $C_m^A = C_m^B = C_m^{\text{cartel}}$

10 ▸ Cette question vise à mettre en évidence le fait que le coût marginal du cartel est en deux parties (sommation horizontale des courbes de coûts marginaux des deux entreprises).

Pour toute quantité inférieure ou égale à 1 kg, c'est la firme Aprimus qui est la plus rentable. En effet :

si $q_A = q_B < 1$ kg alors $2q_A < q_B + 2$

© Dunod. La photocopie non autorisée est un délit.

11 ▸ Lorsque Q_C est inférieure ou égale à 1, le coût marginal du cartel est égal au coût marginal de la firme Aprimus. Pour $Q_C > 1$ le coût marginal du cartel est la somme des coûts marginaux des deux firmes :

si $Q_C \leqslant 1$ alors $C_m^C = 2Q_C$

si $Q_C > 1$ alors :

$$\left| \begin{array}{l} C_m^A = 2q_A \\ C_m^B = q_B + 2 \end{array} \right. \rightarrow \left| \begin{array}{l} q_A = \frac{1}{2}C_m \\ q_B = C_m - 2 \end{array} \right. \rightarrow Q_C = q_A + q_B = \frac{3}{2}C_m - 2 \rightarrow C_m^C = \frac{2}{3}Q_C + \frac{4}{3}$$

12 ▸ La recette marginale ne peut couper le coût marginal que dans sa seconde partie, ainsi, $R_m^C = C_m^C$ conduit à $Q_C = 13/4 = 3{,}25$. Le prix est immédiat : $P_C = 10 - (13/4) = 27/4 = 6{,}75$.

13 ▸ Lorsque la production est de 13/4 le coût marginal du cartel est de 7/2. La production de chaque entreprise du cartel doit donc conduire à ce que leur coût marginal soit égal à celui du cartel :

(*cf.* question n° 9) : $q_A = 7/4$ et $q_B = 3/2$

JUIN 2000

1 ▸ On égalise l'offre et la demande de capital, et on trouve que le prix d'équilibre du facteur capital est de 20 euros.

2 ▸ On se situe dans le cadre de marchés concurrentiels, dans lequel la confrontation de l'offre et la demande conduit au prix d'équilibre. Le coût total de chaque entreprise est identique car le prix des facteurs s'impose aux entreprises, comme il est précisé dans l'énoncé.

3 ▸ On montre que :

$$Q_A(\alpha K, \alpha L) = (\alpha K)^{0,5}(\alpha L)^{0,5} = \alpha K^{0,5}L^{0,5} = \alpha Q_A(K, L)$$

rendements d'échelle constants

$$Q_B(\alpha K, \alpha L) = (\alpha K)(\alpha L)^2 = \alpha^3 KL^2 = \alpha^3 Q_B(K, L)$$

rendements d'échelle croissants

4 ▸ Il s'agit d'effectuer deux *minimisations* sous contraintes.

- Pour l'entreprise A

Minimiser : $20\,K + 5\,L$ Sous la contrainte : $K^{0,5} \cdot L^{0,5} = 8$

On utilise le lagrangien : $\text{Lag}(K, L, \lambda) = 20\,K + 5\,L - \lambda(K^{0,5}L^{0,5} - 8)$

Conditions du 1er ordre :

$$\begin{cases} \dfrac{\partial \text{Lag}\,[L, K, \lambda]}{\partial K} = 0 \\ \dfrac{\partial \text{Lag}\,[L, K, \lambda]}{\partial L} = 0 \\ \dfrac{\partial \text{Lag}\,[L, K, \lambda]}{\partial \lambda} = 0 \end{cases} \Longleftrightarrow \begin{cases} 20 - 0,5 \cdot \lambda K^{-0,5}L^{0,5} = 0 \\ 5 - 0,5 \cdot \lambda L^{0,5}L^{-0,5} = 0 \\ K^{0,5}L^{0,5} = 8 \end{cases}$$

Des équations (1) et (2), après simplification, on tire l'équation du sentier d'expansion : **$L = 4K$**

En utilisant la valeur ci-dessus dans l'équation (3), on trouve : $K^* = 4$; $L^* = 16$

Ainsi, le coût total est égal à : **CT = 160** car : $(20 \times 4) + (5 \times 16) = 160$

• Pour l'entreprise *B*

Minimiser : $20\,K + 5\,L$ Sous la contrainte : $KL^2 = 8$

On utilise le lagrangien : $\text{Lag}(K, L, \lambda) = 20\,K + 5\,L - \lambda(KL^2 - 8)$

Conditions du 1er ordre :

$$\begin{cases} \dfrac{\partial \text{Lag}\,[L, K, \lambda]}{\partial K} = 0 \\ \dfrac{\partial \text{Lag}\,[L, K, \lambda]}{\partial L} = 0 \\ \dfrac{\partial \text{Lag}\,[L, K, \lambda]}{\partial \lambda} = 0 \end{cases} \Longleftrightarrow \begin{cases} 20 - \lambda L^2 \\ 5 - 2\lambda KL = 0 \\ KL^2 = 8 \end{cases}$$

Des équations (1) et (2), après simplification, on tire l'équation du sentier d'expansion : **L = 8K**

En utilisant la valeur ci-dessus dans l'équation (3), on trouve : $K^* = \dfrac{1}{2}$; $L^* = 4$

Ainsi, le coût total est égal à : **CT = 30** car : $(20 \times 0,5) + (5 \times 4) = 30$

Ainsi, l'entreprise *A* choisira de faire sous-traiter la commande du client par l'entreprise *B*, dont les coûts de production sont vraiment plus faibles.

5 ▸ La fonction de production de *A* est à rendements constants : lorsque la production est multipliée par 8, le coût total sera aussi multiplié par 8. En revanche, la fonction de production de B est à rendements croissants et nous avons montré que lorsque les facteurs sont multipliés par α, alors la quantité produite est multipliée par α^3. On peut donc dire que si la quantité fabriquée est multipliée par 8, cela signifie que les quantités de chaque facteur doublent puisque $2^3 = 8$. Donc le coût de production double : il est de 60 pour une production de 64 unités. Ainsi, la solution reste identique : faire sous-traiter la production par B.

© Dunod. La photocopie non autorisée est un délit.

JUIN 1998

1 ▸ Il travaille donc les 12 heures, soit un revenu après impôt de : $12S(1-t)$ francs.

Le prix unitaire d'un bien est de P francs. Ainsi, il peut acheter : $\frac{12S(1-t)}{P}$ biens F.

2 ▸ Les ressources de M. Cromi doivent être égales à ses dépenses. On doit considérer le revenu après impôts :

$$ST(1-t) = PX \Leftrightarrow S(12-L)(1-t) = PX$$

3 ▸ Le taux marginal de substitution de la consommation au loisir est égal à la quantité additionnelle de biens F que M. Cromi exige d'obtenir en compensation de la réduction d'une unité de loisir, à utilité constante. Utilisons le rapport des utilités marginales :

$$TMS = \frac{\partial U}{\partial L} \Big/ \frac{\partial U}{\partial X} = X^{\frac{1}{2}} \Big/ \frac{1}{2} X^{\frac{1}{2}} L = \frac{2X}{L}$$

4 ▸ Maximiser : $U(X, L) = X^{1/2} \cdot L$

sous la contrainte : $S(12-L)(1-t) = PX$

$$L(X; L; \lambda) = X^{1/2} L + \lambda \cdot [PX - S(12-L)(1-t)]$$

Conditions du 1er ordre :

$$\begin{cases} \frac{1}{2} X^{-1/2} L + \lambda P = 0 \\ X^{1/2} + \lambda \cdot [S(1-t)] = 0 \\ [PX - X(12-L)(1-t)] = 0 \end{cases} \Leftrightarrow \begin{cases} \lambda = -\frac{X^{1/2} L}{2P} \\ \lambda = -\frac{X^{1/2}}{S(1-t)} \\ [PX - S(12-L)(1-t)] = 0 \end{cases}$$

On obtient : $L = \frac{2PX}{S(1-t)}$

Puis : $X^* = \frac{4S(1-t)}{P}$ et $L^* = \frac{2P\frac{4S(1-t)}{P}}{S(1-t)} = 8$

Puisque la valeur optimale pour L est égale à 8 heures, il ne reste que 4 heures à consacrer au travail lorsque le temps total disponible est de 12 heures.

Donc : $T^* = 4$.

5 ▸ De manière évidente la fonction de demande est donnée par l'équation :

$$X = Q(P) = \frac{4S(1-t)}{P}$$

Il est facile de vérifier que cette fonction est décroissante par rapport au prix : le bien F est donc un bien ordinaire dont la demande diminue lorsque le prix augmente. De même, cette fonction est croissante par rapport au revenu (salaire horaire) : le bien F est donc un bien normal dont la demande augmente lorsque le revenu augmente.

6 ▸ Les valeurs optimales sont : $L^* = 8$ et $T^* = 4$

et :

$$X^* = \frac{4S(1-t)}{P} = \frac{4 \times 250 \times 0,6}{100} = 6$$

Il faut tracer la droite de budget à partir de la contrainte budgétaire :

$$S(12-L)(1-t) = PX \quad \rightarrow \quad X = \frac{250 \cdot (12-L) \cdot 0,6}{100} = -\frac{3}{2}L + 18$$

Il faut calculer l'utilité au point optimal : $U(X^*, L^*) = U(6,8) = 19,60$

Il faut exprimer l'équation de la courbe d'indifférence :

$$X^{\frac{1}{2}} = \frac{U_0(X,L)}{L} \Leftrightarrow X = \left(\frac{U_0(X,L)}{L}\right)^2 \quad \rightarrow \quad X = \left(\frac{19,60}{L}\right)^2$$

7 ▸ Le pouvoir d'achat est donné par le rapport entre le salaire après impôt et le prix du bien, c'est-à-dire : $(250 \times 0,6)/100 = 1,5$; puis lorsque le prix du bien baisse et que le salaire augmente, on a :

$$\frac{250 \times 1,20 \times 0,6}{100 \times 0,80} = 1,5 \times 1,5 = 2,25 \text{ soit une augmentation de } 50\ \%$$

Les valeurs de L^* et T^* ne sont pas modifiées lorsque des variations de salaire et/ou de prix interviennent. Seule est modifiée la quantité optimale de biens F consommés. Lorsque le pouvoir d'achat augmente, X^* s'accroît fort logiquement ; lorsque le pouvoir d'achat diminue, alors X^* diminuera.

Le nouvel optimum est : $L^* = 8$ et $T^* = 4$

Puis
$$X^* = \frac{4S(1-t)}{P} = \frac{4 \times 300 \times 0,6}{80} = 9$$

8 ▸ L^* et T^* ne seront pas touchés par une variation du taux d'imposition : $L^* = 8$ et $T^* = 4$

En revanche, on constate que la valeur optimale X^* est une fonction décroissante du taux d'imposition. Ainsi, plus le taux s'accroît, moins M. Cromi consommera de biens F (et inversement). La courbe d'offre de travail de M. Cromi est verticale, puisque ses préférences le conduisent à conserver les valeurs optimales $L^* = 8$ et $T^* = 4$ quelles que soient les variations de son pouvoir d'achat ou du taux d'imposition.

Index

Sont mentionnées en gras les entrées qui donnent la définition principale du terme.

G, H

I

L, M

N

O

P

R

S

T

U, V, W

SERVICE COMMUN DE DOCUMENTATION LILLE 2

051811-(I)-(2)-OSB 80°-LAS-MLN
STEDI MEDIA, 1, boulevard Ney, 75018 Paris
Dépôt légal, Imprimeur, n° 10174
Dépôt légal : mars 2008
Dépôt légal de la première édition : 1er trimestre 1999
Imprimé en France